高校学生管理创新研究

仲晓义 卜丽荣◎著

图书在版编目（CIP）数据

高校学生管理创新研究 / 仲晓义, 卜丽荣著. -- 长春 : 时代文艺出版社, 2023.11
ISBN 978-7-5387-7401-6

Ⅰ.①高… Ⅱ.①仲… ②卜… Ⅲ.①高等学校－学生－学校管理－研究 Ⅳ.①G645.5

中国国家版本馆CIP数据核字(2024)第015592号

高校学生管理创新研究
GAOXIAO XUESHENG GUANLI CHUANGXIN YANJIU

仲晓义　卜丽荣　著

出 品 人：吴　刚
责任编辑：陆　风
装帧设计：文　树
排版制作：隋淑凤

出版发行：时代文艺出版社
地　　址：长春市福祉大路5788号　龙腾国际大厦A座15层　（130118）
电　　话：0431-81629751（总编办）　0431-81629758（发行部）
官方微博：weibo.com/tlapress
开　　本：710mm×1000mm　1/16
字　　数：230千字
印　　张：16
印　　刷：廊坊市广阳区九洲印刷厂
版　　次：2023年11月第1版
印　　次：2023年11月第1次印刷
定　　价：76.00元

图书如有印装错误　请寄回印厂调换

前　言

近年来，随着社会不断发展，时代不断进步，对人才的要求也逐步提高。所以，高校需重视自身管理模式，以加强人才的培养工作。目前，很多高校的教学和管理模式太过单调，没有丰富的形式，没有妥善地结合现在高校学生的成长要求和个性特点，产生一些不合适的规定规范。

高等学校学生管理必须按照规定的培养目标，对学生的德、智、体、美、劳全面负责。高校学生管理工作涉及学生的政治思想、生活、学习等各方面，它渗透到家庭、社会及学校内部的教务、科研、后勤等各个部门，因此学生的管理工作应该是全方位的齐抓共管。学生管理工作必须统一规划，多方协调。高等学校培养学生，既要依靠教育，又要依靠管理，两者相辅相成，不可分割。教育是管理的前提，管理是在教育基础上的管理，教育是培养高质量人才的直接手段，管理则是达到教育目的的基本保证。

随着社会主义市场经济体制的逐步完善，高等教育事业的快速发展以及信息时代对大学生思想观念的影响，大学生的思想观念日益复杂，高校学生工作管理面临着十分严峻的挑战。长期以来，我国高校学生工作管理存在诸多现实问题。如许多高校对学生工作管理的重要性认识不足，在管理模式上，只保证学生的基本安全和课程学习，忽视了对学生的人文关怀及学生多方位全面发展的需求，传统的学生管理观念、管理模式和手段已很难适应形势发展的需要。在人才竞争日益激烈的新形势下，高校学生工作管理必须在管理理念、管理制度、管理模式、管理方式等方面进行改革，创新思路，以培养出适应时代发展、符合社会期望、满足国家需求的高层次人才。

由于笔者水平有限，本书难免存在一些不妥甚至谬误之处，敬请广大学界同仁与读者朋友批评指正。

目　录

第一章　高校学生管理概述
第一节　高校学生管理的概念 ………………………………… 001
第二节　高校学生管理的对象与任务 ………………………… 003
第三节　高校学生管理的指导思想与基本原则 ……………… 007
第四节　高校学生管理的特征与作用 ………………………… 018

第二章　高校学生管理工作的基础性探究
第一节　高校学生组织与干部管理 …………………………… 022
第二节　高校学生制度与体制管理 …………………………… 035
第三节　高校学生自我管理与民主管理 ……………………… 051
第四节　高校学生事务管理运行保障 ………………………… 069

第三章　高校学生管理机构与队伍建设
第一节　高校学生管理机构的设置 …………………………… 092
第二节　高校学生管理工作队伍的建设 ……………………… 100
第三节　高校学生管理工作者的素质研究 …………………… 111

第四章　高校学生心理健康管理

第一节　高校学生心理健康现状 ………………………………………… 119
第二节　高校学生情绪管理 ……………………………………………… 127
第三节　高校学生抗压管理 ……………………………………………… 140

第五章　高校学生管理工作中的教师角色要求

第一节　教师管理的概念与目的 ………………………………………… 152
第二节　教师管理的基本理论 …………………………………………… 154
第三节　高校辅导员工作职责 …………………………………………… 162
第四节　高校辅导员职业能力提升目标与方向 ………………………… 168

第六章　高校学生管理模式创新

第一节　高校学生管理模式创新的必要性 ……………………………… 187
第二节　高校学生管理新型模式的职能 ………………………………… 190
第三节　高校学生管理模式创新的路径 ………………………………… 196

第七章　高校学生的系统化管理与创新研究

第一节　高校学生社区化管理与实践研究 ……………………………… 213
第二节　高校学生社会实践化的管理与创新 …………………………… 228
第三节　高校学生管理工作的信息化建设研究 ………………………… 244

参考文献 ………………………………………………………………… 247

第一章　高校学生管理概述

高校是培养社会主义事业接班人的重要基地和摇篮，必须始终坚持社会主义办学方向，把德育放在首位，为我国社会主义现代化建设培养出好人才。本章重点探讨高校学生管理的概念、高校学生管理的对象与任务、高校学生管理的指导思想与基本原则以及高校学生管理的特征与作用。

第一节　高校学生管理的概念

高校学生管理是高等学校领导和管理人员为了实现高等学校学生的培养目标，按照国家的教育方针和各项政策法令，科学地、有计划地对学校内部的人、财、物、时间、信息等进行组织、指挥、协调并对其进行预测、计划、实施、反馈、监督等的一门管理科学。

高校学生管理作为学校管理的重要组成部分，具有十分广泛而深刻的内涵。首先，它要研究管理对象（即青年大学生）的生理、心理特征，知识、能力结构，兴趣爱好及社会氛围对他们的影响，掌握他们的思想变化及教育管理的规律。其次，它要研究管理者本身（即学生工作专职人员）必备的思想、文化、理论及业务素质，以及这些素质的培养和管理队伍的建设。

最后，它还要研究学生管理的机制和一般管理的原则、方法，以及学生在学习、生活、课外活动、思想教育中的具体管理目标、原则、政策、法规等。

高校学生管理是一项教育工作，它具有教育科学所包含的规律，它也是一项具体的管理工作，具有管理科学所包含的规律。大学生管理是高等教育学和管理学交叉结合产生的一门综合性应用学科，它同所有的管理科学一样，研究的主题是效率，当然具体研究的课题是大学生管理的效率——最有效地达到大学生的培养目标。中国大学生管理，就是要寻求按照党和国家的教育方针，实现培养德、智、体诸方面发展的专门人才的最佳方案，最佳计划、决策，最佳管理体制、组织机构，最佳操作程序。它涉及很多学科：马克思主义哲学、高等教育学、社会学、心理学、管理学、行政学、统计学、控制论、信息论、系统论等。因此，研究中国大学生管理必须广泛运用各种有关的科学理论来分析，这样才能使从事学生管理工作的同志用科学的管理指导思想和科学的管理手段进行有效的管理。

对大学生进行严格管理的过程中，要正确处理以下两种关系：

1.学生管理与规章制度的关系。高校学生管理要通过制定并实施必要的规章制度来实现。教育部根据党和政府的教育方针、青年大学生成长的特点以及长期以来的工作经验，已经制定了《普通高等学校学生管理规定》，这是对大学生进行科学管理的一个基本的法规性文件。各高校也结合自己的实际情况，整章建制，制定了一系列的规章制度。学生管理的实践反过来又丰富了规章制度的内容，使之更全面化、科学化。

2.学生管理与思想政治教育的关系。在强调管理工作重要意义的同时，不可忘记思想政治教育的重要保证作用。任何只强调严格管理而忽视思想政治教育，或只强调思想政治教育而置制度管理于不顾的做法，都是片面的，不可取的。因为管理也是教育的一种手段，教育又能保证管理的推行和实施，所以只有把严格管理与思想政治教育有机结合起来，才能使学校工作真正走上井然有序的轨道。

第二节　高校学生管理的对象与任务

一、高校学生管理的对象

所谓管理对象是指"管理活动的承受者"。随着人类认识的深化和管理的科学化、复杂化，不同时期、不同学派有不同的内容和见解：一是指管理活动所作用的各种具体对象。最初是人、财、物三要素，后增加了时间、空间，成为五要素，又增加了信息、事件，成为七要素。二是指管理活动所作用的特定系统，即把管理对象作为由多种因素组成的有机整体。系统与外界环境有信息、能量、物质交流。高校学生管理作为高等学校管理工作的重要组成部分，其相对应的工作对象无疑是指高校学生，从广义角度来看，这些学生应包括所有在高校求学的学生，即专科生、本科生、硕士生、博士生等。因为这些人都是高校学生管理活动的承受者。高校学生管理牵涉到诸多知识体系，包括管理学、教育学、青年心理学、政治学、人才学等，因此，高校学生管理是一门综合性、政策性很强的应用科学。它具有自己独特的研究对象，这个对象就是学生管理活动本质的、内在的联系及其发展变化的规律。

高校学生管理作为学校管理的一个重要方面，同其他管理工作一样，都是以教育领域某一方面的特殊现象和规律为研究对象的，它必然要受到教育领域总规律的支配与制约。因此，它又不同于管理工作的其他分类工作，具有相对的独立性。人们只有既认识到高校学生管理工作与其他管理工作的密切联系，又认识到它与其他管理工作的不同特点，才能真正揭示高校学生管理现象本身所具有的特殊规律，使之成为一门具有特性并富有成效的管理工作。

作为一门管理工作，一般而言，总要有相应的学科知识成为其所依循的工作方针，而一门学科的成立必须具备一个必不可少的条件，即它必须具有一套系统的范畴体系。范畴体系既体现了研究的角度，也展示了研究的内容，同时又表明了其相互间的关系。因此，准确而恰当地表述高校学生管理学的研究内容，最好的办法是确立这门科学的框架和范畴体系。高校学生管理工作要研究的内容应涵盖以下几方面：

1. 学科理论的研究。其包括高校学生管理科学的性质、理论基础、研究对象和领域、主要研究任务、学科的地位和作用，高校学生管理的指导思想和原则，如何对历史的经验进行抽象和概括以纳入理论体系之中，如何移植、融合相关学科的理论，不断丰富、完善和发展高等学校学生管理科学等。

2. 方法论的研究。研究高校学生管理科学的方法论，一方面要研究根本的思想方法；另一方面还要研究具体的管理方法，如思想政治教育管理、大学生社区管理、教学与学籍管理、校园文化管理（含网络管理）、奖惩制度管理、社会实践管理、社团管理、心理健康与咨询管理、就业管理、学生党员管理与党建管理、学生干部队伍管理、学生群体性突发事件的应急管理等方面的管理方法与手段。

3. 组织学的研究。高校学生管理是一项系统工程，必须形成有效的网络系统，发挥最大的组织功效，如高校学生管理的组织领导体制、学生管理队伍的建设、学生管理的现代化趋势等，都必须做更为深入、全面的探讨。

4. 学生管理制度与国家法律法规、中央相关政策、教育规律、教育法规、政治文明建设进程的相互关系以及相关政策法规和知识系统的研究。

5. 学生成长规律、心理生理特点与管理工作的有机联系研究，青年群体之间相互作用关系与高校学生管理工作的互动共生研究。

二、高校学生管理的任务

高校学生管理工作的基本任务,不仅包括研究学生管理学的相关体系,即研究高校学生管理工作与活动的知识系统理论,而且更重要的是这种研究必须着眼于寻求学生管理工作本身所蕴含的特殊矛盾,领悟和把握学生管理工作的运行规律,以更好地运用于学生管理工作的实践之中,有力地推动高校学生管理工作。高校学生管理工作的主要任务有以下几个方面:

1. 坚持马克思主义关于人的全面发展理论和党关于全面建设小康社会时期的教育方针,贯彻党的基本路线,以马克思主义、毛泽东思想、邓小平理论和"三个代表"重要思想、科学发展观及习近平新时代中国特色社会主义思想为指导,以马克思主义哲学原理为方法论,认真贯彻落实新的《普通高等学校学生管理规定》,遵循党的教育方针和学校的培养目标,为培养全面发展的高素质的人才服务。

2. 系统总结我国高校学生管理工作的经验和教训。学生管理是一种既古老又年轻的社会现象,它伴随学校的产生而产生,有着悠久的历史传统和崭新的时代内容。

3. 批判地继承历史上的高校学生管理工作遗产,借鉴国外学生管理工作的经验,吸纳教育学、社会学、政治学、青年心理学、系统管理学、文化学等相关学科的知识理论,构建具有中国特色的、符合时代精神的高校学生管理模式。中国是一个历史悠久的文明古国,先辈们在学生教育和管理中积累了丰富的经验,这是宝贵的历史文化遗产,应当批判地继承,做到古为今用。同时,还应大胆借鉴国外高校的学生管理工作经验,去粗取精、去伪存真、融会提炼、博采众长,做到洋为中用。这样才能构建起具有中国特色的高校学生管理理论体系,并以此来指导实践,形成高效的、有益于大学生身心健康成长和成才的学生管理模式。

  4.加强科学研究，注重实践探索，不断发展高校学生管理工作的理论体系，推动高校学生管理工作模式健康运行。尽管学生管理工作有着丰富宝贵的实践经验和悠久的历史传统，但就总体情况而言，它与不断发展的中国特色社会主义的形势和发展趋势还存在着某些不适应，还面临着许多亟待解决的问题，无论是从理论要求上，还是从实践需求上，都需要科学化、理论化、法制化、人性化等诸方面的规范。因此，作为学生管理工作者，必须加强学生管理工作的科学研究，大胆探索，不断创新，切实把握新时期学生管理面临的新问题、新内容和新特点，努力用新方法、新思路和新手段去适应学生管理的新规律和新形势，使学生管理的理论与方式与时俱进，不断丰富和完善。

  5.以理论创新推动实践创新，促进学生管理工作的科学化、法制化和人本化。如何体现其管理制度的科学化、法制化和人本化，这是一个理论研究的问题，不仅需要研究法律与青年学的相关理论，还需要研究管理学方面的理论，同时更应注重将管理学、法律学、青年学有机结合起来，形成理论上的创新，推动实践创新。因为，大学生的管理不是一般的管理，而是一种对青年的管理，这种管理是要将这些有着一定知识的青年培养成德、智、体、美全面发展的人才的管理，换言之，这种管理的最高宗旨是要促进学生全面发展，使其成为国家的建设者和接班人。这就使学生管理工作牵涉到一系列的理论研究与实践探索，这就是现实交给学生管理工作者的光荣而艰巨的任务。

第三节 高校学生管理的指导思想与基本原则

一、高校学生管理的指导思想

研究我国高校学生管理，主要应注意运用以下几个方面的理论观点和指导思想：

(一) 坚持马克思主义关于人的全面发展的理论

坚持马克思主义关于人的全面发展的理论，培养有理想、有道德、有文化、有纪律的全面发展的高级专门人才，是我国高校教育的根本任务。

社会主义大学的性质决定了社会必须确保学校培养出来的毕业生，不仅要有扎实的科学文化知识和健康的体魄，而且必须具有高度的社会主义觉悟，也就是要有理想、有道德、有文化、有纪律。要培养这样的新人，就必须按照马克思主义关于人的全面发展的教育思想办学。马克思主义教育思想的核心就是关于人的全面发展的学说。培养德、智、体全面发展的建设者和接班人的教育方针，是马克思主义这一理论精髓的具体运用。

(二) 运用马克思主义关于辩证唯物主义的理论

运用马克思主义关于辩证唯物主义的理论，用对立统一观点指导高校学生管理，在管理中坚持整体观。马克思主义辩证唯物主义哲学是一切社会科学和自然科学的理论基础。马克思主义的认识论和方法论，渗透于所有社会科学和自然科学之中，所以，也同样渗透于高校学生管理科学之中。要运用对立统一观点，坚持管理的整体观。在纵向上，坚持整体观就是局部与整体的统一，从学生管理工作的整体系统看，组成这个有机整体的各部分又都是一个支系统，是局部。学生管理系统的整体功能是由各部分的组合形式决定的，虽然支系统都各具有特定的功能，但它们都应服从学生管理系统整体的目的和功能,各个支系统的要素都是为了整体目的而建立的。在横向上,坚持整体观就是处理好各支系统之间的分工与合作的一致性,把各部门都协调到为培养全面发展的人才这一共同的管理目标上来。

(三)运用高等教育和现代管理科学理论

运用高等教育和现代管理科学理论指导高校学生管理,使大学生管理科学化。现代治校观念要求管理者靠现代科学来管理学校,管理学生。具体来讲有以下两个方面:

1. 要靠教育科学,要遵循教育的外部规律与内部规律办事。例如高等教育的规模由一定的经济基础所决定,反过来又作用于一定的经济基础。高等院校作为高等教育的主要载体和平台,人才、资源、市场面临着越来越激烈的竞争,理念、体制、结构也面临新的变革和调整。高校要准确把握社会脉搏,直接面对市场办学。大学生管理也要研究新情况,解决新问题,面向21世纪培养高素质的复合型人才。

2. 要靠运用现代管理科学的理论与方法进行管理,使学生管理队伍的组织机构严密,管理制度科学,人员分工合理,职责范围明确,奖惩分明,动作协调,工作高效等。运用现代管理科学指导学生管理主要是运用它的基本原理:系统整体性原理、要素有用性原理、动态相关性原理、人的能动性原理、规律效应性原理、时空变化性原理、信息传递性原理、控制反馈性原理等。应在管理实践中力争使管理组织系统化、管理决策科学化、管理方法规范化和管理手段现代化。

(四)继承和发扬我国高校学生管理的成功经验

中华人民共和国成立后,多年来高校学生管理工作的成功经验是当今学生管理工作的宝贵财富。

1. 社会主义高校必须坚持中国共产党的领导,坚持社会主义方向,这是我国多年来办高校的一条基本经验。坚持党的领导就是用党的路线、方针、政策作为社会主义高校管理的基本指导思想,就是要确保社会主义大学的社会主义方向，调动全校师生员工的积极性，为培养德、智、体全面发展的高级专门人才努力奋斗。

2. 管理工作规范化、制度化。即把符合社会主义方向的，又经过实践检验比较成熟的民主管理和科学管理体制、程序、办法用制度形式固定下来，使工作形成规范，其中心点是责、权、利相结合，使制度的思想性和科学性统一。

3. 坚持理论联系实际的原则，面向社会实践，实行教育与生产劳动相结合。社会主义大学培养的人才，必须适应社会主义市场经济的需要，在思想上有高度的社会主义觉悟和共产主义献身精神，在业务上不仅要有理论知识，而且要有较强的分析问题和解决问题的能力，要有实干精神和较强的独立工作能力。

二、高校学生管理的基本原则

（一）高校学生管理基本原则的概述与依据

1. 高校学生管理基本原则的概述

原则是对客观规律的反映，是观察问题和处理问题的准绳。高校学生管理的基本原则，是指高校在对学生实行全面管理的过程中，观察、认识和处理各种矛盾和问题所必须遵守的基本准则，是对学校各级、各方面管理人员进行科学化管理所提出的基本要求。高校学生管理的基本原则，是以社会主义高等学校人才培养规格为管理目标，以教育科学和管理科学理论为依据，在长期的管理实践中，认真总结学生管理活动的经验教训，不断归纳提炼出来的，是学生管理活动发展到一定阶段的必然产物，它有着丰富的内容，是一个多层次的、相互联系的完整体系。

高校学生管理基本原则，集中体现了学校管理的基本规律和本质特征，在整个学生管理过程中起着重要作用。学校各类管理人员，在工作实践中，总是自觉或不自觉地遵循着某种原则，而只有在科学的原则指导下，才会使学生管理工作有效，才能实现管理的目标。高校学生管理工作涉及学生的各个方面，它包括学生行政管理、学习管理、生活管理、思想政治教育管理、校园文化活动管理等，其内容包罗万象，涉及面非常广泛，因此，要使整个管理工作有序进行，实现高校学生管理的科学化、系统化和规范化，就必须认真贯彻执行学生管理的基本原则。

随着高校扩招、高等教育规模的扩大、高等教育由精英教育转向大众教育以及高等教育改革的不断深化，新事物、新问题不断涌现，高校学生管理面临许多新的矛盾、新的课题，面对这些新矛盾、新课题，高校学生管理工作者必须把握方向，明确目标，遵循学生管理的基本原则，勇于探索实践，一切从实际出发，深入研究学生管理的实践活动，坚持学生管理工作按客观规律办事，使学生管理各部门的工作协调一致，相互配合，从而保证学生管理目标的实现，为社会主义现代化事业培养优秀的建设者和接班人。

2.高校学生管理基本原则的依据

高校学生管理基本原则的形成具有很强的实践性，它源于实践，具有充分的实践依据；同时，它又以教育科学和管理科学为理论基础，有着充分的理论依据。

（1）理论依据是人的全面发展理论和教育方针。

我国社会主义大学的性质决定了我们必须确保学校培养出来的大学生是具有较高素质的人才，不仅要有扎实的科学文化知识和健康的体魄，而且必须具有高度的社会主义觉悟，即要有理想、有道德、有文化、有纪律。造就全面发展的人，是高校的培养目标，是办社会主义大学、培养新世纪建设者和创造型人才的出发点和归宿点。社会主义学校制定学生管理的基本原则，就是要以"以人为本"的思想及教育方针作为理论依据。

（2）科学依据是高等教育科学和现代管理科学。

高等教育具有自身客观存在的规律性，只有认识和掌握这些规律，并按照规律办教育，才能确保培养目标的实现。高校学生管理作为高等教育的一个重要组成部分，必须遵循高等教育的客观规律。高等教育规律分为外部基本规律和内部基本规律。外部基本规律揭示了教育与经济的外部关系，主要反映教育在国家建设和社会发展中的地位和作用、教育投资的经济和社会效益、教育的主要社会职能等方面。尽管在教育、经济与社会文化等诸多关系中，它们存在着相互影响与制约的作用，但总的来说，在经济、社会文化与教育的相互关系中，是经济、社会文化决定教育而非教育决定经济、社会文化。因此，随着经济、社会文化的变化，教育也将发生变化以适应和服务于经济、社会文化。作为高等教育中的学生管理当然也如此，一部中外教育史，往往折射出中外的经济和社会文化变革史，这是高校学生管理者必须明确的。

内部基本规律揭示了教育的内部关系，主要反映在培养目标，不同专业人才的培养规格、途径与方法等方面，它与社会的变化密切相连。科学的发展，促使教育手段的优化，科学的发展和社会的变革对人才提出了新的要求，这又促使教育的培养目标发生变化，如此等等，不一而足。高校学生管理必须遵循教育规律，要根据我国高等教育发展的状况，充分认识高级专门人才培养对发展社会主义市场经济所起的积极作用，使高校培养的学生主动适应社会的需要。要进一步明确社会主义高等学校的培养目标和人才规格，端正办学指导思想，摆正德、智、体三者的关系，积极探索更为有效的管理途径与方法，使高校学生管理系统化、科学化和现代化。

运用现代管理科学的理论与方法对高校学生进行管理，是时代发展的必然要求。现代管理科学作为高校学生管理原则的依据，就是在制定学生管理基本原则时，使学生管理队伍的组织机构严密、管理制度科学、人员分工合理、职责范围明确、奖惩分明、动作协调、工作高效。高校学生管理人员要善于运用现代管理科学的系统整体性原理、要素有用性原理、动态相关性原理、人的能动性原理、规律效应性原理、时空变化性原理、信息传递性原理、控制反馈性原理等,使学生管理组织系统化、管理决策科学化、管理方法规范化和管理手段现代化。

(3)实践依据是50多年来我国高校学生管理的经验与教训。

社会主义大学必须坚持社会主义办学方向。坚持社会主义大学管理的基本指导思想,就是要确保社会主义大学的社会主义方向,调动全校师生员工的积极性,为培养全面发展的新世纪的建设者和接班人而不懈奋斗。一切管理工作都要根据对应的方针、政策去组织和实施。各项规章制度的制定都要有利于调动广大师生员工建设社会主义的积极性,有利于合格人才的培养,为社会主义市场经济的建设和发展服务,为社会经济协调持续发展和全面建设小康社会服务,这是确立高校学生管理基本原则的立足点。

高校学生管理工作的规范化、制度化,会把符合社会主义方向的,又经实践检验的,较为成熟的民主管理和科学管理体制、程序、办法用制度形式固定下来,使工作形成规范,其核心是责、权、利相结合,使制度的思想性和科学性相统一。

坚持实践第一的观点,理论联系实际,面向社会,实行教育与生产劳动相结合。社会主义高校培养的人才,必须适应经济和社会发展的需要,在思想上有高度的社会主义觉悟,诚实守信,敬业乐群,有奉献精神,在业务上既要有较好的理论素养,又要有较强的分析问题和解决问题的能力,要有脚踏实地的实干精神和开拓创新的创造能力。这既是高校学生管理原则制定的出发点,又是其归宿。

尽管高校学生管理取得了成功的经验,但并非一路凯歌,在成功中也有教训。进入21世纪以来,不断涌现的大学生与所在学校的诉讼案告诉我们,高校学生管理制度亟待与时俱进,要有所创新。

(4)法律依据是依法管理。

①依法管理学生工作是社会发展的必然要求。具体内容如下:

第一,依法管理学生工作,是建设社会主义法治国家的客观要求。社会主义法治国家的建立，不仅需要有完备的法律体系，更需要全体公民具有良好的法律意识和法律素质，使国家和社会生活的各个方面实现有法可依，违法必究。高校大学生是社会知识群体中的一部分，他们的行为对社会具有较强的示范和影响作用。依法管理学生工作，有利于新时期依法治国方针的实施。

第二，依法管理学生工作，是社会主义市场经济的客观需要，社会主义市场经济的本质决定它必须是法治经济。市场主体的活动，市场秩序的维系，国家对市场的宏观调控，对外开放的坚持与完善，以公有制经济为主体多种经济成分共同发展的基本经济制度的巩固和完善，按劳分配为主体的多种分配方式的有效运作，市场对资源配置基础性作用的发挥，都需要法律的规范、引导、制约和保障。这是完备的市场经济体系形成的最基本条件之一，同样它也必然要求整个社会生活步入依法管理的轨道。高等学校作为市场经济的主体之一，它的运作必然要按照市场经济的需求来进行。高校的学生管理工作开展与实施是高等学校育人工作的一项重要的内容，理应符合市场经济的要求；市场经济要求依法进行，当然，高校的学生管理工作也需要依法进行。只有这样，高校学生管理工作才能经受住挑战，并融入市场经济中去，实现与市场经济的接轨。

第三，依法管理学生工作，是高校内部改革的需要。随着改革的不断深入，高校后勤社会化的进程日趋加快，这既有利于高校集中精力抓好培育人才、发展科学及服务社会等工作，同时，也为发展社会第三产业，提高就业机会创造条件。实行开放式管理，要使大学生既能适应后勤服务社会化的管理，又要实现高校教育培养目标，实现学校管理与社会管理的接轨，就必须依法管理。

第四，依法管理学生工作，是师生个体完善的内在要求。改革开放以来，我国的社会主义法律体系以很快的速度丰富和发展，法律已渗透到社会生活的各个方面，规范着人们的行为，在高校学生与学生之间、学生与老师之间、学生与学校之间都可以找到法律、法规所适用的内容和范围。普通高校大学生一般均具有民事和刑事行为能力，是完全行为能力人。因而依法开展学生工作，有利于促使大学生养成知法、用法、护法的良好习惯，同时，又能使学生明确自己的义务、权利、职责等，这些对推进全社会法治化进程，进而建设社会主义法治国家都有着积极的作用。

②高校学生管理工作迫切需要依法管理。具体内容如下：

第一，长期以来，思想政治教育工作作为高校学生管理工作中的一项重要内容，发挥着巨大的作用。大学生的行为越来越社会化，在这种情况下，仅靠思想政治教育工作，显然远远不够，只有逐步实现依法开展学生管理工作，才可能走出学生教育管理工作的困境。

第二，全民普法教育虽已进行多年，大学生的法制教育也进入了课堂，但在实际工作中，有的执法部门出于对大学生前途的考虑，在处理问题时在某种程度上影响了法律的严肃性。

第三，在高校学生管理工作中，有的学生违纪后出走等事件时有发生，这些都给学生管理工作带来了许多问题。然而有的学生家长却把责任推给校方，甚至影响了高校正常的教学和管理工作，增加了正常工作的难度和复杂性。因而，实现依法管理，有利于明确个人行为的法律责任，无疑是解决此类问题的良策。

第四，高等教育面临着 21 世纪的挑战，人们的教育思想、教育观念也正在进行积极的调整和改变，素质教育已成为教育改革的方向。实现用法律管理高校学生工作，用法律法规来调整大学生的行为，有利于提高学生管理工作的效率与质量，减少教育管理工作者额外的劳动，也为实施素质教育创造了一定的条件。

③如何依法开展高校学生管理工作。具体内容如下：

第一，针对高校这个特殊群体制定专项法律、法规来加以规范。从目前高校的实际来看，对于学生的违纪、违规的处理，院校之间掌握的尺度不一致，影响了处治的公平性。如果有了明细的法律、法规作为统一公平的标准那就较为客观，处理的效果可能会更好一些。

第二，要大力加强大学生法律意识教育。目前，高校法律课往往只在某个年级阶段开设，且形式较为单一，加之课时较少，难以保证让大学生系统地了解法律知识，增强大学生的法律意识更是困难重重。因而，大力加强大学生的法律意识教育，使它贯穿于大学生的整个学习阶段，不仅仅是为了方便学生管理工作者对大学生在校期间的管理，更主要的是使大学生树立牢固的法律意识，养成良好的学法、知法、守法和护法的习惯，为毕业后步入社会发挥引导和示范作用，推动整个社会法治化建设。

第三，要逐步形成依法管理高校学生管理工作的育人环境。依法管理高校学生管理工作不能仅仅针对学生，而应当是全校的各个方面都要依法进行管理，尤其是管理干部和教师要特别重视强化自身的法律意识。在处理老师之间、师生之间的问题时，也要体现依法管理的原则。在制定管理规定时，应充分考虑到法律的一致性。在实施依法管理的过程中，也要体现人人平等、一视同仁的原则，只有这样，才能切实做到依法管理。

第四，要建立一支适合依法管理的高校学生管理工作干部队伍。要在高校学生管理工作上实施依法管理，就必须建立一支适合依法管理的高校学生管理工作干部队伍。可以挑选一些思想政治觉悟高且热爱学生工作的同志，进行法学理论方面的专门培训，使他们能获得法律方面的专业理论知识，鼓励他们攻读法学类研究生和考取律师资格证等，以他们作为基础力量，外聘一些专职的司法工作者，组成学生法律援助组织和仲裁机构，并与司法部门建立联系，协同接受各类申诉，处理一些案件，这样对依法管理高校学生管理工作将会非常有利。

依法管理是做好高校学生管理工作的一条有效途径，但在实际工作中，我们不能夸大依法管理的作用，也不能抛弃传统的思想政治教育的模式，只有把二者有机地结合起来才能有效地做好各方面的工作，从而实现高校学生行为管理与社会行为管理的接轨，使高校学生养成自觉遵守法规的习惯，成为有理想、有道德、有纪律、有文化、身心健康、成熟坚强的现代化人才。

（二）高校学生管理基本原则的内容

1. 工作方向性的原则

管理是一种有目的的活动，管理工作必然具有方向性。以坚持社会主义方向为准绳，这是我国学生管理工作的一个本质特点。社会的性质制约着学校的性质，进而决定学校一切管理工作的性质，因此高校学生管理工作要作为一种有目的、有意识的自觉活动，为社会主义现代化建设培养造就大批合格人才，这是高校学生管理工作必须遵循的一条最基本、最重要的原则。

2. 理论与实践相结合的原则

理论与实践相结合，坚持实践是检验真理的标准，这是马克思主义的基本原理，也是高校学生管理的基本原则。准确领会和掌握马克思主义相关科学及各种管理原理，把握它们的精神实质，这是搞好学生管理工作的前提。但是，管理原理的应用价值和范围是受不同学校、不同管理对象和管理者水平等因素制约的。党和国家在社会主义现代化建设进程中有着基本的教育方针和政策，在各个不同发展时期，针对不同特点，又提出一系列具体的方针、政策和要求。这些方针、政策和要求，应当体现在各高校学生管理的具体措施、方法之中，但是科学的学生管理必须从本地区、本校、本专业、本年级学生的具体情况出发，从学生的素质、兴趣、爱好和青年的生理、心理特点等出发，制定出相应的方法和措施。

3. 行政管理与思想教育相结合的原则

培养学生的共产主义思想品德既需要耐心细致地说理教育，也需要坚持不懈地行为训练，使学校的教育要求变为学生的行为习惯，否则，教育的效果就不会巩固。学生良好行为习惯的训练和培养离不开科学的管理，没有合理的规章制度、行为规范，思想政治教育就会空乏无力。行政管理在培养社会主义合格人才的过程中具有不容忽视的作用，它为教育工作提供规范、准则和纪律保证，但是具体的大学生管理是通过规章制度、行为纪律对学生的思想行为进行科学的指导和制约的。这些制度、措施、纪律表现为社会与学校的集体意志对大学生的要求，表现为对大学生行为的外在限制，因此，想单纯地运用管理制度去解决学生复杂的精神世界问题是违背教育规律和不切实际的。高校对学生进行管理的措施的制定与实施，必须以提高学生的认识能力，培养学生自觉遵守规章制度的自觉性为前提。自觉的纪律来源于正确的认识，离不开正确的教育，只能通过科学而有效的思想教育，帮助学生提高执行纪律的自觉性，才能真正实现管理的效能。

4. 民主管理的原则

高校学生管理工作的一个重要方面，就是要培养学生自我控制、自我管理的能力，激励学生在管理中的主动意识和主人翁态度，充分调动学生自我管理的内在积极性。因此，社会主义学校学生管理工作中坚持民主管理的原则才是符合整体管理目标的。

从大学生的心理特征看，他们处于心理自我发现期，这一时期他们产生了认识和支配自我、支配环境的强烈意识，他们的思想和行为表现为明显区别于中学生的相对独立倾向，希望自己的意志和人格受到外界更多的尊重。他们对学校制定的规章制度、行为纪律会思考它们的合理性，一般不希望被动地处于服从和遵守的地位，而是要求参与管理。根据学生培养目标和他们的心理特点，在管理工作中应充分发扬民主，把学生看成既是管理对象同时又是管理主体。

在实行民主管理时，应注意发挥党团员学生的作用，重视学生干部的选拔与培养，这是调动学生的积极因素、实现学生民主管理的重要任务之一。

第四节 高校学生管理的特征与作用

高校学生管理是学校管理的一个重要分支,是学生管理理论与实践的高度综合与概括。半个多世纪以来,我国高校学生管理的实践证明,对大学生的成功管理,要遵循高校管理的基本规律,把握住高校的特点。只有这样才能使高校学生管理产生积极的效益,确保学生成才。

一、高校学生管理的特征

(一)政治性特征

管理是一种有目标的活动,管理工作必然具有某种方向性。当前,高校学生管理必须紧紧围绕着为全面建设小康社会,为中国特色社会主义培养合格人才这一中心目标服务,这是我国目前高校学生管理工作中的一个本质特点。

学生管理工作作为一种手段,是为教育方针服务的,而教育方针是一定时代的政治、经济和文化等现实在教育领域的反映。众所周知,中外教育史上都有重视德育的传统,但不同时代、不同社会,其德育中德的内涵是大不相同的。

学生管理工作的政治性,决定了学生管理工作者必须具备应有的政治素质,不断提高自身的政治敏锐性,时刻关注政治局势,把握大局,保持与党中央的高度一致。

(二)针对性特征

学生管理既然是管理,就不会离开管理学科的特点,它不可避免地要吸收国内外相关管理科学方面的理论知识体系和工作经验。但大学生管理不同于一般的管理，它有着自己的特殊性。这些特殊性至少表现在以下三个方面：

1. 管理的对象是大学生（社会角色而言），他们本身就是一个特殊的社会群体，是一群掌握着一定基础知识和专业知识的潜在人才群体。

2. 管理的对象是青年（生理心理角色而言），他们处于血气方刚、激情澎湃、感情冲动、充满朝气的人生阶段。

3. 管理的对象是正在接受知识教育和思想道德教育的青年群体，他们是一个处于想独立而在经济上又不能独立的半独立状态的青年群体。

以上三方面的特点决定了高校学生管理的针对性，决定了高校学生管理必须涉及青年学、生理学、心理学、教育学、人才学和管理学等诸方面的知识体系。

从青年学（含生理学、心理学）的角度而言，应当看到，大学生管理面对的是朝气蓬勃的青年人，他们的世界观、人生观、价值观尚未完全定型，他们对异性的关注和对人生的理解等，都有着这个时代的烙印，受到所处的时代环境的影响，与20世纪五六十年代生长起来的一代人是有着明显区别的。要管理好他们，就必须研究了解他们，要研究了解他们，就必须把握时代特征，要把握时代特征，就必须弄清楚这个时代的政治、经济、文化及科学技术发展大方向。

从教育学的角度而言，高校学生管理必须有利于青年大学生的成长，必须符合教育规律。换言之，就是大学生管理必须按教育学、人才学所揭示的规律来进行。比如：大学生德育、智育、体育之间的关系如何在学生管理中有机融合的问题；知识的获得与能力的培养如何有机协调的问题；尊重学生个性与学校统一管理如何获得有效一致的问题；课堂教学与社会实践如何结合的问题等，都是需要认真研究探索的。

从管理学的角度而言，科学的管理从本质上讲是法治化、人性化的管理。管理的有效实施离不开规章制度的建设，而法律与规章制度的制定往往是以一定的理念为指导的。在法学中，指导法律制定的是法理（法律理论）；在政策学中，指导规章与政策制定的是政治理论和与政治理论相关的哲学理论。由于法律与规章及政策所针对的都是人，所以，都离不开对人的理性化认识。

（三）科学性特征

对于大学而言，建立一套集德、智、体及日常生活管理于一体的系统管理制度，其实质是一种约束和规范，即把学生的思想、情感、行为和意志等引导到国家所倡导的培养目标上去。这一活动目标的实现要求制度具有科学性，而高校学生管理制度的科学性至少包括以下几方面的内涵：

1. 符合法律法规。即要求学生管理制度符合国家的法律法规精神的要求。

2. 符合学校的实际。学校的实际包括学校的层次类型以及学校所在地的地域人文风情。

3. 符合大学生的生理心理特点。这就要求高校的学生管理制度制定者必须了解学生，既要了解大学生的实际情况，又要清楚培养目标与要求。

4. 具有可操作性。作为管理制度，有理论指导，又与理论有所不同，其最大的特点就是它必须具有可操作性才能真正达到管理的目的，没有可操作性，再好的制度也只能是理论上正确而不能执行的制度。必须指出，在现实中确实有高校存在难以操作的正确的规章制度。

二、高校学生管理的作用

实现全面小康，需要千百万建设社会主义事业的专门人才，而高校在现代社会中是人才的"加工厂"，担负着培养人才的重大责任。高校学生管理工作是高校教育管理工作的重要一环，其责任总体上与高校的根本任务是一致的，这种责任决定了高校学生管理工作的重要作用。它主要反映在以下几个方面：

（一）育人的作用

高校学生管理是高校管理的重要方面，高校是人才培养的基地，高校管理是为培养人才服务的，高校学生管理更是直接针对大学生的，但这种管理却与一般意义上的管理不一样，它不是单纯的管理，而是带有教育性质的服务，即不仅要通过管理促进高校的有效运行，而且要通过管理达到教育目的，使学生成为高校的合格"产品"。也就是说，高校的学生管理是一种"管理育人"的管理，这种管理要与高校的教学、思想政治工作和心理健康教育等一系列工作有机结合起来，产生一种管理育人的效果，促使教育方针在高校真正得到落实。

（二）稳定的作用

高校学生是一个特殊的社会群体，他们具有青年的特质：朝气蓬勃、充满激情、追求真理、关心时事，但同时也有着青年固有的不足。他们在法律上是完全民事行为能力人，但从某种意义讲，他们在心理上却是准成年人。与其他同龄人相比，他们掌握着更多的知识，但较之真正的知识分子，他们的知识又存在结构上的缺陷和知识量上的不足。在全面建设小康社会的过程中，各种政治、经济、社会和文化等方面的矛盾必将反映到大学生中来，如果管理不到位，高校的群体事件就可能变为政治性群体事件，从而给社会的稳定带来威胁。因此，依法管理，预警在先，通过制定并实施符合学校实际的规章制度，引导大学生端正学习态度，明确学习目的，掌握正确的学习方法，养成良好的生活习惯，通过各种渠道和措施，为大学生建构良好的心理品质，形成稳定的情绪，从而保持学校的稳定，是高校学生管理的重要作用之一。

（三）增强能力的作用

高校是培养人才的场所，因此，高校的学生管理应有培养学生的功能，应发挥增强学生能力的积极作用。例如：社会实践的管理，可以增强大学生的社会实践和社会活动能力；实验室的管理，可以增强学生的动手能力；心理咨询可以提高学生自我认识、自我调节的能力；学生的党团活动可以提高学生对党团的认识水平等。

第二章　高校学生管理工作的基础性探究

高校的大规模扩招，高校学生群体的日益壮大，高校学生的思想观念日益复杂，这些问题都给高校学生管理工作带来了新的问题和挑战。面对当前社会发展形势，如何调整传统的管理方法和管理模式是当前高校管理工作者面临的新课题。本章重点探讨高校学生组织与干部管理、高校学生制度与体制管理以及高校学生自我管理与民主管理等内容。

第一节　高校学生组织与干部管理

一、高校学生组织

（一）高校学生组织的意义

组织是按照一定的目的和系统组织起来的团体，或者说把具体任务或职能相互联系起来的整体。其是按一定的目标所做的系统的安排，包括权力分配与责任划分、人事安排与配合，以便达到共同的目的。

无论是正式组织还是非正式组织，尽管其结构形式不同，活动内容也不同，但它们仍有其共同点，即职责（或权力）等级和任务的分工，都是一种开放性的适应性的系统。

所谓高校学生组织是指专业、年级、班级等不同系统为培养德、智、体全面发展的建设者和接班人服务这样一个共同目的而组织起的领导团体，如学生党支部、团总支、学生会、班委会等。与其他组织相比，学生组织有其共同点，但更具有自身的特色。

第一，权力范围小。学生组织同样要进行职责划分和任务分工，但其权力范围要比一般组织小得多，不与社会生产及其他经济活动发生直接的联系。学生干部虽然参与行政管理活动，但没有直接制定政策的法定任务和权力，主要是执行。

第二，成员变动大。学生组织成员变动较为频繁，任职时间最长的也只有三年或四年，一般情况下，任职时间为一至两年。这是由高校学制期限所规定的。

第三，系统性强。除了校级学生组织跨系统外，其他学生组织均以系、专业、年级和班级为系统建立，一般与高校党政组织设置系统相适应。

第四，服务性强。学生组织的主要任务就是贯彻、落实和执行高校党政领导部门所下达的各项具体任务，直接为学生的政治思想活动、业务学习活动、文娱体育活动等服务。此外，其服务性强还表现在，学生所做的工作只是奉献和义务，没有任何报酬。

第五，民主性强。通常情况下，学生组织都是由民主选举直接产生的，没有任命制，只是个别或少数的采用聘任制。

（二）高校学生组织的设置

高校学生组织的设置必须遵循这样两条原则：

第一，精干的原则。精干的原则是高校学生组织设置所必须遵循的。不然，很容易产生人浮于事的现象，从而造成人力、物力和财力的浪费，工作效率不高。但是把精干原则理解为越少越好，造成不能完成工作，同样不符合精干原则的要求。因此，必须正确理解精干的原则所包含的两个方面的含义,即质量和效果。所设置的学生组织,既要在数量上满足工作的需求,又要在质量上满足工作的需要。这里所谈的数量和质量又分别有两个含义:数量是指工作任务量和干部成员的多寡,质量是指干部成员的素质和完成工作任务的质量,二者必须有机结合。

第二,统一的原则。组织结构完整严谨,职责划分合理,内部分工明确,协调配合得当,是统一原则的主要内容。具体要求是:一是把同一类工作任务归口于某一学生组织或部门管理;二是专人专职负责,职责相称;三是指挥灵活,信息沟通渠道畅通;四是各部门之间经常性地交流信息、互相配合。

总之要做到高校学生组织设置科学、结构合理、上下沟通、信息灵敏,才能极大地提高工作效率,达到预期的目标。

具体来说,高校学生组织设置具体如下:

(1)学生党支部。高校一般是以专业来划分系(部)的,再根据招生规定划分不同的年级,年级下设学生班。高校建立学生党支部要与学生行政组织相对应,把党支部建立在系或年级或班上。这样与行政建制相对应建立起来的学生党支部,使党支部的成员与本班、本年级的同学朝夕相处,熟悉情况,有利于党支部在学校各项中心工作中发挥政治核心作用;有利于党支部起到党密切联系广大同学的桥梁和纽带作用,经常了解同学的思想状况,反映同学的意见和要求,有效地做好同学思想政治工作,进一步密切党群关系;有利于具体指导和帮助团支部、班委会开展工作,提高工作效率。

(2)团总支。一般来说,团总支以系(部)或年级为单位设置,团支部以学生班为单位设置。校团委的主要领导职务由专职干部担任,其委员大多由学生担任。团总支书记由青年专干担任,副书记和其他委员由学生担任。团支部书记和委员以及团小组长均由学生担任。各级团组织成员的多寡,可根据高校实际情况来配备。团总支在接受校团委领导的同时,还要接受系党总支的领导。

（3）学生会。学生分会以系（部）为单位设置，所有学生分会及下属组织的成员均由学生组成。校学生会除了接受校学生工作处（部）的指导外，还要接受校团委的指导和帮助。学生分会和班委会分别要接受团总支和团支部的指导和帮助。

(三) 高校学生组织的作用

高校学生干部不是自发产生的，而是根据共同目标，按照一定的原则，在学校党委和各级党组织考察和培养的基础上，由广大同学或代表推选出来的。他们是贯彻执行党的教育方针和学校党委的决议和意见的骨干分子。他们的工作是高校党的思想政治教育工作的重要组成部分。

（1）高校学生党支部作为在学生中最基层的党组织，在贯彻执行党的路线、方针和政策的过程中，在发挥党支部的战斗堡垒作用和党员的先锋模范作用方面，在密切联系同学、经常了解同学党员对学校党组织工作的批评和意见、尊重同学的合理化建议、关心同学、爱护同学、帮助他们提高思想觉悟、努力学习方面，在教育和支持其他学生组织积极开展工作、努力为同学服务方面，在维护校规校纪方面等，起着十分重要的作用。

（2）高校共青团组织，是中国共产党直接领导下的先进青年的群众组织，是广大青年在实践中学习共产主义的学校，是中国共产党在高校中的得力助手和后备军，它的一切工作都是围绕党的中心工作开展的。在贯彻执行党的教育方针，把高校建设成为社会主义精神文明坚强阵地的工作中，在造就社会主义事业接班人的伟大工程中，在为我党培养和输送合格后备军的伟大实践中，有着其他组织不可替代的地位和作用。

（3）高校学生会是中国共产党领导下的中华全国学生联合会在高校的基层组织，是党联系广大同学的桥梁和纽带。它在团结教育广大同学为振兴中华刻苦学习、全面发展，维护校园安定团结、建设校园民主、丰富广大同学文化生活，维护广大同学的合法权益，用党和人民的要求规范同学的行为，培养广大同学的严格的组织纪律性等方面，同样有着不可替代的地位和作用。它是高校思想政治教育工作的重要组成部分。

高校学生干部生活于广大同学之中，与广大同学有着密切和最广泛的联系，最了解、最清楚也最易于掌握同学的思想状况。因此，对于广大同学来讲，学生干部最有发言权。但了解同学不等于就能当好学校党的工作的得力助手。学生干部要充分发挥学校领导联系广大同学的桥梁和纽带作用，当好助手，必须做到：主动关心同学的学习、工作和生活，注意倾听他们的呼声，并及时向学校各级组织反映。对于广大同学正当的需求，要尽最大的努力去满足；对于不正当的或暂时不能满足的需要，要耐心细致地加以解释，做好思想政治教育工作。

二、高校学生干部管理

（一）高校学生干部与高校学生干部工作

帮助学生干部认识自己所扮演的角色及其特点，有助于其带头作用、骨干作用和桥梁作用的发挥，把同学紧密地团结在一起，勤奋学习，刻苦钻研，锐意进取，成为社会主义建设事业的合格人才。

1.高校学生干部

（1）学生干部的含义。

高校学生干部虽然与一般领导干部有着较大的区别，但仍然具有一般领导干部的本质属性。因此，高校学生干部就是充分调动学生的积极性和创造性去努力实现培养德、智、体全面发展的建设者和接班人这一宏伟目标的集体成员或个人。

（2）学生干部的特点。

一是队伍庞大。依据高校学生组织的设置要求，所配备的学生干部人数众多，一般要占学生总人数的三分之一以上。这一特点是由高校学生活动内容广泛而丰富的内在联系所决定的。

二是人才齐备。高校学生干部是经过高考筛选后再筛选,来自全国各个地区的学子,有能歌善舞的,有酷爱美术和体育的,等等。这为高校学生干部顺利地、生动地开展工作,带来了十分优越的条件。

三是热情高涨。高校学生干部都是20岁左右的热血青年,体力、精力充沛,思想上对未来充满十分美好的憧憬,敢想、敢说、敢为。

四是贴近学生生活。由于客观环境的作用,使得高校学生干部始终与学生同吃、同住、同学习,朝夕相处,形影不离。学生干部最了解学生,学生也最了解学生干部。学生干部的举动,学生都看得清清楚楚,这给学生干部工作带来了许多方便,可以使学生干部及时地了解同学的利益要求、思想动态等,以便制订出有效的工作计划,采取有力的工作措施,可以使学生干部的工作直接地接受学生的监督和检查,及时修正工作中存在的不足或失误,以便把工作做得更好。

2. 高校学生干部工作

(1) 高校学生干部工作的含义。

高校学生干部和高校学生干部工作是两个既有联系又有区别的概念,不能混为一谈。所谓高校学生干部工作是指高校学生干部运用一定的工作技巧和方法,按照一定的职责权利范围,充分调动本校或系或班或小组同学的积极性和创造性去努力实现培养德、智、体全面发展的建设者和接班人这一宏伟目标的过程。这个过程包括确立目标、预测决策、制订计划、指挥执行、组织协调、指导激励、沟通信息、监测反馈、过程调控、工作评估等等。

(2) 高校学生干部工作的特点。

一是执行性。高校学生干部和其他学生一样都是学生,处于受教育阶段,在法定方面上还没有承担高校管理决策的社会责任,同时尚缺乏应有的高校管理决策能力,因而,虽然要积极参与学校的管理活动,但不能做最后的决策。所以,高校学生干部工作的重要任务是贯彻执行和落实学校党政领导下达的各项工作任务。当然,在保证执行、贯彻和落实学校党政领导下达的各项工作任务时，要积极思考，富有创造性，采取各种行之有效的方式和方法去完成它。

二是广泛性。高校的一切工作都是围绕学生展开的，同时，又要通过学生干部工作这一环节落到实处，因而，高校学生干部工作必然要涉及高校工作各个方面，从而使其内容丰富而广泛。从总体上来讲，高校学生干部工作包括思想政治教育工作和日常事务管理两大方面。具体来说，在思想政治教育工作中，要组织经常性的大量党团活动，诸如政治学习、讨论，发展党员和团员，举行各种寓教育于活动的竞赛以及做好大量的经常性的个别思想教育工作等。在日常事务管理中，要抓校风校纪的建设、业务学习、文体活动、生活卫生等。

三是具体性。高校学生干部工作十分具体。例如，落实学校领导下达的开展"学雷锋户外活动"的具体任务时，学生干部要做出详细的计划和安排，把"学雷锋户外活动"的具体任务分派到人，并且自始至终地参加活动的全过程。

四是复杂性。高校学生干部所做的一切工作就是要求同学按照学校的要求和规范去做，而人的行为是受思想支配的，这就是说，要使同学能按照学校的要求和规范去做，必须做好同学的思想工作。人的思想活动具有极大的隐秘性，而要打开学生的心灵之窗并非易事。此外，年轻的大学生（当然包括学生干部本身在内）世界观还不成熟，还缺乏观察分析周围事物的正确方法，因而纷繁复杂的社会现象反映到学生脑子里，就会产生各种正确的和不正确的思想观念。要帮助同学去掉头脑中那些不正确的思想观念，就必须找到产生不正确思想观念的根源。然而，往往由于人的思想活动的隐秘性特点，很难做到这一点，因而使得高校学生干部工作呈现出复杂性。

五是周期性。由于高校学制的制定和学期的划分，相应地高校学生干部工作具有明显的周期性，且周期短，一般为一个学期或一个学年度。但是，研究学生干部工作的周期性时必须注意，这种周期性的活动不是简单的圆周运动,因此,每一个工作周期到来时,在认真总结经验的基础上,要不断地分析新情况,研究新问题,采取新的方式和方法做好新的工作。

3. 高校学生干部工作是教学与管理工作的重要组成部分

(1) 高校教学工作中不可缺少的部分。

教学质量与人才质量紧密地联系在一起,提高教学质量是高校的主要工作之一。加强教学管理是提高教学质量的有力保证,而高校学生干部工作是具体实施教学管理措施的有力保证。

第一,维护教学秩序。教学活动十分具体而又频繁,光依靠学生干事和辅导员以及任课老师远远不够,大量的具体细致的管理工作则依赖于学生干部。如果离开学生干部的努力工作,就很难保证教学活动的有序性和教学质量的提高。

第二,沟通教学联系。在教与学的过程中,一方面,学生们会时常碰到这样或那样的疑难问题需要解决;另一方面,教师为了提高教学水平,也需要了解学生对教学工作的意见和要求。因此,客观上要求及时沟通教与学之间的联系。此间,学生干部扮演着及时沟通教与学相结合的重要角色,从而使教与学双方得到有效沟通,及时解决学生学习上的疑难问题,提高教师的教学水平,保证良好的教学质量。

第三,促进良好学风的形成。学生干部组织广大学生开展一些学术研究活动,培养广大学生的学术研究兴趣和能力,同时,组织广大同学开展一些有益教学工作的活动,诸如百科知识竞赛、学习竞赛、学习经验交流、师生恳谈等。这些活动的开展,对形成良好的学风,无疑是不可缺少的。

总之,高校学生干部工作在教学工作中,对于维护教学秩序、沟通教学联系、形成良好学风、提高教学质量有着不可替代的作用,是高校教学工作中不可缺少的重要组成部分。

(2) 高校管理工作中不可缺少的部分。

①弥补学校管理工作中的人员不足。良好的校风和良好的校园秩序的

形成离不开严格的管理，二者之间相辅相成，互为因果。广大学生是良好的校风和良好的校园秩序的直接体现者。要管理好由不同民族、不同风俗习惯、不同性别等组成的大学生群体，使他们养成良好的习惯，自觉维护校园秩序，光靠学校专职行政人员和老师显然是不够的，也是不切合实际的。因此，大量的行政管理工作需要学生干部去承担。学校的规章制度需要学生干部去实施、去落实，特别是学生自我管理方面，学生干部工作显得尤为重要。对于这些工作，学生干部则完全有能力来承担，因为学生干部有着庞大的队伍，占学生人数的百分之三十以上，可以弥补学校管理工作人员的不足。

②弥补学校微观管理的不足。对于学校来说，要把关于学生在学习上、生活上等方面的规章制定得十分完整而具体，是很困难的。一般来说，学校只能从宏观上做出较全面的规定，在微观上就要求学生干部做出有力的补充，这种补充主要体现在以下两个方面：

第一，创造性地执行学校的规章制度。即要根据实际情况，如不同专业，不同年级，不同性别，不同生活习惯，不同特长、爱好、兴趣，等等，在保证执行学校规章制度的前提下，制定出符合学生实际情况的实施细则，使学校规章制度落到实处。

第二，及时调控宏观管理。宏观管理的依据，归根到底来自实践。学生干部较之学校行政干部来说，对学生的实际情况要了解得多，而且，学校宏观管理终归是为同学服务的。因此，学生干部及时向学校反映学生中的情况变化，可弥补学校调控宏观管理时的信息不足。

（二）加强高校学生干部管理的途径

高校学生干部提高自身的素质既是履行好自身职责，完成学校交给的各项任务的首要条件，也是把自己培养成为社会主义事业接班人的内在要求。接受学校有系统、有计划、有目的的组织教育与考核是学生干部提高基本素质的一条重要途径。怎样对学生干部进行有效的组织教育和全面的考核，加强学生干部的管理,也是摆在高校思想政治工作者面前的一个重要课题。

1. 加强组织教育

高校学生干部既是干部,又是学生,其成长与进步同样离不开学校组织的教育与帮助。因此,高校学生干部必须接受有系统、有计划、有目的的组织教育。当然,学校各学生工作部门也应该注意不能仅使用学生干部而忽视对他们的教育。学校应把通过组织教育来提高学生干部的基本素质纳入工作计划,作为培养合格的社会主义接班人的重要组成部分,从政治思想、理论修养、工作常识、基本技能等方面对他们进行全面、系统的培训。

(1)马列主义理论教育。

高校学生干部是党在高校做好学生思想政治工作的得力助手,因此首先学生干部自身需要有扎实的马列主义理论基础。学校方面可以采取举办学生干部理论学习班等方式对他们进行行之有效的培训和辅导。对于学生干部中要求入党的积极分子要及时组织相关学习,使之接受更为系统、深入的马列主义理论教育。

在学习马列主义理论的过程中,学生干部应该紧密联系大学生的思想实际,避免为理论而学理论的现象。学生干部要从实际运用的目的出发,有针对性地、创造性地学习马列主义、毛泽东思想、邓小平理论及习近平新时代中国特色社会主义思想。能够运用这些理论去正确地分析处理工作中遇到的实际问题,善于用实践的观点、理论联系实际的观点、矛盾的观点、一分为二的观点等来指导自己的工作,以增强工作的正确性与艺术性。

(2)世界观、人生观和价值观教育。

高校学生干部要完成好自己的使命,除具有坚定的政治立场、较好的马列主义理论素养外,还要树立正确的世界观、人生观、价值观。这些思想观念的形成固然要靠学生干部自己在平时的学习、生活、工作中去自觉训练和加强,积极参加学校组织的有目的、有系统的教育和引导,则能较快和较好地树立起正确的世界观、人生观和价值观,从而对人生、对社会乃至整个世界各种现象持有正确的观点和态度。在这方面的教育与引导中，既可以采取讲座、报告会等方式集中统一地进行理论疏导，也可采取观看电影电视、阅读文学作品、参观访问等方式进行情感熏陶。思想观念的教育只有与情感熏陶并进，才能收到较好的效果。

思想观念的教育与引导要有针对性。通过人生观及价值观的教育，学生干部要对自身工作的意义有进一步的正确认识，增强工作责任感，正确处理奉献与索取的关系，克服当干部怕苦怕累的思想。树立了正确的人生观与价值观，学生干部就会从艰苦、复杂的工作中品尝到无穷的乐趣，就可以从为广大学生服务中品尝到助人为乐、无私奉献的甜蜜。

思想观念的教育与引导最后的落脚点是学生干部要树立远大的共产主义理想、坚定的共产主义信念和高尚的共产主义情操。高校学生干部肩负着十分特别的历史重任，在大学学习期间是党在高校各项工作的得力助手，毕业后将成为社会主义事业各条战线上的政治骨干与业务骨干，是党的干部队伍建设中的一支不可忽视的后备力量。因此，学生干部必须认识到树立远大的共产主义理想、坚定的共产主义信念、培养高尚的共产主义情操，是社会主义向前发展对青年一代提出的必然要求。同时，这也是高校教育和培训学生干部所要达到的一个重要目的。学生干部与其他青年人一样，在成长发展过程中，易受外界因素的干扰，其理想、信念和情操也将会发生波动和反复。因此，一方面，学生干部要充分认识这一特点，自觉克服自身的弱点；另一方面，学校也要注意帮助学生干部及时排除外界的干扰，特别是注意引导他们正确认识风云变幻的国际形势。

（3）常识教育与技巧训练。

学生干部工作的效果与其所掌握的工作常识及工作技巧与方法是密切联系在一起的。学生干部接受学校系统、全面的工作常识教育和基本的工作技巧与方法的训练是十分必要的。

第一，掌握党支部工作的基本知识与方法。学生党支部的干部要熟悉党章，对党的基本知识要有全面的了解，要懂得党务工作的一些基本知识，因此要积极参加学校党组织举办的专门培训。此外，还要注意学会做细致深入的思想政治工作，善于了解他人，关心他人，及时发现问题，及时解决。只有这样，才能充分发挥每一个学生党员干部的作用，把学生紧紧团结在党的周围。比如说发展大学生入党是一项艰巨而又重要的工作，它要求学生党支部的干部认真做好入党积极分子的培养与考察工作，这也就是要求学生党支部的干部要熟练地掌握党员发展工作的基本知识。因为，不懂得发展党员的基本知识，就不可能积极稳妥地做好党的组织发展工作，特别是不具备做深入细致的思想政治工作的能力，就不可能准确把握要求入党的积极分子的入党动机，组织发展工作便不可能有效地开展。所以说，学生党支部的干部要在学校党组织的专门培训下，熟练地掌握好党支部工作的基本知识和工作方法与技巧，充分发挥学生党支部的战斗堡垒作用。

第二，掌握共青团工作的基本知识与方法。共青团系统的学生干部要熟悉团章及团的基本知识，要善于把握青年工作的特点，善于团结号召青年。学校团组织要积极创办业余团校和团干部培训班、举行团干部经验交流活动等，为全面提高学生团干部的基本素质广辟途径，尤其是要注意为学生团干部提供团内实践活动的良好环境。学生团干部要在学校团组织的培训下，努力学会做青年大学生的知心朋友，善于把握青年人的思想脉搏，善于做深入细致的帮教工作，及时向党组织反映青年人的思想、意见和要求，使自己真正成为党在高校各项工作中的得力助手。

第三，掌握管理工作的基本知识与方法。学生会、班委会及其他社团学生干部的培训应该紧密结合各自的工作职责、工作对象的特点来进行，重点是提高管理水平，增强组织、指挥与协调能力，以便学生干部在学校管理、校园文化、体育活动等方面充分发挥各自的作用。

2. 加强组织考核

组织考核是提高学生干部基本素质的又一有效途径。它可以帮助学生干部及时发现自身的不足，正确对待所取得的成绩，从而扬长避短，全面发展。考核学生干部素质的途径很多，一般可分为学校组织考评、学生干部自评、学生考评三种，但应以学校考评为主。考评学生干部基本素质的内容有很多，但应以考评思想品德和心理能力素质为主。

（1）思想政治素质的考核。

考核学生干部思想政治素质的方法有很多，但其中最有效的途径是对学生干部的实际工作进行认真的观察和分析，透过现象把握其政治立场、观点、态度、世界观、人生观和价值观等。对于具有较好的马列主义理论水平，并善于在工作中用马列主义的立场、观点与方法去分析和处理问题的学生干部，要肯定他们的成绩，并帮助他们进一步提高。对于马列主义理论基础还较差，在实际工作中一时还不能很好地用马列主义的立场、观点与方法去分析问题的学生干部，要指出他们的不足，并及时进行帮助。

对于那些在政治立场、观点、态度等方面与党的要求相背离的个别或极少数学生干部，要坚决地把他们从学生干部的岗位上撤换下来，并对他们的错误言行进行严肃的批评和教育。对于学生干部中存在的其他方面的不良现象及不正确的思想言论要认真地分析和教育，帮助他们澄清思想、端正认识。实事求是地考核学生干部的基本思想政治素质既有利于学校增强对学生干部培训工作的针对性，以及准确地选拔和使用学生干部，又有利于帮助学生干部正确地认识自己、了解自己，从中受到教育，进而提高自身的思想政治素质。

（2）品德素质的考核。

学生干部要履行好职责，除了要有坚定正确的政治立场外，还要有优良的品德素质。高校党的组织、领导及教师应该对学生干部的品德素质进行经常性的考核，及时发现他们的不足，并帮助他们克服，使之成为名副其实的骨干。

考核学生干部的品德素质要从工作作风、生活作风以及是否敢于开展批评与自我批评等方面入手，要注重在实践中考核。衡量学生干部是否有良好品德素质的标准归结起来主要有三条：一是态度，即在工作上是否肯干、积极、认真和负责；二是服务，即是否乐于把自己的长处与能力最大限度地用于工作，是否乐于奉献，乐于为全体学生服务；三是律己，即在学习、工作和生活中是否严于律己，以身作则，勇于抵制不良倾向。

对学生干部的品德素质做出实事求是的考评后，要将考评的结果通过适当的方式与途径反馈给学生干部，使他们知道自己的不足及存在的差距，帮助他们在工作实践中不断地提高品德素质。

（3）心理素质的考核。

针对学生干部的心理能力素质状况，开展及时、有效的考核是十分重要的。学生干部在工作中经常会遇到许多矛盾，需要处理好各种复杂的关系，如学习与工作的关系等，如果没有丰富的情感和顽强的意志，就很难做到大胆开拓、勇于克服各种困难而创新。如果没有较强的指挥、协调能力，就不可能很好地把学生组织起来，也不可能得心应手地处理好各种具体的工作关系和矛盾。一个学生干部是否有顽强的意志、丰富的情感，是否有宽厚的胸怀承受各种打击，是否有熟练的指挥协调能力，都可以从他的具体工作中反映出来。

因此，学校领导和教师要注重从工作实践中考核评估学生干部的心理能力素质，才能对学生干部的心理能力素质有客观的评价，有的放矢地帮助他们在实践中锻造自己，逐步形成高强度心理能力素质。

第二节　高校学生制度与体制管理

高校学生工作专职教师在开展思想政治教育和管理工作时，必须建立一套系统而完整的制度。制度是要求人们共同遵守的办事规程。制度的建立，必须遵循一定的原则，不可随意而定。制度制定后，要有人来执行，就需要有良好的体制来保证。

一、高校学生制度

在我国古代，制度是法令、礼俗的总称。现在，制度通常是指关于整个社会组织或某一事项的整套的行动准则。

管理这种职能活动，是伴随着人类社会有组织活动的出现而产生的。凡有人群活动的地方，为了有序而又有效地组织生产、学习、工作和生活，必须制定出能够调整人们相互关系的行为规范或行动的准则，这既是管理的需要，又是管理职能的具体体现。高校学生思想政治教育和管理制度是高校学生的行为规范，因此，建立一套系统而完整的高校学生思想政治教育和管理制度是十分必要的。

（一）高校学生教育和管理制度的意义

我国高校的规章制度是党的优良传统和社会主义道德观念、行为观念、行为规范（即国家法规）、是非标准等在高校学生日常工作、学习和生活等方面的具体体现。它是全体学生必须遵守的行为准则；是培养自觉的纪律性，培养共产主义道德品质和形成良好校风的重要手段；是实行科学管理，办好社会主义大学的重要保证。所以建立高校学生思想政治教育和管理制度，对办好社会主义大学具有以下几点意义：

1.有助于充分发挥学生的积极性。大学肩负着培养社会主义事业的建设者和接班人的历史重任。为了完成这一光荣使命，高校就必须建立起符合大学教育工作客观规律、符合现代管理原理、充分体现党的优良传统和社会主义道德观念及行为规范的系统的高校学生思想政治教育和管理制度。这样，就能把全校学生的积极性发挥出来，形成一种远比个人力量总和大很多的集体力量，办好社会主义大学。

2.有助于建立正常的学习、工作和生活秩序。现在的大学，少则上千人，多则上万人，而且是一个多层次、多学科、多系统、多结构的复杂的综合体。高校学生工作专职人员要把每个成员的智慧和力量最优化地组合起来，就必须在加强政治思想工作的基础上，建立起一整套的规章制度，使学生有规可循，有矩可蹈，做到学习、工作和生活井然有序。

3.有助于培养学生高尚的道德品质，形成良好的学风。社会主义的精神文明，是社会主义的重要特征，是社会主义制度优越性的重要表现。思想建设决定着精神文明的性质，因此，培养学生具有马克思主义的世界观，共产主义的理想、信念和道德，有为人民服务的献身精神和以共产主义劳动态度建设科学的、与时俱进的高校学生管理制度，对培养学生高尚的道德品质和良好的学习、工作及生活习惯，无疑是意义重大的。

（二）高校学生教育和管理制度的基本要求

建立高校学生思想政治教育和管理制度必须符合以下几点要求：

1.政策性。政策性是指高校学生思想政治教育和管理制度必须同党的路线、方针、政策和体现党的路线、方针、政策的国家的法律、法令、条例、决议、指示、规章、规程，尤其是党和国家的教育方针保持高度一致，而不能有丝毫的背离。党的路线、方针、政策和国家的法律、法令、条例、决议、指示、规章、规程等，是一个国家总的行为规范，是指导全局的，是制定高校学生思想政治教育和管理制度的依据。高校学生思想政治教育和管理制度则是党的路线、方针、政策和国家法律在高校学生日常学习、工作和生活诸方面的具体化。局部必须服从全局，否则就会迷失方向。

2.整体性。整体性是指按照现代管理学观点，国家是一个系统，教育是属于国家的子系统，学校是隶属于教育的子系统，学校各部门是隶属于学校的子系统。系统是有组织、有层次的，各组成部分都是为了一个共同目标而形成的有机整体。高校学生工作专职人员必须树立全局观点，正确处理局部与全局的关系，正确处理学生的学习和课外活动的关系，以及团组织与学生会工作之间的关系等。在处理各种关系时，必须使整个系统处于协调状态，才能发挥整体的最佳功能，达到教育管理的最佳效果。

3. 民主性。民主性是指高校学生思想政治教育和管理制度必须符合广大学生的根本利益，并获得广大学生的积极拥护和支持。我国是社会主义国家，人民是国家和社会的主人，党和国家的一切政策、法令都是以是否符合广大人民群众的根本利益，是否获得广大人民群众的积极拥护和支持为最高标准的。学生是管理的对象，又是管理的主体，在制定学校规章制度时，必须从学生中来，到学生中去，广泛听取学生意见，做到集思广益，紧紧依靠广大学生把教育和管理工作做好。

4. 科学性。科学性是指高校学生思想政治教育和管理制度必须符合高等教育的客观规律。任何领域都有其自身的规律，高校学生思想政治教育和管理制度也不例外，诸如教育和管理必须与学生的年龄相适应的规律，思想政治教育中知、情、意、行活动过程的规律等。一定要认识和严格遵守这些客观规律，才能实行科学管理，充分调动各方面的积极性。同时，还要善于借鉴现代科学管理理论，不断总结高校思想政治教育和管理经验，把行之有效的传统管理经验与现代管理理论有机地结合起来，才能不断提高科学管理水平，提升管理效率。

5. 教育性。教育性是指高校学生思想政治教育和管理制度必须对学生起到教育作用，即能培养学生社会主义道德观念、行为规范、思想品质和严谨、务实、开拓、进取的工作作风。这样，同学们既有章可循，又有进取的目标，充分发挥规章制度本身的教育和激励作用。但是，必须指出的是，在规章制度制定和实施过程中，必须坚持政治思想工作领先的原则，把启迪、疏导作为一条主线贯穿规章制度的全过程中，这样，规章制度的教育性才能充分显示出来。

6. 严肃性。严肃性是指高校学生思想政治教育和管理制度必须做到令行禁止，奖罚分明，对任何人也不例外，使学生的行为得到规范。在建立高校学生思想政治教育和管理制度时，凡应规范的都要规范，各级学生组织和个人必须严格执行。在执行过程中，严格按制度办，不能时宽时严，时紧时松，坚决维护其严肃性。此外，要注意凡属将来才能规范的或者要创造条件才能规范的，就一定要留待将来或条件具备的时候再规范。只有这样，才能使制度有相对的持续性。

7.可操作性。可操作性是指高校学生思想政治教育和管理制度应尽可能做到量化，制定出符合教育、管理实际的科学指标，并用分值表现出来。这样，不仅能使全体同学在实施的过程中做到心中有数，自觉约束自己，在检查处理时也能避免主观随意性。

上述基本要求，既有各自的独立性，又相互紧密地联系在一起。只有严格遵照这些基本要求而制定的规章制度，才是经得起实践检验而又有强大约束力和教育意义的制度。

二、高校学生体制管理

（一）高校学生行政体制管理

建立一套完整的大学生行政管理工作体制是做好大学生管理工作的重要保证。高校的整个行政管理体制是一个大的系统工程，而学生行政管理体制，只是整个系统工程中的一部分，或称为一个子系统。为了使整个学生行政管理工作能够跟上形势的发展，适应实际工作的需要，有必要对学生行政管理工作体制做进一步的分析，以加强体制的建设，逐步提高学生行政管理工作的水平。

1.行政体制管理的历史与现状

（1）高校学生行政体制管理的内涵。为了正确认识学生行政管理工作体制的历史与现状，首先有必要正确地了解学生行政管理工作体制的内涵是什么。简而言之，体制包含机构设置与权限划分两方面的内容。学生行政管理体制，主要体现在学生行政管理工作的机构设置与权限划分两个方面。

在高校，学生行政管理工作是学生工作的一个重要部分，而学生行政管理工作又可分为：学生的教学管理、学籍管理、生活后勤管理、治安管理、课外生活和校园秩序管理等。因此，所讲的体制，不仅体现这些工作职能的权限划分，还应考虑为完成这些职能而建立的机构。所以围绕着对学生从入学到毕业的在校阶段的管理，围绕着对大学生学习、生活、行为规范而设置的机构与职能权限的科学划分，就是学生行政管理工作体制内涵的反映。

（2）高校学生行政体制管理的历史回顾。新中国成立初期，高校基本上实行"一长制"，高校的管理制度，包括学生行政管理制度，原则上与当时企业的"三级一长"管理制度相同。学校是由校级、系级、年级（班级）三级组成，一长由校长、系主任、年级主任（班主任）在各级发挥管理职能。后虽几经反复，但在组织机构的设置上，基本上无重大变化，组织机构的基本形式是采取"直线职能参谋组织形式"。

当时，校级行政管理机构中，无独立的学生行政管理部门，每个行政处均兼有管理教职工和学生的行政职能。如：学生的教学管理，由教务处负责；学生的生活管理，由后勤系统的总务处负责；负责学校招生、毕业生就业的，各校又不尽相同，有的学校招生由招生办公室负责，有的由教务处承担，而学生毕业就业，有的学校由教务处负责，有的学校由人事处承担；学生的学籍管理内容，包括奖励与处分，由教务处的学生科负责。

系级的学生行政管理机构，主要由系办公室负责履行行政管理职能。年级（班级）没有专门行政管理机构，主要由政治辅导员充当学校中最基层的行政管理机构的代表。他们集教育、管理于一身，构成了学校最基层的学生行政管理机构。当然也有的学校在班级里配备了教务员，负责学生的教学行政管理工作。当时高校虽无专门独立的学生行政管理体制，但已具有的各级机构兼管学生行政管理工作，承担各种职能权限，形成了适合当时需要的学生行政管理体制。

（3）高校学生行政体制管理的现行模式。随着教育事业的发展，学生行政管理工作的体制不断完善。"文化大革命"结束后，高考招生制度的恢复、高等教育事业的不断发展使高校的规模得到了扩大，高校的领导体制，包括学生行政管理工作体制也发生了变化。从高校学生行政体制管理的变化看，可归纳为以下四种模式：

①行政体制管理机构呈散在模式。学生行政管理工作由学校各部、处及有关机构各司其职，实施行政管理的职能。这一模式，在校级、系级、年级（班级）三级组织机构设置方面，沿袭历史上的"直线职能参谋组织形式"，一般来说，未增设新的行政管理机构。但在职能和权限划分方面，分权化的组织管理制度强化，促使整个行政管理工作有规律、有节奏地顺利运转。

②行政体制管理工作机构呈专兼模式。学校建立了学生处，成为学生行政管理工作的主体之一，而其他各有关部处，兼有关学生行政管理职能，整个学生行政管理工作呈现专兼结合、齐抓共管的局面。这一模式，在校级建立了专门的、独立的学生行政管理机构——学生处。系级学生行政机构设置，各校情况不一，有的学校在系级设立了学生办公室，专门负责学生行政管理工作，有的学校系部行政机构设置维持原状。在年级（班级）基层组织一级仍由辅导员（或班主任）负责管理，少数学校在年级设立了学生办公室。

目前，全国有许多高校采用这一模式，在校级设立了学生处。但在学生处的职能和权限划分方面却不尽相同，大体上有以下三种情况：第一，学生处不仅负责学籍管理的全部行政工作，还作为职能部门负责奖励与处分，配合有关部门负责课外活动、校园秩序的行政管理，并承担每年的招生工作与毕业生就业工作。第二，学生处负责学籍管理中的大部分内容，还负责每年的毕业生就业工作，而招生工作则由招生办公室承担。有关学生的教学管理，如成绩考核与记载工作、升级与留降级工作等由教务处负责。其他的权限划分同第一种。第三，学生处除负责与第二种情况相似的职能外，还负责部分的生活后勤工作，如宿舍管理等。

③行政体制管理机构呈复合模式。学校在校级建立了学生部和学生处，部、处合一，实行"一套班子、两种性质"的工作模式，成为学生行政管理和思想政治教育的主体。这一模式，有的大学在系级设立了学生办公室，主管学生行政管理工作和思想政治教育工作；有的大学视情况设立了学生年级办公室，负责本年级学生行政管理和思想政治教育工作。

④行政体制管理机构呈各部处模式。学校建立了学生工作指导委员会或学生工作领导小组，委员会下设实体性的机构——学生工作办公室，办公室兼有协调、指挥各部处执行学生行政管理的职能和思想教育的职能。而各部、处在学生工作办公室的指导下，照常履行原来承担的有关行政管理工作的职能与权限。系与年级组织机构无重大变化。

上述模式中，有两个共同的特点：一是管理机构的组织形式均采取"直线职能参谋组织形式"，二是分权管理形式增强。

2. 行政体制管理的模式特点

目前，高校学生行政管理体制，各种模式机构设置不尽一致，权限划分各有差异，每种模式也各有特点，具体如下：

（1）学生行政体制管理的散在模式。这一类型的高校，多数是在校学生数不太多，校领导有较多精力关心学生工作，各级学生行政管理机构干部配备较强，所以，它沿袭历史上我国高校学生行政管理工作体制，有如下特点：

①采取"直线职能参谋组织形式"。这一模式中，校长是唯一的行政负责人，有全面的领导和指挥权，对一切工作都负有全面的责任。各职能部门按照校长的要求，在业务上负有指导下属部门的权力和责任。各级组织在行政上相对独立，可充分发挥主动性。这样既保持了统一领导，又充分发挥了各职能部门的积极性和主动性。

②分权管理制度加强。在新形势下，为了适应学校管理的要求，学校将有关行政管理权限下放，如学生行政处分权，记过以下的处分由系级部执行；如学生的奖学金金额，部分的单项活动或班、系活动奖励及补助系级部有权决定，这也有利于调动各级组织的积极性，促进行政管理工作的高效运转。

③兼容一体，易于协调。这一模式无新机构设立，许多相关的相互交叉、相互渗透的工作，依然处于一个处室，如学生生活管理处于总务处，学生学籍管理的许多工作处于教务处，便于配合，易于协调。

（2）学生行政体制管理的专兼模式。这是从散在模式发展而来的，因此，它们之间特别是在权限划分上有许多相似之处。由于在校级建立了学生处，在较大的系级建立了学生办公室，所以学校中出现了学生行政管理体系，同时，也明显地反映出以下几个特点：

①学生工作统筹安排，全面协调能力增强。专管学生工作的主干处——学生处对学生行政管理工作及有关学生工作情况负有全面关心、通盘考虑、及时汇总、向上报告及建议的责任，并能在校长领导下，对各行政部门工作中出现的矛盾、问题时及时参与协调。

②有利于队伍素质提高，稳定性增强。由于专管学生行政管理工作体系出现，使学生行政管理工作机构、人员稳定性增强，方针、政策、规定的连续性加强，工作方法的创新、理论研究的开展、工作经验的积累、管理人员的业务素质趋于上升势态。

③学生行政管理工作的应变能力增强。在新的形势下，学生行政管理工作不仅要有正确性、规范性，还应讲究时效性。建立了专司学生行政管理的工作体系，就能有一批长期专门从事学生管理的工作人员，能较正确地掌握党的方针政策，全面了解学生情况，遇事能及时向领导提供各种情况和选择方案，以便于领导准确决断。

（3）学生行政体制管理的复合模式。它由专兼模式进一步发展而来。

由于学生处和学生工作部实现了两块牌子一套班子,因而它有一个明显的特点,即在组织机构上实现了学生思想政治教育和学生行政管理的结合,改变了长期以来行政管理和思想教育相分离的状况,使对学生的言和行、想与做的教育统一在一个部门,使学生的学籍管理、课外活动、校园秩序、奖励和处分等学生管理主要内容的执行,基本上是由学生处与学生工作部作为一个职能部门来承担。

（4）学生行政体制管理的各部处模式。它既同散在模式相似,又同复合模式相近,它唯一的特点是兼指挥和执行于一身。由于它有居于部、处之上的职能部门——学生办公室,所以既可以指挥行政部、处,又能协调各种关系与矛盾;既能够抓行政管理工作,又能抓思想教育工作。

3. 行政体制管理的成效

学生行政管理工作的成效,取决于两点:一是领导和干部队伍,二是管理体制。当前有一批较长时间从事学生工作的同志,他们有能力、有水平、有积极性与创造性,虽然管理体制不够完善,但凭借这批骨干的创造性和努力,高校的学生管理工作是有很大成绩的。随着社会的发展和新形势下对高校学生管理工作的要求,还需要改进工作、完善政策、健全体制。

行政体制管理成效是由这个学校的历史与现状、领导与干部队伍的素质和结构、教师与职工的思想水平与觉悟、学校的任务和条件等形成的综合因素决定的。只有当一个具体模式适合这个学校的情况,并能创造出最优成绩时,才是最佳的选择。

从学校学生管理体制发展的趋势来分析,选择具体模式应考虑两个问题:一是是否需要建立专门的学生行政管理体制,二是是否需要实行学生行政管理工作与学生思想政治工作相结合的管理体制。对这两个原则问题的回答是肯定的,这也是今后加强学生行政管理体制的原则问题:

第一,人的思想和行动是不能割裂的,人的行动受思想的支配,而思想又需要实践的检验。要规范人的言行,首先要抓思想教育,要了解一个人的思想，必须先了解他的行动。所以，对学生的思想、言论和行动的教育、管理，只有真正地从组织上、思想上结合起来开展工作，才能改变相割裂的现象，才能取得工作的最佳效果。

第二，学生行政管理工作是培养学生成为德、智、体全面发展的社会主义建设者和接班人的一项重要工作。它对在校学生的学习、生活、行为起着正确的规范作用。它不仅需要一支具有一定理论水平和一定实践经验的稳定的干部队伍，还必须逐步建立一套专门的行政管理体制，否则难以适应当前形势下学生管理工作的要求。

第三，高校担负着培养青年学生的重任，只有将学生行政管理工作和学生思想政治工作相结合，只有建立一支专门的学生管理工作队伍和建立一套专门的学生行政管理工作体制，才能培养出理想信念坚定的合格人才。

(二) 高校学生思想品德教育体制管理

各高校具体情况、人员素质、传统风格、办学特点不相同，新中国成立以来也经历过一些变化，但总的来说，我国高校学生思想品德教育实行的是综合管理体制，这种体制主要由几种制度构成：

1. 专职干部责任制

高校专职党团干部是党的教育方针与政策在各单位的综合贯彻执行者，是对学生进行各种思想品德教育管理的设计者，是发动全体教师教书育人的组织者。因此，专职干部在学生思想品德教育管理中发挥着不可替代的作用。学生专职干部主要指担任党团职务，专门从事学生教育管理的干部，包括学生工作部（处）或宣传部、校团委的干部，各系主管学生工作的党总支（分党委）副书记、团总支（分团委）干部等。专职干部一般按学生人数的 1：150 配备，不足 150 名学生的单位可根据实际工作情况考虑。专职干部在学校党委的领导下，具体由学校主管部门和各系党总支共同管理。他们除根据实际表现和工作需要晋升职务外，同时，作为学生思想品德课教师在晋升专业职务方面享受与其他业务教师同等待遇。

(1) 专职干部的职责。

①开展学生思想和学生工作的调查研究,根据全局形势,结合学校的实际,进行正确决策,统一制订本系统学生思想政治教育、管理工作计划,保证学生思想品德教育管理工作的整体性与系统性。

②负责安排、协调、组织开展党团教育、政治学习和日常思想品德教育管理各项活动。按照教育部的要求,专职干部要讲授或辅导思想品德课,并负责组织形势教育、大学生思想修养、人生观教育、法制教育、职业道德教育、毕业教育与就业教育等思想品德课程的教学工作;负责指导年级主任、兼职辅导员(或班主任)、研究生政治导师的工作,包括制订工作计划,提供有关信息和教育材料,检查总结工作以及负责评比优秀教育工作者等工作;负责指导学生干部的工作,关心学生干部的培养教育,具体指导团组织、学生会开展各项教育管理活动。

③依靠年级主任、辅导员(或班主任)、研究生政治导师和学生干部,正确执行有关学生的各项政策,指导并做好学生的思想品德考核,毕业鉴定与考核,评定三好学生、奖学金、优秀学生干部、优秀团员、先进班集体以及评定贷学金等工作,负责做好学生的就业及派遣工作。

(2) 担任专职干部应具备的条件。

专职干部主要从毕业生或青年教师中挑选。从事学生教育管理的干部必须具备以下几个条件:

①坚持四项基本原则,积极拥护、努力贯彻党的路线、方针、政策,在政治上同党中央保持一致,一般要求是中共党员。

②热心思想工作,热爱、理解、熟悉青年学生,联系群众,作风正派,坚持原则,办事公正,严于律己,为人师表。

③具有一定的社会工作经历和组织管理能力、表达能力和调查研究能力,能独立开展工作。

④具有大学本科以上文化水平,业务成绩优良。

2. 教师指导学生责任制

教师在教育学生的过程中起着主导作用。调动教师教书育人的积极性是抓好学生教育管理工作的关键。除了要求所有教师在教学过程中为人师表、严格要求、注重学生思想品德教育之外，这里说的教师指导学生责任制，是要求一部分教师在完成自己教学、科研工作的同时，兼做一个年级或一个班的学生教育管理工作。指导教师包括年级主任、辅导员或班主任、研究生政治导师（以下统称指导教师）。

指导教师中的兼职辅导员或班主任可以采用分段制（即一二年级为一段，三四年级为一段），也可以实行四年一贯制。人数在120人或120人以上的年级应配备年级主任，负责组织、协调本年级的工作，不满120人的年级可根据情况按专业或系配备年级主任，年级主任在任职期间以学生教育管理工作为主，也可适当担任少量的教学、科研工作。研究生政治导师以研究生人数1∶40配备，其待遇与业务导师相同。

指导教师由学校人事处、宣传部、教师工作部门、学生工作部门和所在院系党总支组成领导小组共同管理。人事处负责把指导教师的工作表现与教师出国、进修、晋升专业职务等政策挂钩；宣传部负责指导教师的自身提高、评比先进、总结交流工作经验等工作；教师工作部门负责把指导教师的工作表现与教师教学工作量、课时酬金的发放挂钩；学生工作部门与系党总支负责对指导教师的工作指导与考核。

指导教师由教研室负责考察挑选，由系党总支、行政审核，报学校批准并颁发聘书。聘期一般为两年一期，可以连聘连任，无特殊情况未经批准不得随意更换，以保证工作的连续性。

（1）指导教师的职责。

①努力贯彻党的教育方针，对加强学生思想品德教育管理的目的、意义认识正确，严于律己，言传身教，引导学生德、智、体全面发展。

②负责指导学生团支部、班委会开展各项有益的活动，负责组织本年

级（或班）的政治学习、组织生活、班务会议，做好日常的思想教育管理工作，保证学校各项教育管理计划、措施、制度在基层的贯彻落实。

③负责执行本年级（或班）学生的思想品德考核，评比三好学生、奖学金、优秀学生干部，推荐免试研究生以及毕业生就业等有关政策，对发展学生党员提出建议和意见。

④指导学生开展有关业务学习、课外科研、学术交流等活动。

（2）担任指导教师应具备的条件。

①坚持四项基本原则，忠诚党的教育事业，品德高尚，作风正派，能做好学生表率。

②有一定的社会工作能力和从事思想教育管理工作的经验，工作责任心强。

③有一定的学术水平，教学效果好，在担任指导教师期间，担任本年级（或班）一门业务课的教学工作。

建立指导教师责任制是发动教师做学生思想教育管理工作的重要措施。由于大多数教师都有自己的教学科研任务，并且面临业务水平的提高与专业职务的晋升，加上学生工作投入大，收效慢，工作难度大，耗费时间多，使得大学里许多教师不愿意担任指导教师的工作。造成这种状况的原因是多方面的，应端正办学方向，提高全体教师对加强德育教育的认识，同时，要制定具体的措施，在政策上解除教师的后顾之忧。只有把教师的积极性充分发挥出来，把培养学生良好的思想品德作为全体教师自觉的行动，高校学生工作才能创造崭新的局面。

3.学生自我教育与管理制

学生自我教育与管理制就是在学校党委的领导下，充分考虑到大学生的特点和未来社会对人才的要求，在学校专职干部、教师的指导下，通过学生干部，在学生中建立各项教育管理活动的制度。

学生自我教育与管理制包括学生党团组织制度，学生会组织管理制度，学生社团及刊物管理制度，学生勤工俭学、社会实践管理制度，学生业余文化、体育活动管理制度，学生寝室管理制度等。学生自我教育与管理制度由学生团组织、学生会在专职干部的指导下制定，按照团组织、学生会的系统下达执行，并负责检查、总结、修改、完善。各系团总支（或分团委）、学生会在执行制度过程中根据本单位的实际，在不违背学校团组织、学生会制度原则的情况下，可以进行适当的调整，作为学校制度的完善与补充。

（1）学生干部的职责。

①学生干部所担任的各项社会工作，既是服务工作，也是学校不可缺少的教育管理工作，他们都应在自己分工的工作中认真贯彻党的路线、方针、政策。

②学生干部在自己所管辖的范围内，应大胆行使职权，弘扬正气，打击歪风，批评不良行为。

③对学生思想品德考核、鉴定、评比三好、评奖学金、入党、入团、毕业就业等，向专职干部、指导教师提出建议和意见（专职干部、指导教师及学校有关部门应尊重学生干部的意见，在加强指导的同时，放手大胆地使用学生干部，充分发挥学生干部在教育管理中的主人翁作用）。

为了让更多的学生更好地做社会工作，发挥学生的积极性，学生干部一般不兼职，有条件的班级、系可实行干部轮换制，以便使更多的学生得到锻炼。

（2）学生干部的具体条件。

①拥护党的路线、方针、政策，积极要求进步，坚持德、智、体全面发展。

②热心为学生服务，积极肯干，作风正派，在学生中有较高威信。

③学习勤奋刻苦，学习态度端正，学习成绩优良。

④校、系的主要学生干部，必须是所在班的优秀学生。

⑤负责的某一方面工作尽量考虑到学生自身的爱好与特长。凡是受到

学校通报批评以上处分的学生，凡是学习成绩较差或有不及格功课的学生不宜担任学生干部。

（3）学生干部的产生与调整。

①所有团支部、班委会以上的学生干部，都必须经过全体会议或代表会议民主选举产生。新生进校第一学期，成立临时团支部和班委会。考虑到新生之间相互不熟悉，学生干部由专职干部根据招生或档案的记载与指导教师商量指定，第一学期结束时，再进行民主选举。以后根据情况每学年改选一次，学生干部可以连选连任。

②参加学校、系有关单位和部门工作的各类学生工作人员（如校刊、广播台、学生会各部工作人员）可采取选聘的办法挑选，经学生所在系的专职干部和指导教师同意后即可担任一定的社会工作。

③学生社团组织和社会实践、勤工俭学活动的负责人，由学生民主选举，分别报学校或系团组织批准，特殊情况也可由校、系团组织、学生会指定。

④学生干部的选举、增补、免职、调整必须经过同级党组织同意，并按管理范围向上级组织报告，按照正常的民主程序进行，不得擅自改选或任免干部。

（4）学生干部的培养与教育。

①学校有关部门、校团委应利用业余时间有计划地对学生干部进行培训。培训包括理论学习、工作指导、经验交流、形势分析等。有目的地提高学生干部的思想觉悟与工作水平，增强他们的自我教育与管理能力。

②在寒暑假期间，学校应组织学生干部到边远地区、工厂、农村进行考察参观，了解社会实际，增强社会责任感和社会阅历。专职干部与指导教师在工作中要对学生干部严格要求，认真培养，既精心指导，又大胆放手，克服一切由学生干部自己干和包办代替的倾向，使学生干部在实践中不断成熟、进步。

（5）学生干部的考核与奖惩。

①学生担任的社会工作，应在学生考核、鉴定中予以记载，对于工作中的成绩与实际水平也应如实反映，以便毕业就业时用人单位考察。凡是学生选举出的干部，都应在评三好学生、奖学金等政策中进行恰当的肯定，在学生入党、入团、毕业就业时应作为全面衡量学生的依据之一。

②学校除评比三好学生以外，每年还应评选一次优秀学生干部，优秀学生干部可以同时评为三好学生，以鼓励学生干部的积极性。

③对学生干部工作的考核主要由上级学生组织、学生专职干部和指导教师共同考察与评定。

④对有错误或因工作不负责造成损失的学生干部，按学校有关规定，不宜继续工作的，应按程序予以免职或除名。

第三节　高校学生自我管理与民主管理

高校学生的自我管理和民主管理，是高校学生管理工作中的一个重要组成部分。它侧重于调动学生的主体意识，在整个学生管理工作中，起着补充和完善的作用，由于其独到的优越性而受到越来越多高校管理工作者的重视。

一、高校学生自我管理

高校学生的自我管理，简而言之，就是学生自己管理自己，其目的在于激发学生在管理中的主人翁精神。它是学生根据教育目的和培养目标的要求，运用现代科学管理方法，为实现个人管理有效地调动自身的能动性，训练和发展自己的思维，规范和控制自己的言行，完善和调节自己心理活动的过程。学生自我管理就其方法来说,可分为学生个体自我管理、集体自我管理和参与性自我管理。

(一)学生自我管理的特征

1. 对象特征,即管理与被管理两者的统一。学生自我管理同其他管理活动的根本区别在于,其他管理活动强调对他人或他物的管理,而学生自我管理则是行为发出者作用于自身的活动过程。自己既是管理者又是管理对象,这是自我管理最基本的特征。进行自我调节和控制,是学生自我管理的实质所在。

2. 过程特征,即自我认识、自我评价、自我控制、自我完善四位一体。在学生自我管理中,从目标的建立到组织实施,再到调节控制,以及不断完善,融于学生一体。学生在认识社会、他人和自己的基础上设计自己,在管理过程中评价、控制自己,最后达到目标的实现,到此也就完成了学生自我管理的一个循环——不是简单重复,而是在社会、个人的动态环境中螺旋式的循环。

3. 内容特征,即不同的时代具有不同的内容。此特征有以下两个方面的含义:一是生活在一定社会条件下的人,其思想水平、知识水平和心理素质就被打上时代的烙印,学生也是如此;二是学生自我管理的目标及其社会意义具有鲜明的社会、政治、经济和文化特征。今天,社会为自我管理提供了汲取营养的现实土壤,而作为新时期的高校大学生,就应该热爱祖国,热爱人民,追求真理,锐意进取,艰苦奋斗,乐于贡献。

(二)学生自我管理的原则

从整体上说,学生自我管理不完全取决于个人愿望和努力,它必须反映社会和学校的需要,必须受到社会条件和学生管理制度的制约,符合社会道德规范,同学校培养目标一致,并置身于社会管理和学校管理之中。学生自我管理集主客体于一身,具有它的特殊性。所以,它除了遵循管理一般原则之外,还应遵循以下几个原则:

1. 自觉自愿原则。学生自我管理是学生自己管理自己的一种管理方式，从管理内容的制定、目标的确定和实施到信息反馈、总结纠正等，都应由学生自己编排，要自觉自愿。当然，自觉自愿也不是放任自流，为了保证自我管理的正确方向，学生在自我管理时，必须接受学生管理部门的指导和必要的约束。对集体自我管理来说，必须注意吸收全体学生参与管理工作，充分调动和发挥每个人的聪明才智。

2. 认识评价原则。学生实行有效的自我管理之前，必须全面认识自己及其所在班组、学校乃至整个社会的现状。要参与就必须认识，同时，只有参与，才能认识更全面。学生自身的政治素质、文化素质、心理素质、身体素质和社会阅历是自我管理的内在条件，而班级、学校的状况、目标、任务、结构和功能，国家政策，经济文化背景和社会规范等是自我管理的外在条件，只有正确认识社会，客观评价自己，才能使自我管理切合实际。

3. 严密性与松散性相结合的原则。所谓严密性，对集体自我管理是指应当有相对稳定的组织、明确的宗旨、科学可行的计划和管理制度，有相对稳定、水平较高的骨干力量；对个体自我管理则是指目的明确、计划周密、心理状态良好。所谓松散性，是指在严密性的前提下，对学生自我管理的时间、地点、参加人员、活动内容及形式可做一些选择。这里的"严"与"松"是辩证统一的，如果没有明确的目的、严密的组织、严格的制度和较好的管理者，集体的共同利益就难以维护，教育目的也难以实现。因此，学生在自我管理中要强化集体意识，自觉服从、维护集体决议，模范地做好集体工作，只有这样，才能保证学生自我管理沿着正确的方向而不失控。同时，由于高校学生群体内部结构层次的复杂性，在保证集体利益和共同要求的前提下，要尊重学生的个性，促进学生个性发展。同学之间提倡互相尊重，互相学习，在相互帮助中共同进步。

（三）学生自我管理的作用

学生自我管理有以下两个作用：

1.加强学生自我管理有利于学生健康成长。青年学生正处在心理的转折期、自我发现期,他们强烈希望自己的意志和人格受到外界的尊重,具有强烈的参与意识,而学生自我管理则恰恰满足了他们的这种心理愿望,从而促进其心理的健康发展。他们心理的健康,有利于学校的稳定。但是,由于学生世界观、人生观尚在形成过程中,他们在复杂、动态的环境里,也必然会受到各种错误思想的干扰。要有效地消除这种消极影响,除了学校、社会和家庭的教育、指导外,作为学生自己也要加强理论、思想修养,在自我管理的实践中,提高辨别和抵制错误思想的能力,使自己健康成长。

2.加强学生自我管理有利于增强学生适应社会的能力。一方面,由于目前我国还存在着教育与实践相脱节等弊端,以至许多学生动手能力和创造精神较差;另一方面,学生最终都将走向社会,接受社会检验,随着人才市场需求关系的变化,社会对学生的知识水平、知识结构、专业技能以及走上社会的适应能力提出了更高的要求。因此,学生要在复杂的社会环境中既能适应社会的要求,又能有所作为,必须在学生期间利用一切可以利用的机会,有针对性地实施自我管理,逐步缩小所学知识与社会需要的差距,不断增强自我认识、自我评价、自我控制能力,实现自我完善,为将来走出校门后尽快地适应社会奠定坚实的基础。

(四)学生自我管理的内容

学生自我管理的内容是由时代对高校学生的要求和历史赋予他们的使命决定的,概括起来主要有思想素质、业务素质和身心素质三个方面的自我管理。它们之间是相互作用、相互渗透的辩证统一体。下面仅就业务素质的自我管理做简单的阐述,具体如下:

所谓业务素质的自我管理是指学生在老师的指导下,通过积累知识、发展智力和锻炼能力而进行的管理。

1.要树立正确的成才观。学生的成才,不仅是由他的知识、智能决定的,更主要的是由其正确的学习目的和勤于奋斗的精神所决定的。那些极端利己、自私的人，那些从自我出发，把个人利益置于集体、国家利益之上的人，不但不能成才，还可能会成为社会发展的阻碍。只有那些具有远大理想和抱负的人，才会使知识、智能、素质、觉悟在自身中得到统一；只有那些把自己的前途和国家命运、民族未来紧密联系起来的人，才会在事业中有所成就。

2. 要掌握学习规律，完善知识结构。学生的主要任务就是通过艰苦而复杂的脑力劳动，不断增长知识，提高能力，掌握学习规律，完善知识结构。课堂学习是学生接受知识和教育的主要途径。预习、听课、复习等是学生课堂学习的主要环节，也是学生加强自我管理的重要方面。学习还要学会自学。一个人要获得完全的知识，必须具备两个条件，即书本知识和实践知识。学习实践知识，就要深入下去，投身于实践，向社会学习，在实践中积累和完善自己的知识。同时，还要完善和优化智能结构。智能是智力和能力的总称，是指一个人观察问题、分析问题和解决问题的能力。观察力、记忆力、思维力、想象力和操作能力是智力结构的五个要素。

（五）学生自我管理的途径

学生自我管理是在家庭、社会和学校管理教育的灌输、诱导、组织、指导下，进行自我规划、自我调节、自我教育和自我完善的。由于人和社会环境的复杂性，学生实现自我管理的途径、方法，也是多种多样、纵横交织和不断发展变化的。

1. 加强学校民主建设，促进学生的自我管理。学校民主建设的本质是把广大教师、学生真正看作是学校的主人和学习的主体。在学校提倡科学，崇尚民主，为师生创造民主参与管理的机会，让他们在工作和学习中感到自己是社会的主人，是学校的主人，激发起稳定的、持久的自觉性和主动性，这样，学校才能有凝聚力，才能树立良好的学风、校风。如果学校不能顺应和满足他们的心理要求，仍然把他们作为纯粹的管理对象，采取命令式管理，那么只能压制学生的能动性，伤害学生的自尊心，其结果只会引起学生的不满。事实证明，良好的学风、校风的形成，主要不是靠行政管理的强制力量，而是靠群体的力量，靠群体规范和舆论这样一种无形的力量。因此，民主建设是学校培养人才的前提和保证，制度管理是加强高等学校民主建设、创造良好校园环境的保障。

我国高等学校的管理制度近年来逐步完善。这些制度明确了学生的道德和行为准则，为学校的日常教育、管理工作提出了一套章法。广大学生在思想教育和制度的约束中，不断调节自己的思想、行为，逐步把外压力变成内驱力，自觉遵守，自觉维护，才能取得显著效果。民主管理要公开、平等。学生主体意识、平等意识的增强，就要求学校的管理工作要公开、平等，以取得相互理解、尊重和信任。公开即是提高管理工作的透明度，平等即是管理者和师生平等对待，真诚合作。

在管理中，学校要尽量为学生创造知政、议政和参与管理的场所和条件，扩大和完善学生参与管理的渠道，发挥他们在管理中的作用。学生参与学校管理，有归属感和主人翁感，就能发挥集体的智慧，使决策更正确。同时参与管理也是调动学生积极性，培养学生能力，扩大学生与管理部门联系的好办法，可以提高人的素质，实现民主管理。人是管理的核心，提高人的思想、道德、知识素质，是完善学校民主管理的首要条件。学校要加强思想政治教育课的教学，充分发挥党团组织的作用，发挥管理者、教师的作用，要鼓励学生参加教育改革，激励学生自爱、自强，采取各种形式帮助学生明确民主与集中、自由与纪律的关系，增强民主意识，树立正确的世界观和人生观。学生有了"精神能源"，学校民主管理才会有坚实的基础。

2.搞好学生组织的建设。学生组织主要是指校、系、班级的学生会或班委会、团组织和其他社团组织。这些组织是学生自我教育、自我服务、自我管理的主要形式，也是学校做好学生管理工作的保证。

加强学生组织建设，要选好、用好学生干部。学生干部来自学生，他们既是受教育者和被管理者,也是学校管理干部的助手,还是学生活动的直接组织者和学生基层组织的管理者。要建设一个良好的集体,必须有一批优秀的学生干部,选好、用好学生干部对于学生管理工作至关重要。

加强学生组织建设,要发挥学生组织的教育、管理功能。学生组织是学校系统中的一个子系统,加强组织建设,目的就是要发挥其作用。在教育方面,学生组织可以通过组织学生学习理论知识、时事政治、业务知识,通过举办演讲会、座谈会、报告会,组织学生参观、访问、调查和参加劳动等活动,帮助学生共同探讨理想与现实、自由与纪律、民主与集中、权利与义务、学习与工作、事业与爱情、个人与集体等方面的关系。依靠正确的导向,可以在学生中形成追求进步、关心集体的舆论,形成刻苦学习、勇于进取的良好的学风,形成遵守法律、讲究道德的文明环境。在管理方面,学生组织要依靠管理制度,配合教师和学校的管理干部,做好组织协调工作,提高管理效能。在服务方面,学生组织既要为学生服务,也要为学校服务。

加强学生组织建设,就要改进管理方法。方法是完成任务、实现目标所必不可少的手段,任何组织要实现管理目标,没有良好的方法,必然事倍功半。反之,管理方法得当,就会事半功倍。可见,采取好的管理方法,是提高效率的有效途径。学生组织的自我管理也不例外,一般来说,在学生组织自我管理中,制度管理法、榜样示范法、正面激励法、民主管理法等都是不可缺少的部分。

3.加强社会实践活动,完善学生的自我管理。加强社会实践活动,要做好教学过程中实践环节的自我管理。高校学生的根本任务是学习并通过学习提高自己的智力和能力,而教学过程中的实践活动正是学校为了使学生把所学到的知识运用于实践所安排的。作为学生,只有较扎实地掌握本专业的基础知识、基本理论和基本技能,才能称为合格的学生。所以,做好教学过程中的实践环节是学生自我管理的首要问题,每个学生都是根据自己专业的特点和实践的要求,自觉地参加实验、实习、考察和劳动等实践环节,并做到勤学习、勤动手、勤思考、勤总结,努力提高自己掌握和运用知识的能力。

加强社会实践活动,还要做好校内外实践活动的自我管理。校内外实践活动是教学环节的开拓和延伸,也是充分发展学生自己爱好、特点和长处的好途径。搞好校内外实践活动的自我管理有四点:一是根据自己的爱好和特长,组织或参加学校的社团活动,培养自己自主、自强的责任感,培养自己适应社会发展所需要的素质;二是积极组织并参加学校开展的各种竞赛活动,在活动中培养自己的参与意识、竞争意识和集体意识,锻炼自己的组织能力和社交能力;三是充分利用假期,开展社会调查和各种形式的社会服务,在参与中了解社会,坚定信念,促进自己的全面发展;四是完善管理制度和管理措施,克服松散管理和多重管理现象。

学生自我管理的途径和实现自我管理的方法很多,不论采取哪种途径和方法,管理效果都取决于社会、学校的关怀和支持,同时也取决于学生自身的努力和修养。高校学生只有在学校、家庭、社会的教育、管理指导下,树立崇高理想,加强道德修养,善于学习,勇于实践,坚持把个人理想同社会需要、把个人命运同祖国前途结合起来,自我管理才能卓有成效。

二、高校学生民主管理

大学生既是建立良好校园秩序的主体,也是建立良好校园秩序、达到培养人的目的的客体。建立良好的校园秩序目的是培养人,必须通过大学生内心的响应,通过自身的积极性和主动要求才有可能实现这一目的。

在社会主义国家,公民不仅是社会管理的对象,同时又是社会管理的主人。因此,我国的大学生在高等学校里,参与民主管理既是主体与客体统一的体现,又是我国大学的社会主义性质的体现。

(一) 民主管理的概述

1. 大学生民主管理。大学生民主管理是指根据社会主义民主的本质，运用社会主义民主的形式，充分调动并发挥大学生内在的积极因素和自主精神，在学校行政管理人员的领导下，组织大学生参与管理，达到培养德、智、体全面发展的"四有"人才的目的。大学生参与民主管理具有社会主义的方向性，离开了社会主义的方向，管理就失去了目标，也失去了意义。大学生民主管理采用社会主义民主的形式，是民主集中制的民主，而不是无政府主义和极端民主化的民主。

大学生民主管理是高等学校大学生管理系统中的子系统，是大学生管理的一种形式，它的基本作用和形式是参与和监督。它在学校领导和老师的指导下，既可参与行政管理部门的管理，又可管理学生自己的事务。

2. 大学生民主管理的必要性和可能性。校园秩序的一个重要的方面是大学生的学习和生活秩序，建立良好的校园秩序要靠学校的科学管理，但如果没有大学生的参与和管理，把建立良好的校园秩序只作为学校的事情，那么，良好的校园秩序就难以建立，所以调动大学生参与民主管理的积极性，是建立良好的校园秩序的需要。发动大学生参与民主管理不仅可以提高管理效能，而且可以在管理实践中提高他们的才干，这正符合培养目标自身的需要。

当代大学生自主意识较强，对被人管理往往持反感态度。但是实践证明，他们的"自主"往往带有很大的随意性，没有学校的严格管理和引导不利于他们的健康成长。当代大学生的参与感很强，愿意通过参与管理提高自己的才干和能力。因此，调动大学生参与民主管理的积极性，既是可能的，也是必要的。

3. 大学生参与民主管理的意义。通过大学生参与民主管理，使大学生在实践中接受社会主义民主教育，培养大学生正确的政治观点、正确的社会主义民主意识和民主精神，对于培养社会主义一代新人，对于全社会政治上的安定团结都具有十分重要的意义。大学生参与民主管理，可以构建学校领导和学生之间的信息渠道，密切学校领导和广大学生的联系，有利于建立良好的师生关系；有利于学校领导及时了解学生的情况，改进工作作风；有利于政治上的安定团结；有利于培养一批有领导才干、有管理能力、有献身精神的积极分子，这对于党的建设和社会主义事业都有着重要的意义。

（二）民主管理的组织形式

1.学生民主管理的组织。大学生的组织包括共青团组织和学生会组织，就学生参与民主管理的目标和方法来说，二者都可以看成学生民主管理的组织形式。共青团是党的助手，是先进青年的群众性组织，学生会是大学生的群众组织，它们各自的目标和任务虽不尽相同，但就建立良好的校园秩序、培养社会主义建设人才的总目标来说，又是完全一致的。共青团组织和学生会组织都要在学校党组织和行政管理系统的领导下开展活动。无论哪一个组织都不是完全独立于学校党政领导之外的，所以都不能称为自我管理组织。班级组织和团支部组织是学校实行民主管理的最重要的基本组织，调动这些组织中的大学生民主管理的积极性，完善民主管理制度，对于建设良好的校园秩序，具有特别重要的意义。

2.学生介入学校管理系统参与学生管理的形式。这是通过学生代表参加有关学生管理会议，反映学生的意见、要求等形式来实现的。如有的高校聘请学生代表出任行政领导干部的助理等，就属于这一种形式。

3.专业性的学生民主管理组织。比如有的学校建立学生宿舍管理委员会、伙食管理委员会、卫生管理委员会、治安保卫管理委员会、纪律管理委员会等，通过学生自己处理或协助学校处理问题，维持校园秩序。这些组织在行政管理部门的领导、协助和支持下组织起来并进行工作，但不能自行制定和学校的规章制度相抵触的管理制度。

（三）民主管理的原则

大学生参与民主管理必须遵循以下几项原则：

1. 导向的原则。民主管理的导向就是把民主管理引导到坚持四项基本原则，反对资产阶级自由化，坚持遵守法律、法规以及学校的纪律、条例，坚持党的教育方针，坚持正确的道德取向等。导向正确，不仅使民主管理不迷失方向，而且能培养学生守法、守纪的意识和习惯。

2. 自主和尊重的原则。民主管理要调动学生的积极性，就要充分发挥学生的自主精神，减少依赖性。要充分相信并支持他们自己作出的符合原则的决定，有了错误，也要尽可能启发学生自己去纠正，要避免伤害他们的自尊心。管理者的责任是加强领导并及时给予指导，尽量不要代替学生作出决定，要尽可能让学生站在管理的前台。

3. 启发的原则。有些在管理者看来是简单的事，大学生可能会争论不休，这是由于学生缺乏实践经验造成的。管理人员只能给予适当的启发，尽可能由学生自己去下结论，不要轻易代替学生做出选择或简单地下结论。

4. 充分讨论的原则。民主管理相比于指令性管理要复杂得多，反反复复地讨论，要花去很多时间，但只要是认真讨论，时间就不会白费。

5. 允许犯错误的原则。民主制度本身包含着产生错误的可能性，因为多数原则只服从多数，而真理有时在少数一边，要求学生在民主管理中一定不出错误是不现实的，有时正是在错误中才学到了更多的东西，关键是出了错要勇于承担责任，勇于改正错误。管理干部要勇于承担责任，培养一种敢于承担责任的意识。

6. 民主程序的原则。实行民主管理一定要遵循民主管理的程序，只有严格遵守民主程序才能在实践中提高学生民主管理的积极性、民主精神及守法意识。

(四) 民主管理的教育和引导

调动大学生民主管理的积极性，必须加强对大学生的教育和引导。具体有如下四点：

1. 实践少，存在不少糊涂观念。大学生参与民主管理如果缺乏社会主义民主理论的教育，就有可能走偏方向。

2. 要加强民主管理中的责任意识教育。参与学校民主管理不仅仅是尽义务，而且也是大学生的权利。无论是履行自己的义务还是行使自己的权利，都离不开正确的责任意识，尽义务是一种责任，行使权利也有责任，而这种责任的目标取向就是学校对学生的培养目标。责任意识的强弱和民主管理的效能形成正比。

3. 在管理实践中帮助学生干部树立良好的作风。要培养学生干部密切联系群众的民主作风，批评与自我批评的作风，谦虚谨慎、戒骄戒躁的作风以及勤俭节约、艰苦奋斗的作风。管理干部自身的良好作风也将对学生产生潜移默化的教育作用。

4. 支持和帮助学生参与民主管理工作。对参与民主管理的学生，在强调为人民服务的前提下，要根据其不同的职责，给予不同的物质和精神支持。必须重视对他们的个别教育帮助，既要以诚恳、热情、耐心的态度帮助他们解决生活、学习、工作中的具体问题，帮助他们总结工作中的经验教训，也要帮助他们解决工作中的思想和认识问题；要和他们建立良好的友谊、密切的关系和深厚的感情，要把培养爱护学生干部和培养党的积极分子统一起来。

（五）民主管理的应有作用

1. 培养学生的责任意识、纪律意识和法律意识。很多学校用发动全校学生民主讨论的方法来修订管理制度，并将讨论修订的条文提交全校学生或学生代表大会投票表决，然后由校长批准施行。讨论的过程就是一个学习和教育的过程，凡是讨论认真的，也往往是准备认真执行的，因此，也就培养了责任意识、纪律意识和法制意识。

2. 培养学生的自律精神。把学生的积极主动精神调动起来，在日常的生活和学习中参与管理，不仅可以加强和改善管理，而且可以培养学生的自律精神。

3.培养学生公平诚实的精神。一个学习阶段完成,有大量的工作要做,比如评定奖学金、评选优秀学生和学生干部、进行毕业鉴定等。这些都可以发动学生民主讨论,培养学生的公平诚实精神。

4.培养学生社会主义民主意识和民主精神。在强调坚持四项基本原则的前提下,对学生组织的活动应尽量放手,让学生自己去组织活动,严格按民主程序去处理日常工作。

三、高校学生社团活动的管理

学生社团是经过学校批准,由本校学生在自愿的基础上组织的群众性团体。近年来,社团组织发展迅速,社团活动已经成为学生课外活动的重要形式之一。加强社团活动的管理,是学生自我管理和民主管理的一项重要任务。

(一)学生社团的发展和作用

1.学生社团的发展

学生社团的发展,在我国具有久远的历史。近代中国开始有了新式的高等学府。在当代中国的高等学府里,近几年来,学生社团组织的发展如雨后春笋,无论是就其数量,还是就其活动范围和参加人数而言,都远远超过以往任何历史时期。今天,社团活动已经成为大学生课外活动的重要组成部分。

综观目前高校学生社团组织,按其活动性质可以划分为兴趣型社团(根据兴趣爱好自愿结成的团体,如桥牌协会、文学社、书法社等)、学术型社团(以专业学习、研究和交流为目的组成的团体,如经济管理协会、科学技术协会等)、服务型社团(以科技、文化服务和劳务服务为主要内容的团体,如各种科技、文化中心)三大类。此外,还有在学校组织或直接指导下开展活动的文化型社团(如文艺社团、乐团等)和新闻型社团(如学生通讯社、记者站等）。

2.学生社团的作用

学生社团组织是学生自我管理、自我教育的重要形式之一。因此，不论哪种类型的社团组织，都可以在学生自我管理和自我教育中发挥重要作用。社团组织通过开展活动，可以把具有共同兴趣爱好的学生组织起来，丰富课余生活，开阔知识视野，增进同学间的友谊，增强集体观念和协作精神，提高实际工作能力。不同的社团组织可以吸引不同兴趣的学生，调动各个层次学生的学习积极性，有助于他们在各自的起跑线上前进和发展。

此外，不同类型的社团组织，还有特殊的作用。例如，学术型社团组织对于培养学习积极性、主动性和钻研精神具有重要促进作用；兴趣型社团活动可以丰富学生课余文化生活，陶冶情操，提高文明修养水平；服务型社团活动有助于学生树立劳动观点和群众观点，加深对国情民情的了解，增加社会责任感和历史使命感；文化型社团和新闻型社团，由于其专业性强，所以能在对学生进行有关专业训练方面发挥重要作用。当然，必须正视学生社团活动中可能出现的问题。如果管理不好，有的学生社团就可能被某些不良组织利用，对学生的健康成长起相反的作用。这也告诉管理者，对学生社团活动加强引导和管理，是非常必要的。

（二）学生社团的申请、成立和解散

1.学生社团申请的基本条件

学生社团不是社会团体。学生社团是本校学生自愿组织的群众性团体。兴趣、爱好相近的学生，在自愿的基础上，可以向学校申请成立社团，但在申请成立社团时，须具备以下几个基本条件：

（1）有社团章程。社团章程必须明确规定本社团的宗旨和活动目的。任何学生社团，均不得反对四项基本原则，不得从事有碍学生身心健康的活动。社团章程必须经过本社团成员讨论通过。

（2）明确社团活动的内容、开展活动的方式和时间，以及接纳社团成员的办法等。社团活动的内容应与社团宗旨和活动目的相符合，应以丰富和补充课堂知识、活跃课外生活为主。社团开展活动一般应在课余时间进行，以不影响社团成员的正常学习为基本原则。接收和调整社团成员应有规定和程序，禁止个人独断。

（3）有相应的组织领导机构，明确社团筹备负责人。学生社团的组织机构、领导机构，一般应以便于组织和开展活动为设置的原则，不宜设置烦琐和庞大的机构，要实行民主集中制的组织原则。社团筹备过程中，必须指定临时负责人，一经批准成立，应民主选举或协商产生正式负责人。社团负责人，必须具备以下基本条件：政治思想好，努力学习，熟悉本社团业务，热心社会工作，有一定的组织领导能力。专业性较强的学习社团，还应聘请指导教师进行政治和业务指导。

（4）活动经费有可靠来源和相应的管理办法。学生社团可以在社团成员同意和可能承担的前提下，规定社团成员一次或定期缴纳少量会费，也可以采取正当方式筹集部分经费。但无论以何种方式取得的经费，必须有专门办法、专门机构或专人进行管理，并定期在社团内部公布收支情况。

2.学生社团的成立

（1）申请成立学生社团的程序。学生社团筹建过程中，如果同时具备上述四个基本条件，则可以正式申请成立。但要求必须有正式书面申请。

正式书面申请应包括以下内容：申请成立社团的原因和理由；拟成立社团的名称；社团的章程和宗旨；社团规模和现有成员数，活动内容及活动方式；社团筹备负责人基本情况；社团活动经费来源及管理办法等。正式书面申请须先经集体讨论通过，然后由社团筹备负责人送交学校有关部门，并由社团筹备负责人向学校有关部门做必要的说明。若学校暂未明确学生社团审批部门，可以将正式书面申请送达与本社团活动内容相近的学校有关部门。

（2）确定是否批准某个学生社团成立之前，应对正式书面申请的内容进行审查，并做必要的实际调查和了解。学校有关部门决定批准或不予批准某个学生社团成立，应有书面通知，并通知社团筹备负责人。对批准成立的社团，学校有关部门应规定该社团的主管部门，必要时可规定辅导教师负责。对未被批准的社团，学校有关部门要做好解释工作。

经学校有关部门批准后，学生社团可以正式成立，开展活动。未经批准的社团不得成立和开展活动。需要特别指出的是，跨学校、跨地区、面向社会的团体，不属学校社团之列。学生申请成立这一类社会团体，应当按照我国民政部公布的《社会团体登记管理条例》的规定办理，学校无权受理此类申请。

3.学生社团的解散

学生社团的解散，具体包括以下两种：

（1）学生社团的自行解散。由于学生流动快，学生社团成员变化较大，容易导致社团活动停止、社团组织自行解散的情况。学生社团自行解散，要向批准成立的部门报告，同时要妥善处理遗留经费和物资。凡属个人的，应当返还本人，其他剩余部分上缴学校。

（2）学生社团的强制解散。学生社团活动应当严格遵守有关法律和规定。社团活动发生违反宪法、法律和有关法规，并造成严重影响，或严重损害学生身心健康，或严重干扰学校秩序，或与本社团宗旨无关，经劝告仍不改正等情况时，学校有关部门可以责令该社团停止活动，并强制解散。对社团负责人和有关直接责任者，可以按有关规定作出相应的处理。

（三）学生社团的活动和管理

1.学生社团活动的基本原则

（1）学生社团必须服从学校领导和管理，社团活动要遵纪守法。学校有关部门和学生社团的主管部门代表学校归口管理学生社团，并对学生社团实行政治领导。学生社团要主动争取并自觉接受领导和管理，要防止出现游离于学校的领导和管理之外的学生社团组织和社团活动。

学生社团活动要符合我国宪法、法律和校规校纪的规定，要在学生完成教学计划内学习的前提下进行。学生社团组织还要发挥自我管理和自我教育的作用，教育和帮助社团成员认真遵守宪法、法律和校规校纪；学生社团活动要符合本社团宗旨。学生社团要认真按照确定的宗旨开展活动，不得从事与本社团宗旨无关的活动。

（2）学生社团邀请校外人员到学校进行社会政治活动和学术活动，均须经学校同意。学生社团邀请有关专家、学者和知名人士到学校进行有关内容的演讲、座谈和社会政治活动，对提高社团成员的水平、丰富社团活动内容，都有积极意义。但是，为了加强管理，学生社团组织或个人不得随意邀请校外人员来校从事有关活动。

学生社团组织或个人邀请校外人员（包括外籍人员）到校举办学术讲座、发表演说、进行座谈和讨论等活动，须经学校批准。组织者应在三天前向学校有关部门提出申请，说明活动的内容、报告人和活动负责人姓名，学校有关部门应当在拟举行活动的4小时前将许可或者不许可的决定通知组织者。讲座、报告等社会政治活动和学术活动，不得反对我国宪法确立的根本制度，不得干扰学校的教学、科研和生活秩序等。对于违反上述规定的活动组织者，要根据校纪，酌情予以处理，对于正在进行的这类活动，学校有关部门可以责令立即停止进行。

（3）学生社团创办面向校内的报刊，须经学校批准。学生社团可以根据需要创办面向校内的报刊，但报刊内容应限定在本社团宗旨范围内。在正式创刊之前，要向学校有关部门提出申请，说明办刊宗旨、登载内容、出版周期、经费来源，以及编辑人员组成等有关情况。未经学校有关部门批准，不得印刷和散发、张贴自办报刊。

出版面向校内的报刊，要求学生社团高度负责，认真选择稿件，尽量减少或不出差错，特别是不应出现政治性的失误。为此，应当主动争取有关主管部门帮助把关。报刊应标明已经学校有关部门批准字样或标注批准号。报刊停止出版，应向原批准部门报告。学生在校的主要任务是学习，因此，不提倡学生创办面向校外的报刊，如果创办面向校外的报刊，必须按照有关规定报政府有关部门批准，并接受指导和管理。

2. 学生社团活动的管理

学生社团活动吸引了众多学生，涉及面既宽又广，形式多种多样。而且，学生社团种类繁多，既有一般娱乐性的，又有学术性的和政治性的；既有正式合法的，也有非正式和非法的；等等，这就加重了学生社团管理的难度，同时也对学生社团管理提出了更高的要求。

（1）学生社团的管理。

首先，学校要加强对学生社团管理工作的领导。社团管理是一项政策性较强的工作。学校应当根据本校学生社团的现状和发展趋势，根据学生社团的类型，分别确定相应的归口管理部门，配备或指定一定数量的管理人员具体负责学生社团组织、社团讲座和社团报刊的审查、批准和管理等项事宜。不仅如此，学校党政领导要亲自主持研究和制定学生社团管理的有关重要政策和措施，亲自处理某些涉及面广、影响较大的社团组织或个人发生的问题。

其次，要加强对社团发展方向的引导。要帮助学生社团把握正确的发展方向，特别是教育和引导各个社团坚持正确的政治方向。一般地说，对于学术型和专业性较强的学生社团，可以选派相关的教师或管理人员进行业务辅导，同时也进行政治方向的引导。对政治性较强的政治性社团，应予特别重视和关心。要选派政治上坚定，有较高的政治理论水平的领导干部和教师作为这类社团的指导教师，切实保证其政治方向、活动内容和活动形式等不发生偏差。

最后，要加强对社团负责人的培养和教育。社团负责人是学生中的骨干，他们的政治思想和品德素质如何，直接关系到社团组织能否健康发展。因此，要把社团负责人真正作为学生积极分子队伍的一员，组织他们参加党校、团校和党章学习小组等学习活动,引导和帮助他们认真学习马克思主义理论,提高政治觉悟和思想理论水平,提高组织能力。还要经常与他们促膝谈心,了解社团活动情况,帮助解决社团活动中出现的问题,引导社团健康地发展。

(2)非法组织和非法刊物的管理。

所谓非法组织和非法刊物,主要是指违反宪法和法律,违反四项基本原则的组织和刊物。从更广泛的意义上说,凡未经必要的程序申报并得到批准,或者所从事的活动、登载的内容违反国家有关法律、法规的组织和刊物,均属非法组织和非法刊物之列。对这类非法组织和非法刊物,必须进行整顿或坚决取缔。

高校管理工作者在进行社团管理的同时,要特别注意防范非法组织和非法刊物,决不允许其以任何方式活动,以任何方式印刷出版,在组织上、行动上实行任何形式的联合。对非法组织和非法刊物,一经发现,要坚决制止其活动,同时配合有关部门依法取缔。对其成员,要分别不同情况予以必要的处理。

第四节　高校学生事务管理运行保障

一、高校学生事务管理内涵

(一)高校学生事务管理的概念

我国高校"学生管理工作"概念,一般指学生非学术性活动和课外活动的总称,具体包括思想政治教育、遵纪守法和行为规范教育、日常管理、学生社团、各种课外活动、文体活动、经费资助、帮困助学服务、学生心理卫生、健康医疗、就业指导与管理、学术支持等多领域。学生事务管理与教学、科研一样，都是我国高等教育中不可或缺的有机组成部分。随着高校学生事务的发展及分化，"学生事务管理"的概念为众多学者及实务工作者所关注。目前，国内外对"学生事务管理"还未形成相对统一的标准概念。

（二）高校学生事务管理内涵

"学生事务管理"是指高校对学生事务的计划、组织和领导，是一系列与学生相关的非学术性事务——包括生活辅导、课外活动、身体保健、就业指导、心理咨询、勤工助学、校园秩序、奖励与处分等事宜。高校学生事务最终目的是服务于人才培养，帮助和促进个体全面发展。因此，与教学、科研、服务的有效整合，是当前高校学生事务管理工作发展的重要方向。高校学生事务管理的内涵应该包含教育、服务和管理三个方面：

1. 教育

学生事务管理的内涵首先是教育，学生事务管理是高等教育的一部分，也是促进学生身心发展的社会化活动，所有形式的学生事务管理都必须带有一定的教育性。学生事务管理的教育内涵需要对学生进行正面的思想政治教育，帮助学生确立正确的人生观、价值观、世界观，促进其具备健康的心理素质，引导其获得职业生涯规划与就业能力，塑造其优秀的人格品质和个性特质。

2. 服务

学生事务管理可能涉及的一切方面，诸如学籍注册、资助活动、住宿管理、社区服务、职业规划、心理咨询、娱乐休闲、社团活动等等许多方面既是管理工作，更体现出服务性。学生事务管理的服务内涵即如何为学生的成长、成才和发展提供必要的服务条件。

3. 管理

学生事务管理有自己特定的目标，需要专业的技能和经验，要求科学地组织各种资源。因此，它是一种特殊的管理行为。学生事务管理关注的是学生的成才和发展，主要指对学生正常校园行为的管理，包括校园秩序维护、学生的学习环境管理与课外学习组织、学习效果评价与奖惩，学生班级、社团的领导与组织，学生活动的组织与协调等。

二、高校学生事务管理基础理论

(一) 学生发展理论

基于培养学生全面发展的原则，学生发展理论可分为心理发展理论和道德发展理论两方面，对高校学生事务领域的实践有较强的指导作用，可以用来指导基于发展导向的高校学生事务管理工作。为制定各种有利于学生全面发展的计划和服务方案提供理论依据。

1. 心理发展理论

心理发展理论是关于学生发展的内容及性质的理论，关注学生的心理和社会发展。重心在于研究"个体身份"在个人和社会之间的发展。该理论认为"发展"贯穿于人的生命全程，人们能够解决不同阶段面临的问题，这些问题与年龄相关，并且是连续的。心理发展理论及其研究方法论对高校学生事务管理产生了重大影响，其中对于学生事务管理有直接影响的，首推埃里克森的生命周期论、罗杰斯"以当事人为中心"的咨询理论等，强调基于发展导向的高校学生事务管理的责任，是要帮助学生成功地度过每个过渡性发展阶段，促进学生成长、成才。

2. 道德发展理论

道德发展理论是在社会需要的基础上发展起来的。皮亚杰、柯尔伯格、班杜拉、马斯洛等一大批教育和心理学家在进行了大量研究的基础上，逐步建立、发展、完善了道德发展理论。道德发展理论揭示了道德教育过程的一般性规律，指出个体的道德不是由教育者刻意培养出来的，而是随着个体人格的成长在社会化历程中逐渐发展起来的。道德教育只有配合学生道德发展的状况才有效。

（二）马克思主义关于人的全面发展的理论

贯穿马克思主义教育思想的一条重要线索是关于人的全面发展。人的全面发展是社会发展的根本问题，也是我国高校学生事务管理的根本目的和价值取向，对于人的全面发展的认识，是做好高校学生事务管理的前提和基础。

马克思在《德意志意识形态》一书中，正式提出了"个人的全面发展"这一科学概念，此后，又在许多重要著作中做了系统的阐述。马克思关于人的全面发展理论有多种阐述，包含了德、智、体、美诸方面的全面协调的发展。在一些论述中，马克思强调了全体社会成员的智力和体力在生产过程中的多方面地、充分自由地、协调地发展。所谓人的全面发展，包括人的需要的满足、能力的提高、社会关系的丰富、自由个性的发挥、主体性的充分发展等丰富的内容，即人的全面、自由、和谐的发展，是马克思主义关于人的全面发展理论的基本含义。

人的发展是全面的发展。马克思反复强调的"人的全面发展"是指发展的广泛性，并不是指人的发展应该成为"完人""超人"。马克思认为，不可能每个人都具有拉斐尔的才能。但社会应为每个人提供这样的条件，以便具有这种才能的人，都有不受阻碍地自由发展和展示自己才能的可能。人尽其才是人的全面发展的真正含义。达到了这种境界，也就实现了人的自由和解放。在这个意义上说，人的全面发展与人的自由和解放是同等程度的概念。

马克思最强调"人的全面发展"。人的全面发展是人的发展的最高历史形态和最理想的形式。它不是自然的产物，而是历史的产物；它是以人的历史发展为前提和条件的。首先，它内在地包括了人的充分发展，体现了人的劳动能力及其他活动能力的充分发展，体现了人的社会关系高度丰富和全面完善，体现了人的需要的全面发展和充分满足等。其次，它又内在地包含了人的自由发展，体现了人的自由度的扩大，体现了人对自然、社会以及个人自身控制能力的充分提高，体现了人对自己个性的自主发挥和自由支配时间的大量占有。

个性的发展是马克思主义关于人的全面发展的本质内容。自由个性的充分发展，是人的全面发展的综合表现和最高目标。这里所谓的"自由个性的充分发展"，是以整个族类或每个人的自由自主发展为前提，以个人的独特性的性格和行为为特征，以心理品质以及能力素质等的充分发展为主要内容。马克思主义认为，由于私有制产生和社会分工，导致了人们活动的异化，造成了物的力量对人的支配。偶然性对个性的压抑，在资本主义社会已成为最尖锐最普遍的形式。也只有到了共产主义社会，"外部世界对个人才能的实际发展所起的推动作用为个人本身所驾驭"的时候，个人的独特性、整体性和全面性将都能得到充分的展现。

马克思主义关于人的全面发展的理论及其在中国的创造性发展，始终是指导我国高校学生事务管理实践的重要思想。高校以培养"全面发展的人"为宗旨，对学生进行正确的世界观、人生观和价值观的教育与引导，使其在各方面和谐发展，同时要将马克思主义关于人的全面发展的理论贯穿在学生事务日常管理中，重视学生的个性完善和主观能动性的发展，不断改进学生事务管理的方法、方式，促进学生成为"全面发展的人"。

三、高校学生事务管理内容

我国高校学生事务管理的内容体系典型的情况，应该包括学生奖励、学生资助、勤工助学、心理辅导、日常思想教育、校园文化活动和社会实践、学生宿舍管理和纪律处分等。

（一）学生奖励

这是我国高校学生工作的重要内容和常规工作，是管理学生和激励学生的有效途径和重要手段。奖励就是从正面来肯定学生思想、行为中的积极因素，以达到鼓励先进、树立榜样、发扬正气的目的。

我国高校学生奖励有精神奖励和物质奖励。精神奖励包括口头表扬、通报表扬、表彰、发给奖状、证书、奖章或授予荣誉称号。物质奖励包括奖学金和奖品等。现阶段对学生的奖励通常是既有精神奖励又有物质奖励。常规的较为正式的奖励一般依据学生平时思想和行为表现，对照培养目标的要求，按学年或学期依据学生品德考评结果和学习成绩，评出奖学金和三好学生、优秀学生干部和先进集体等。许多高校还评选优秀毕业生。日常情况下学生做出对社会、集体和他人有益的思想和行为时，可以根据具体情况和产生的影响给予表扬和奖励。基层学生工作者通常对学生进行口头表扬，校级表扬和奖励通常行文或举行集会予以表彰。

奖学金在我国是有特殊意义的。我国高校从20世纪80年代中期开始改革助学金制度，逐步实行奖学金制度，全国高校普遍推行奖学金制度。所设立的各种奖学金，其出发点在于肯定学生的学业成绩和其他方面的利他行为。从经费来源看，奖学金有国家规定的奖学会，以及社会团体、个人捐赠设置或以社会知名人士名义募集的基金共两种。从经费用途看，通常有三种形式：一是用于奖励品学兼优的学生的奖学金，通常分等级评定发放；二是为某一种活动或某一方面事项而设定的专项奖学金，用于奖励在这些活动或事项中表现突出的学生；三是特别奖学金，一些学校称之为单项奖，具有随机性、用于奖励在某一方面或某领域有特别表现的，或在校内外有积极影响的突发事件中有突出表现的学生。

（二）学生资助

20世纪90年代，高等教育经费短缺已成为一个世界性问题，随着成本分担理论的提出，由受益者分担高等教育成本成为各国政府的通行做法。但由于社会和不同个体间经济发展的不平衡性，高校学生的家庭情况也存在着相应程度上的差异，这给部分家庭学生的求学带来了巨大困难。要在相对高额的收费体制下支撑各国高等教育的迅速发展，就需要有成熟有效的学生资助体系，主要包括对各类奖学金、学生补助和教育贷款等的管理。

奖学金是政府、学校和社会资助机构为表彰和鼓励优秀学生而设立的奖励资金，是高校教育管理的一项重要措施。奖学金制度是关于奖学金设立、评定、发放等方面的制度和规定的总称，是国家高校学生资助体系的重要组成部分。奖学金设立的目的是鼓励先进，鞭策后进，刺激需要、激发动机、诱导行为，使学生充分发挥内在潜力，从而推进学生素质的全面提高。除了政府与学校设立的奖学金，基金会、企业、公司、工厂或私人捐助也是奖学金的重要来源，这些奖学金往往种类繁多，尤其在西方发达资本主义国家，数量多达几十万种，金额从几百美元到十几万美元不等，成为学生资助体系的有力支持。

由于奖学金无法惠及每名学生，因此，学生补助等资助手段也是学生资助体系的重要组成部分。在我国，高校助学措施主要包括以下方面：

1. 建档案库

建立家庭经济困难学生档案库，全面掌握经济困难学生基本情况，增强资助工作的目的性与针对性。

2. 对新生开放"绿色通道"

以"减、免、缓"为核心，面向一年级的特困生，实行学费缓交或免交。

3. 完善国家助学贷款工作

高校学生事务管理部门要配合发放贷款的银行部门，建立起风险基金和诚信机制，使学费收缴进入良性循环。

4. 临时困难补助发放

这是解决学生遭遇突发性困难的应对措施，主要用于帮助由于家庭经济困难或本人的突发性变故等造成的无经济来源或经济来源低于最低生活保障线的学生解决临时困难，帮助学生渡过难关。此外，资助体系中还包括教育贷款。在很多国家，大多数金融机构都开设教育贷款业务。我国也向在校高校学生提供无息的国家助学贷款。

在目前教育背景下,如何将上述学生资助体系的内容有机结合起来,并构建成更为有效的资助制度,渐渐成了很多国家高校事务管理工作中所面临的问题。

(三)勤工助学

高校学生勤工助学活动,也可称为是勤工俭学活动。我国《高校学生工作辞典》中,对其内容范围进行了明确的界定:勤工助学是为了培养高校学生的劳动观念、自立精神和创造能力而开展的校内外各种有偿服务活动,是高校学生社会实践活动的一种特殊形式。同时,勤工助学活动还能够帮助家庭经济困难的学生获得一定的报酬,顺利完成学业,促进学生综合素质的提高。高校在其学生事务管理中,要提倡和支持学生在不影响学习的前提下,利用课余时间从事健康有益的勤工助学活动。同时,还要评定勤工助学活动的利弊,检验勤工助学活动的内容是否有利于锻炼学生的社会活动能力,是否有利于促进学生把被动接受知识与主动消化、运用知识结合起来,是否有利于引导学生树立正确的市场经济观念和法治观念。

高校事务管理部门在理解勤工助学定义时,应注意两点:一是"勤",必须是诚实、合法、适当的劳动;二是"助",有助于学生的学业和成长,既能获取经济上的报酬补贴学业,更能从知识上、能力上得到有益的补充,同时还有一定的社会效益。同时,还应适应形势发展,明确其指导思想,在勤工助学活动中培养学生的自我管理、自我教育、自我服务的能力;培养学生热爱科学、热爱劳动、敢于创新、自强自立的成才价值观;培养学生树立正确的市场经济观念、竞争意识和法治观念。此外,负责高校勤工助学的学生事务部门还应该围绕勤工助学的派发程序、社会的投诉处理、奖惩学生等内容来制定规范、合理、切实可行的管理制度,并及时建立人才供需信息库,及时有效地架起供需双方的桥梁,使勤工助学管理走向有序、高效。

(四) 心理辅导

心理健康作为高校学生身心健康的一个重要指标，已成为高校学生教育极为重要的教育内容，越来越得到高校和社会的普遍重视。

鉴于此，各高校纷纷开始设立了高校学生心理咨询和辅导机构，如心理咨询部、学习中心、心理协会等。心理辅导机构应在学校大量人力和资金的支持下，构建全方位与多层次的辅导体系。辅导内容包括心理咨询、心理调适、素质培养、研究调查与海外交流等。辅导方式有个人辅导、小组辅导、心理测试、教育及发展性工作坊、大型训练活动等。提供的培训课程有个人成长、恋爱与约会、应用心理学、身心康泰等。通过小组咨询和个人咨询等方式解答学生在学习、生活等方面遇到的心理问题，如怎样适应新环境、怎样学习、怎样解决教师、同学之间的冲突等。心理辅导的重点除了补救和教育外，也包括预防和研究。此外，心理辅导还应为学生提供各类标准测试。

同时，高校在进行此项事务管理的过程中，应把心理健康教育融入辅导的全过程，并使二者有机地结合起来，并在实际的管理中注重运用心理学规律来处理和分析发生在高校学生中的问题，如尽量发挥学生特长，创造条件给每个人表现自己的机会，促使高校学生的专长得以发挥，使其感到自身价值及存在的意义，并研究如何将这种激励化作一种可贵的内驱力，促使高校学生全面健康地发展。

(五) 日常思想教育

日常思想教育既是我国高校学生工作的特色和传统，也是学生管理工作的重要内容。学生日常思想教育包括党团教育，班级工作，组织开展教育活动，个别学生思想工作、联系学生家长，协调校内各方，实施"教书育人""管理育人"和"服务育人"等。

党团教育主要依靠基层党团组织对学生进行思想教育，一般由各院（系）党总支副书记负责并指导团总支、学生会进行。通过党校和"双学"

（学马列、学党章）小组，加强对高校学生积极分子的教育、培养和学生党员发展工作，建设以学生党员为核心的学生骨干队伍，发挥学生党员的先锋模范作用。依靠院（系）团总支和学生会组织开展形式多样、生动活泼的教育活动，寓教于乐。班级是日常思想教育的主要阵地，班主任或辅导员通过班会、班级日常工作和集体活动等对全体学生进行日常思想教育工作，并深入细致地做好个别学生的思想工作。需要指出的是，作为日常思想教育的组成部分，新生入学教育近年来受到普遍重视，并呈现出组织化、系统化的倾向，不再是班主任或辅导员所能单独承担和独立完成的一项简单工作。组织化表现在学生入学教育有专门机构主管（一般是学生工作处和学生工作部），校、院（系）两级管理，横向多个部门协作。系统化一是表现在教育内容涉及范围广泛，如学生入学接待、学生生活指导、学习适应、人际交往等。二是在方法体系方面，开设《高校学生生活导论》，班主任或辅导员的分别谈心和个别关怀，设计新生专门活动，帮助新生尽快适应校园生活。

需要指出的是学生日常思想教育工作在我国高校主要是依靠班主任和辅导员实施的。班主任和辅导员队伍建设也是高校学生工作管理的一项职责。

（六）校园文化活动和社会实践

随着知识经济时代的到来，社会迫切需要高等院校培养出更多具有创新精神和实践能力的高素质人才。作为教育学概念的课外活动，是指学校有目的、有组织、有计划地，利用课余的时间和空间在学生中开展的多种多样的教育活动。这些活动对培养具有创新意识与创新能力的人才，推进高校管理者不断自我完善、自我提高，促进高校与国家创新体系的进一步完善具有十分重要的意义。

在此基础上，开展必要的课外科技创新激励机制研究，加强管理，充分调动教师和学生的积极性，保证课外科技创新活动的顺利开展；做好宣传激励工作，在科技创新活动中保护学生的创新思维，按人才培养的规律办事，保证课外科技创新实践活动得以健康、持久的开展。高校学生事务管理部门就要尽最大的能力为学生提供活动所需的实验室、图书馆、高素质指导教师队伍，并通过多种渠道筹集活动所需的资金并制定各项制度予以管理与保障。近年来，在国家"教育创新计划"全面实施的背景下，部分高校通过搭建工程实训平台或创新实践基地，打破了专业实验室封闭式管理运行模式，搭建了一个真正面向各专业领域全面开放的公共平台，并设立基金等形式对学生自主开发项目进行了资助，通过举办讲座、沙龙、组织竞赛活动等，全面培养学生的专业素质与综合素质。

同时，创新精神和实践能力的培养是离不开社会实践这一环节的。社会实践是学生实现理论与实践、理想与现实、学术与技能相结合并共同发展的重要途径。让学生到实际中去，利用他们的理论与技术专长帮助解决现实生产和生活中的问题，服务回报社会，具有良好的综合教育效果。不仅在劳动中磨炼了意志，创造性地解决了实际问题，而且在与社会的密切交往合作中，增加了社会阅历，提高了与他人交往的技巧与能力。

（七）学生宿舍管理

我国高校普遍实行寄宿制，学生宿舍对于学生教育的影响作用是不言而喻的。过去由于学生工作未设专门机构负责，长期以来学生宿舍功能仅限于提供学生住宿，学生宿舍的管理主要是提供房间、家具、水电供给，即侧重于对物的保障。其后在设立专门学生工作部门的高校开始出现学业工作部门参与管理的情况。这时学生宿舍管理的内存从物扩大到人，学生工作部门的任务是保持学生宿舍的文明整洁和维持一定的生活秩序。进入20世纪90年代，随着高校加强对学生教育管理的力度和整顿校园秩序创建优良校风的需要，学生宿舍的育人功能受到进一步重视，高校纷纷划转学生宿舍的管理权。

目前学生宿舍管理主要有两种情况，一是学生管理部门主管，二是后勤部门主管、学生工作部门参与。最近几年随着学分制的实行，学生宿舍

"管理育人"和"服务育人"功能受到重视。一些高校努力改善学生宿舍的物质条件和服务手段,把学生宿舍作为思想教育的重要阵地,开展创建"文明宿舍"和"宿舍文化"活动,一些高校还实施了辅导员进驻学生公寓的工作制度。与此同时,学生宿舍管理不仅只重视对学生行为的监督,还在为学生服务方面取得了较大的进步。当前我国高校学生宿舍管理普遍存在的问题是,管理人员素质和物质条件难以满足学生宿舍高级功能的实现。另外,有的省、市正在筹备建设提供社会化服务的学生公寓,在改善物质条件和服务质量的同时,学生宿舍管理的育人功能也应同时受到重视。

(八)纪律处分

纪律是在特定的社会环境中、在一定的范围里,全体成员必须遵守的规章、制度。高校对学生的纪律处分是指高校依据教育法律、法规或内部规章制度对违反校纪校规的学生给予的惩罚性行为。我国高校的学生纪律处分包括警告、严重警告、记过、留校察看、开除学籍五种。

高校学生正处在青春发育中后期,心理发展处于一个走向成熟又未完全成熟的关键时期,身体与心理发展会存在某种不平衡现象,导致他们在处理问题时会出现自律性较差、思量不够周全、忽视学校的规章制度、全凭个人意愿做事的现象。同时,由于社会与经济的快速发展使人们的价值观念呈现多样化的发展趋势,在校学习的高校学生也不可避免地会受到一些社会不良习气的负面影响,缺乏法治观念,发生违纪行为,对他人的合法利益、学校正常的教育教学秩序造成不良影响。而学校为了维护良好的校园和学习秩序,就有必要严肃校风校纪,对这些违纪行为进行处理,给这些行为的主体一定的处分。

高校学生事务管理部门在加强违纪学生的纪律处分管理时,则应注意以下两方面:一方面,加强违纪学生的思想教育管理,对违纪学生进行纪律教育和日常规范教育,提高学生的自觉水平和自我管理水平,使外部规范通过学生的内化,变成学生思想上的规范。在对其加以纪律处分后,为其做心理辅导，来疏导违纪学生的心理压力和心理危机，防止受处分的同学失去自信心，自暴自弃。另一方面，保障学生的申辩权与申诉等救济权利，建立健全听证制度与申诉制度，遵守学生处分的正当程序，以更好地维护学生的合法权益。

四、我国高校学生事务管理机制的特点和功能

（一）学生事务管理机制的特点

1. 教育行政导向明显

教育行政导向明显，领导和指导高校学生工作。我国高等教育行政先后经历了中央统一领导、中央与地方（省、直辖市、自治区）两级管理、中央与地方以及中心城市办学的三级体制。中央一级的学生管理行政机构主要是教育部高校学生司，地方设立高校学生处（德育工作办公室）等，中心城市的教委也有设立学生处的情况。目前来说，对本科院校学生工作发挥行政影响的主要是教育部、省或有关主管部委。高校学生司、处主要任务是依据有关法律、行政法规和指令，负责高校学籍管理行政和其他有关高校学生事务管理工作。行政影响是通过出台法律法规和规章制度管理高校学生管理工作，对高校学生管理工作进行检查、考评、督导，组织校际交流和研讨。在现行情况下，教育部高校学生司和省（直辖市、自治区）教委的高校学生处还负责招生和就业制度改革，高等教育学历文凭的统一管理。由此可见，我国高校学生工作是深受教育行政影响的。高校学生管理行政体制表现出强大的约束和控制力，高校学生工作接受中央、省（直辖市、自治区）学生司、处的垂直领导和指示指导。

2. 校、院（系）两级管理体制，条块结合

校内横向联合，两级运行，条块结合，形成网络。调查发现，高校普遍成立了校级学生工作委员会，委员主要来自学生工作处（部）、宣传部、

团委、保卫处、总务处、教务处、思想政治教研室、社科部、军体部等部门，学生工作处和学生工作部作为其办事机构。在院（系）一级，有的设立学生工作办公室，有的成立学生工作领导小组，小组成员一般由院（系）党总支副书记、副院长（副系主任）、总支秘书和团总支书记等担任。院（系）学生工作领导小组接受校学生工作委员会领导，工作上接受学生工作处（部）的指导。大多数学校目前是校、院（系）两级管理体制，条块结合，以块为主。

（二）学生事务管理机制的功能

1. 体现管理理念的功能

学生事务管理理念是学生事务管理的指导思想、价值目标。但学生事务管理的理念要得以体现，并不是通过体制。因为学生事务管理体制仅是管理主体的设置与权限划分，是管理活动各种要素的静态关系，管理理念不能通过体制得以实现和体现。但学生事务管理机制是管理活动各种因素之间运行的关系和动态过程，其以一定的管理理念为指导，又以管理理念实现为目标。管理理念是通过运动的过程来体现和实现的。因此，学生事务管理的理念只有通过管理机制才能得以体现和实现。

2. 实现管理目标的功能

学生事务管理是按照学校的培养目标对学生进行人生观和价值观等思想政治教育，促进学生全面发展和培养适合社会需要人才的工作。如果管理体制是配置管理活动各因素的话，管理机制则是各因素的相互作用和运行状态。因素的相互作用和运行才能发挥各因素的功能，最终实现管理目标。因此，高校学生事务管理机制具有实现高校学生事务管理目标的功能。

3. 完善管理体制的功能

马克思主义唯物辩证法认为，内容决定形式，形式为内容服务。形式对内容又有反作用。学生事务管理体制和管理机制的关系就是形式与内容的关系。诚如上文所言，学生事务管理机制是内容，管理体制是形式。学生事务管理机制决定了应当采用什么样的管理体制,管理体制应当为管理机制服务。但是,管理体制对管理机制又有反作用,可能促进,也可能阻碍管理机制的实现。当管理体制阻碍管理机制的运行时,应当变革、完善管理体制,以适应管理机制。实践上,从既有状态来说,学生事务管理体制决定了学生事务管理机制。但从变革的角度,则需要以学生事务管理机制的定位来引导学生事务管理体制的变革。因此,学生事务管理机制可以促进管理体制的完善。

五、高校学生事务管理体制与机制的历史演变模式与展望

(一)高校学生事务管理体制与机制的历史演变模式

在不同的历史阶段,学生事务管理有着不同的外部环境和影响条件,从而造成了学生事务管理呈现出不同组织结构和管理体制,以实现适应这些外部变化的组织功能和管理机制。纵观我国历史上高校内部学生工作管理体制,以高校普遍设立学生工作处这一专门机构为标志,大体上经历了两个不同的阶段。这两个阶段的学生工作体制分别对应两种不同的模式:一是分散模式;二是专兼模式。

1. 分散模式

所谓"分散模式",是指在校内未设专门学生工作管理机构,学生工作管理的权限分散在学校许多部门,学生工作管理的职能由这些部门分别实施。如学生的教学和学籍管理由教务处负责;学生的生活管理由总务处负责;学生的学籍管理中的招生和分配分别由教务处和人事处负责,其他方面如奖惩有的属于人事处,有的属于教务处,即由设在教务处或人事处内部的学生科负责。学生的课外活动由团委负责。在院(系)一级,学生工作主要由院(系)办公室负责。年级和班级设立政治辅导员,辅导员承担所有的学生事务,他们融党政于一体,集教育、管理任务于一身,充当起

学校最为基层的学生工作的代表。

2. 专兼模式

学生工作管理体制的"专兼模式",是指学校设立了学生工作处(简称"学工处",也有的学校称"学生处")和学生工作部,学生工作处(部)作为高校学生工作管理部门的主体,承担主要的一些学生事务及其管理工作。团委作为另一个相对重要部门主要承担学生课外活动和校园文化活动的组织和管理工作。其他部门继续履行部分学生工作职能。为了协调学生工作处(部)和团委的工作,许多高校团委书记兼任学生工作处(部)的处(部)长,少数学校学生工作处(部)还与团委合署办公。

为了协调全校学生工作的开展,许多高校成立了校党委和校行政领导下的学生工作委员会。学生工作处(部)作为其办事机构,承担高校学生工作管理的主要任务。整个学校学生工作部门分工形成专兼结合、齐抓共管的局面。学生工作处(部)和团委除了有自己专门负责的工作如指导各院(系)学生工作领导小组和分团委(团总支)开展学生工作外,学生工作处(部)还具有通过校领导和学生工作委员会协调全校学生工作系统内各方面因素(与横向部门的联系)的职能。

这种模式是在"分散模式"基础上发展而来的。学生工作处的普遍设立除了学生事务的增加、学校管理部门的职能进一步分化等原因外,其直接的动因是出于加强对学生思想政治工作和纪律管理的需要。为了协调行政管理和思想教育两方面工作,一些学校又在学生工作处的基础上设立学生工作部,作为党委的职能部门,领导和协调学生思想政治工作。设立学生工作处和学生工作部的学校大多采取"部处合一"的体制,使学生工作党政齐抓有了组织保证。与此同时,有的学校成立了学生工作委员会,并将学生工作处和学生工作部作为委员会的办事和执行机构。这种制度使得学生工作处和学生工作部的协调功能得以充分发挥,学生工作也得以更好地实现了齐抓共管。在院(系)一级学生工作方面,明确了院(系)党总支副书记对于本单位学生工作的领导责任，吸纳副院长（系副主任）、总支秘书和团总支书记成立学生工作领导小组，用以指导和协调全院（系）的学生工作。各班配备班主任或年级辅导员，加强日常思想教育和管理工作。高校内部基本形成了分工明确、专兼结合、齐抓共管，校、院（系）两级职责分明、条块结合的学生工作网络和运行机制。

（二）学生事务管理机制实现条件的保障创新

高校学生事务管理机制的保障性因素有管理体制、管理主体素质等，高校学生事务管理的纵横统一机制，尤其是未来的服务与接受服务机制的实现条件需要有相应的保障创新。

1. 高校学生事务管理体制保障

高校学生事务管理体制是学生事务管理机制实现的载体和保障。要实现命令与服务结合型管理机制和完全服务型管理机制，必须变革现有管理体制，建立新的管理体制。构建学生事务管理体制需要明确三个原则，第一个原则是严格管理制度，依法治校。第二个原则是以人为本，构建特色文化。第三个原则是弹性管理，保障学生权益。因此，高校体制改革应有两个方面的内容：

学生事务管理工作机构扁平化，学校、学院、学生、社会全部参加到学生事务管理的工作中来，在校内与学生有关的工作全部纳入学生事务管理中心，学校主要监管学术事务工作，同时设立学生事务管理监督组织，负责对学生事务管理工作的协调和监督。社会机构的服务直接面对学生，学生事务管理机构成为一种行业，有一定的行业规范，与学校既是合作又是竞争的关系，从而促进校内校外服务更专业化、高效化的发展。

学生事务管理工作目标明确，一是管事和理人要分清，坚持以人为本的观念；二是建立学校直接面对学生的新的学生管理组织模式，对不同学生的特点做针对性的管理和服务工作，避免学生事务管理的泛化；三是以法律为准绳，营造依法治校环境，培养学生的法律意识和自主、自治能力；

四是深入提炼学校发展的思路，严格遵循学校发展的目标，积淀学校的文化特色，打造学校的个性发展前景。

2. 高校学生事务管理主体素质保障

高校管理主体素质对管理机制具有能动作用。而命令与服务结合型管理机制和完全服务型管理机制对高校学生事务管理者的素质提出了更高要求。新的服务机制的建立，将使管理观念、管理制度、管理方式、学习观念均发生变化，学生的主体地位不断被强化，学分制的不断完善。"而现代的学习观是全方位的学习观，是学做人，学思维。"教师的职责就是教学生如何做人做事，学会自己思考。这对管理主体的素质提出了高尚品格、高学历、创新意识及全面管理统筹能力等的要求。

（1）管理主体的专业化。高校学生事务管理主体的素质，首先是管理主体的专业化。"管理主体应该具备的职业素养和职业技能，就像律师、医生等专业化的职业一样。高校学生事务管理是一个多门知识和技能综合又自成专业体系的社会职业岗位，这要求高校学生事务管理者应当具有硕士以上学位，有心理学、人才学、管理学、法学、伦理学、政治学、历史学、社会学等方面的专业知识和技能，并有自觉的思想政治工作意识，才能为学生提供专家化的服务。"

（2）管理主体的职业化。"职业是人们为了获取物质报酬而从事的连续性社会活动，指人们从事的相对稳定的、有收入的、专门类别的工作。"职业化与专业不尽相同，职业化是确定一个职业的专业性质和发展状态处于什么情况和水平，侧重于职业专业化程度的社会认同和制度确认，专业化不一定是职业化，学习了专业等相关知识，但是不是作为终身职业呢？再下一步就是"职业化"了，分工的专业化并不必然导致职业化。为此，必须要有科学的管理机制，建立健全队伍主要是辅导员的选聘、发展、考评等工作机制。

按师生比配备好师资力量。根据教育部《普通高等学校辅导员队伍建设规定》要求，学校总体上按师生比不低于1：200的比例设置本、专科生一线专职辅导员岗位；坚持辅导员来源多样化和社会化，规范辅导员准入机制。可从三个途径保证来源，包括刚入校的具有硕士、博士学位的青年教师，社会公开招聘的有辅导员经历的教师，本校推荐免试的优秀学生干部；强化辅导员的培训机制，加强辅导员培训工作，是提升辅导员政治素质、专业水平和职业能力的重要保障，是加强辅导员队伍培养和可持续发展的长效机制；注重公平原则，健全考评考核、选拔晋升机制，充分保障辅导员的待遇，解除辅导员生活的后顾之忧，让辅导员岗位不再是流动岗位，而逐渐向专业化、职业化发展。

（3）加强管理主体的科研。高校思想政治教育的受教育者是有独立思想，日益社会化的群体，他们崇尚科学，崇尚理性，因此，思想政治教育科研是思想政治教育教学质量好坏的决定性因素，没有科研或科研不深刻，就没有科学、理性的教学。"高校思想政治教育科研应当服务于教学、服务于学生、服务于社会，确立三个方向：一是为教学服务的科研，从教学中发现问题，深入研究，再融入教学中乃至重要学科理论、教学方式方法的研究；二是与学生发展紧密相连的科研，如学生的心理健康、成才、创业人格、人际关系、友谊与爱情、法律意识与法治观念等问题；三是为社会服务的科研，思想政治教育科学研究也必须服务于社会，必须关心社会现实问题。"高校学生事务管理主体通过上述科研活动，将社会、个人全面发展所需要的最新研究成果内化为自身的工作素质，从而提升自身事务管理的能力。

3.高校学生权益的保障

命令与服务结合型管理机制一定程度体现了对学生事务管理对象——高校学生主体地位的尊重。完全服务型管理机制更完全将学生作为主体。因此，命令与服务结合型管理机制和完全服务型管理机制实现的重要理念之一就是尊重学生权益。

一般来说，学生的权利即包括生而为人的基本人权，又包括作为学生身份所享有的法律规定的求学者所享有的权利，这是作为人和作为学生所必须的、基本的、不可剥夺的权利。

（1）保障学生权益首先要健全法律法规体系。我国虽然已经制定了一系列法律法规来规范高校的办学行为，但是对于学生权利保障方面的法律法规尚待健全或细化，为了规范学生主体的行为，规范学生管理和保障学生的合法权益，很有必要制定学生专门法。我国"学生法"的空白从某种意义上也反映出对学生这个法律主体的轻视，同时也导致了我国教育主体法的不完整。加强"学生法"的研究和制定，把学生的权利与义务、管理与奖惩等一系列问题以法律形式加以规范，这样不仅仅是对学生权利的尊重和保障，更是对依法治校的促进和加强。

（2）培养学生主人翁的权利参与意识。学生作为自身权利保障的主体，应该对自己的权利有充分的认识并自觉维护。学生从自身的角度需要树立权利意识，积极争取权利保障的实现。高校学生应树立主人翁的意识，积极参与到高校学生事务管理中，充分行使监督权、建议权。在与学生权益相关的重要的学生事务管理中，实行由学生参与的评议制度、听证制定。学生会等组织也扮演了承担学校部分行政事务（管理学生）的角色，今后，可以考虑组建学生代表大会制度，以制度保障高校学生能真正参与高校的民主管理、民主决策。

（3）建立和完善社会保障。社会保障包括社会支持和家庭支持两方面，学生事务管理立足于社会发展的大背景，学生权利的保障和实现离不开社会保障。社会支持体现在支持和依法监督教育事业方面，社会支持主要是在公共文化设施及场所上对学生进行优惠，为学生实习和社会实践提供帮助，各种社会捐资助学等。在社会监督方面，宪法、教育法、高等教育法都规定了社会参与学校管理和监督的权利。家庭支持指的是学生家庭对子女承担者养育的社会责任，学生不仅仅在经济上依赖于家庭，在情感和心理上往往对家庭也有一定的依赖性,因而家庭也是学生权利保障的主体之一。家长参与高校的学生事务管理,能更好地发挥对学校管理的监督作用。学校应完善家长参与机制、制定规章,明确家长的职责。

(4)建立和完善环境保障。为学生的全面发展和健康成才创造一流的校园环境是学生事务管理得以顺利开展的良好保障。欧文曾经说过"人是环境的产物",所谓环境,就是一种文化。其一是校园自然环境的优化能够折射出它的历史和文化积淀,学生通过对校园物质文化景观的解读,从而获得其中的教育意义,形成自己的观念和思想。其二是各种教学和生活设施功能的完备,要求教学规模适中;报告厅种类繁多,功能完备;生活场所理想舒适,功能多样化;实验设施先进齐备,便于操作;图书馆服务周到细致;学生健康中心与校外社会医疗机构有效对接;校园网络方便迅捷等根据需求的不同随时进行调整,同时,为整合服务资源、提高服务效率,高校学生事务管理还可建立"一站式服务中心"。其三是管理环境的支持,除了学生部(处)等思想政治教育和日常事务管理机构外,在学生事务管理中还有一些常设性机构促进学生的全面发展服务,如学生听证委员会,学校对违纪学生的处理时所设定的保障学生权益的机构;申诉处理委员会,受理申诉人的申诉等。

(三)高校学生事务管理体制与机制的展望

现在中国高校主要的学生事务管理体制与机制是多线交叉型学生事务管理体制与机制,在一段时期内这种学生事务管理体制适应了社会发展的需要,提高了高等教育的质量。随着社会化发展的需要,中国学生事务管理体制与机制发展的方向是在垂直管理中逐步体现出学生自我管理的阶段性;在横向交叉中划分出职责与绩效考评的针对性;循环运行中提高社会在教育中的地位和作用。

学生事务管理的职责内容进一步细化,社区中心将承担起更多的学生事务管理和服务的责任,其发展路径为应从以住宿为主的服务内容逐步向文化式的书院制，文化、卫生、娱乐、体育式的生活制方向发展。学校层面运行机制也趋向单一制，即学生事务管理机构在不断细化，主管部门或领导则逐步集中，以便统筹全校与学生事务相关的资源，最大化提高学生事务管理的质量，最大限度提高学生事务管理的效率。

拓展式多线交叉学生事务管理体制范式中，社会机构加入学生事务管理或服务的工作，学校、学院与社会形成一个循环链。而在这个循环链中，与社会交流最多的是学校的社区中心，通过合作不断提高服务质量。在运行过程中，学校与社会进行充分的信息交流，将学生与社会、学校与学生的距离进一步拉近。在学校层面上，学生事务管理部门直接对主管副书记或副校长负责，主管副书记或副校长直接向校长报告。

随着学校招生规模相对稳定和学校发展的定位、学生事务管理内容的细化和效率不断提高的需求，学校学生事务管理体制与机制的理想状态是学校、学院、学生、社会四个层面全部参与学生事务管理的工作，相互协调配合，在校内凡是与学生有关的工作全部纳入学生事务管理中心，学生事务管理中心的工作内容涵盖了学生事务的方方面面，学生事务管理中心对主管副书记负责。学校层面设立学生事务委员会，委员会由校长、书记、副校长、副书记、教师代表、学生代表组成，负责对全校学生事务工作进行监督。在运行过程中，主管学生事务的副书记或副校长同时兼管学校学术事务，或者设立学生事务主管副书记和学术事务主管副校长，同时设立学生事务和学术事务管理中心组，由校长、书记、主管学生工作副书记和主管学术工作副校长组成，使学生事务与学术事务更加紧密地结合起来。社会层面的学生事务服务机构形成一个行业，有行业的准入标准和准入机制，与学校学生事务管理机构既是合作又是竞争的关系。

上述几种范式是针对社会、学校、学生不同群体在不同阶段的自身发展特点和个性需求而形成的，并力求在运行的过程中，充分体现出学生事务发展的阶段性特点。总之，学生事务管理体制与机制既不是孤立的也不是一成不变的，它随着社会的不断发展而不断更新，体现出较强的阶段性。同时学校教育定位的典型化，促使学生事务管理体制与机制同学校其他环节保持更加紧密的联系。发展没有止境，学生事务管理体制与机制的变化发展也将不会停止，但发展的方向不会脱离学校、学院、学生和社会四个层面，即学生事务管理体制与机制的发展是在这四个层面上进行的质和量的排列组合，其发展方向由社会经济、学校定位和学生特点等综合因素决定。

第三章　高校学生管理机构与队伍建设

在高校学生管理系统中,许多因素都对管理效果起着重要的影响,而要结合、协调诸因素,都离不开管理机构与管理人员。本章重点探讨高校学生管理机构的设置、高校学生管理工作队伍的建设以及高校学生管理工作者的素质研究。

第一节　高校学生管理机构的设置

一、高校学生管理机构应遵循的原则

一般来说,设置大学生管理机构应遵循的原则主要有以下几个方面:

(一) 系统整体的原则

大学生管理工作是学校这个大系统中的一个重要的支系统,这个系统的管理目标与学校的培养目标是一致的,即"维护高等学校正常的教学、工作和生活秩序,保障学生身心健康,促进学生德、智、体诸方面发展"。具体地说,就是要对学生的思想品德、专业学习、体育锻炼、劳动实践、课余活动、行为组织、生活起居以及分配就业等问题进行全面管理。因此,大学生管理系统是个多因素、多层次、多系列、多功能组成的结构群体。

这个结构群体中的各要素、各系统、各层次间存在必然的内在联系，要素和结构整体是不可分离的。因此，整个大学生管理系统组织结构中设置的任何一个部门，任何一个管理层次，任何一个管理序列，都必须注意它们之间的功能联系及其同整体管理效能的关系。否则，必然导致整个系统管理作用的减退和管理功能的紊乱。因此设置大学生管理机构必须依据系统整体原则，深入分析了解各学生管理机构和它们的构成因素在整个学生管理工作中的地位和作用，以及分析它们之间的相互依存、相互制约、相互促进的关系，寻求学生管理机构的最佳组合，将各级、各类、各环节的学生管理活动协调于学生管理系统的整体行为之中，不断推进大学生管理向机构体系最佳状态发展。

目前，我国绝大部分高等学校内部领导体制是党委领导下的校长分工负责制。大学生管理的机构设置从系统整体这一原则出发，就必须做到设立的管理机构系统与学校内部领导体制相适应，避免学生管理工作因多头领导而造成指挥系统紊乱。同时，要注意消除机构重叠、工作重复的弊端。至于职能分散，则是在某些机构完成同样的职能时反映出来的。当然，另外一种情况同样是系统整体原则所不容许的，即某种职能总是从机构所担负的责任中漏掉，或者被排斥在所设置的机构之外。只有依照系统整体原则来设置学生管理机构，使各机构职能范围清楚，责任明确，功能彼此相对独立而互补，才可能建立一个从上到下的强有力的工作系统，从而有利于避免学生管理工作中多中心的混乱状态，达到对学生的成才全过程进行有秩序管理的目的。

（二）层次制与职能制结合的原则

层次性是所有事物组成的普遍规律。高等学校的大学生管理系统中有校、系、年级、班、组这样几个层次，层次制指的就是学校这种纵向划分的方法。职能反映的是管理机构的各个系统可能的活动领域，反映的是某些性质不同的工作的集合，这些工作的开展为实现系统的最终目标提供保证。

从学校一级来看，学工委办公室（学生处）、教务处、总务处、宣传部、团委等就是职能单位，在学生管理系统中，它们都从不同的角度对学生进行管理。考察合理的学生管理机构设置，应该主要从职能制角度出发，但也不能忽视层次制。在设置学生管理机构时，必须考虑到，在其他条件相同的情况下，层次的增加会导致所需处理的信息量的扩大，领导者负担过重，会增加系统内活动相互配合的困难。而且随着管理层次和每一层管理内容的增加，便会出现由于管理过程复杂化而造成效能下降的情况。

目前我国大学生管理机构设置的普遍情况是层次越高，职能制单位越多；层次越低，职能制单位越少，但直接管理的对象却越多。因此，根据整体原理，机构设置中要有全局观点，要考虑到上下左右的联系沟通，使机构减少到最低限度，便于低层次中建立起相应的机构，使职能制与层次制相结合，互相补充，以取得最佳管理效果。

（三）职、责、权相一致的原则

机构设置与人员配备坚持职、责、权一致的原则，是发挥部门职能作用和使其协调一致的关键问题。职是职务、职能，责是责任，权是指依据职能、任务所赋予的权力。职责应有明文规定，并与权相一致。

明确每一机构的职能，使在其中任职的工作人员都能与他们的技能水平和能力相等是非常重要的。要严格地确定和分配职能以保证各机构对自己所完成的全部任务负责，并达到精简不必要机构的目的。在设置机构和安排职务时应该本着任人唯贤和人能相称的原则，因事而择人，安排适当人员，合理地分配任务，使职责统一，并按履行责任的需要，授予相应的权力，做到各个机构、各个部门都要有分工负责，要从上到下建立岗位责任制。明确各管理层次和职能的职责范围、权力界限，使每个工作人员都能各司其职，各尽其责，各善其事。而且要严格岗位责任制的考核，以纠正过去职责不清、赏罚不明的现象，形成一个有效的、有秩序的学生管理新格局。

这里要注意的一点是，在职责过分具体化和工作人员任务过于狭窄的情况下，也会束缚他们主观能动性的发挥，甚至在发生突发事件时，丧失有效管理的可能性。因此，对每一机构和每一工作人员来说，责权一致过程中重要的是要确立他们所履行的职能的适宜性和特殊性程度，这同样是保证管理机构符合责权一致原则的前提。

（四）集中管理与民主管理相结合的原则

集中管理与民主管理可以说是当代大学生管理两个不可分离的组成部分，它们互为前提。只有高度集中，学生管理工作才有高效益，但也只有充分发扬民主，才能更有利于保证管理过程的高度集中。因此，大学生管理的集中化和民主化的相互关系在管理机构实际履行职能过程中得以体现，它在很大程度上预先决定着能否达到系统所要实现的目标。集中管理的主要任务是根据学生管理工作的特征，做出统一的管理战略决策。

在垂直联系的系统控制之下，常常是学校最高层领导人的责任范围不适当地扩大，他们不仅被授权做出管理战略方面的决策，还参与具体管理活动，留给他们处理重大问题的工作时间很少。随着学生管理系统的复杂化程度和管理信息的扩大，具有较强机动性特点的较低层次，尤其是系一级的学生管理活动就日益具有更大的价值。

因此，集中管理与民主管理结合原则的意义就在于设置或调整学生管理机构时要使管理机构内部的权力和责任进行相应的重新分配，尽可能地把战略性职能和协调性职能与具体的管理活动分开，在形成或改造管理机构的过程中，适当调整不同层次机构在学生管理工作中的参与决策、实施管理方面的作用。而且，在整个管理机构系统内，除了建立健全决策、执行系统外，还要建有监督、咨询和反馈系统，使整个管理组织具有良好的控制能力。

集中管理与民主管理相结合的另一个意义是，在设置大学生管理机构时，要建立起符合民主原则的管理机构和管理制度。要充分发挥管理对象，即大学生本身在管理中的作用。过去有的学校对学生管理效果不佳的重要原因，就是没有遵循民主管理原则，把学生当成消极被动的管理对象，在工作中单纯采取限制、压制和惩办的手段。而要保证民主管理的实现，就必须通过不同的形式，吸收学生参与管理，使学生会和学生代表大会等学生自己的组织真正成为学生管理工作的有效监督系统和反馈系统，甚至在一些学生管理机构中也可吸收学生代表参加。这样，形成大学生管理机构系统在集中领导下的民主气氛，使学生管理工作达到最佳管理效果。

（五）因校制宜的原则

大学生管理机构设置方式在不同的学校，由于其所处的社会环境，它自身的历史发展，以及学校的类别、任务、规模、条件、学生来源、领导力量、管理人员素质及校风、学风等各种因素的差异，不可能达到相同的管理效果。即使是同一学校、同一机构内，由于管理者的素质及工作作风的不同，也可能产生各具特色的、多样化的管理效果。因此，各校学生管理机构的设置，只能因地制宜，因校制宜，在统一要求下，从实际出发，实事求是，根据工作需要，研究设置管理机构。一般来说，中等规模的学校与小规模学校的机构相比，可能更需要一种完善的学生管理机构，至于大规模学校的机构则更应该从上到下地加以周密考虑。组织机构的设置，各校可根据教育部划定的大原则、大框架结合本校自身特点，进行慎重而周密的试验，不断总结经验，不断探索，逐步摸索出适宜本校并能达到最优管理的学生管理机构设置方案。

二、大学生管理机构结构的形式与机构的设置

从理论上可以归纳为"直线型""职能型""直线-参谋型""直线附属型""矩阵结构"等形式。目前，多数学校采用的是"直线-参谋型"或

"矩阵结构"形式。

"直线－参谋型"的结构形式是把大学生管理人员划分为两类：一类是直线指挥人员，如校、系负责人，他们拥有对较低层次学生管理部门实际指挥和命令的权力，并对该组织的工作负全部责任；另一类是职能管理人员，他们是直线指挥人员的参谋，作为直线领导的参谋和助手，他们只能对指挥系统中的下一级管理机构进行业务指导，而不能对他们直接进行指挥和命令。

"直线－参谋型"的最大优点是它的上下级关系很清楚。这种结构形式中的职能机构，是按照一定的职能分工，担负着学生思想、教学、行政、生活等方面的管理任务，职能机构通过各自分管的学生管理任务，对有关管理工作起着业务指导和保证作用。

具体说来，职能机构担负着以下职责：向领导提供有关情况和报告，提出建议和方案，供领导决策时参考；监督下级机构对上级领导的指示、命令和有关计划的执行、检查执行情况，以便更好地贯彻领导的指示和意图；协助各级领导，具体办理有关学生管理业务，为下级管理机构创造完成任务的保证条件，在业务上指导和帮助下级组织。"直线－参谋型"结构领导关系简单，能始终保持集中统一指挥和管理，避免了机构系统中多头指挥和无人负责的现象，因此，学生管理方面出现问题就可以一级找一级直到问题解决；同时，各级领导人员有相应的职能机构做参谋，可以充分发挥其职能管理方面的作用。但是，事物之间除了纵向联系外，还存在着横向联系，"直线－参谋型"的结构形式在实际执行中也有明显矛盾。

由于该结构系统的客观原因，在一系列组成单位中不得不分散管理职能，这样，当管理建立在把一切工作形式明确地独立出来和对职能有明确分配的时候，这种管理活动的每一个参与者就都能够明确目标。然而，虽然它们都是按照学校统一计划、统一部署进行工作，但由于分管不同业务，观察和处理问题的方法、角度各有侧重，彼此间往往会产生矛盾。此外，在这种结构系统中,垂直联系高于一切,解决与战略任务并存的、大量的具体管理问题的任务和权力聚积在上层,诸如伙食问题、寝室问题等等具体问题经常压倒一系列长远任务,而且使在系统发展过程中所产生的新任务的解决发生困难。

因此,需要有这样一些管理机构,它们能较好地适合于学生管理系统发挥作用,在较特殊的情况下,能有效地协调各方面的职能,而"矩阵结构"管理系统就是这样一种结构。在这种结构范围内,不是从现有的隶属等级立场出发,而是集中在所有形式的管理活动整体化和改进这些活动形式的协调动作上。因为只有这样,才能创造条件有效地促进管理目标的实现。例如,为了加强对学生的思想政治教育及对学生的全面管理,为了开展评先奖优活动,在党委和校长领导下成立的学生工作委员会、奖学金评定委员会、毕业生分配委员会、群众体育运动委员会等等,都是按照专项分工,把各职能部门工作从横向联系起来,形成全校学生管理工作的矩阵组织结构。

矩阵组织结构的特点是:纵向的是"直线－参谋型"组织形式,按层次下达任务,各有关职能部门按其职责范围,分别按层次贯彻学校的学生工作计划;横向则是由职能部门抽人组成的,按其专项任务分工的组织,这些组织中的人同时接受职能部门的主管和专项主管的双重指挥。这些纵向的矩阵型结构有机地结合在一起,互相配合,对学生工作进行综合管理。

在这种结构形式下,原有管理结构仍然是完整的,但实质上,管理结构的权力关系和它的各个部门的职责却发生了变化,即把做出决定的责任和对执行情况的监督归为专项工作组织,而职能部门则从系统所要求的信息、管理工作的实施和其他方面来保证系统实现其管理结果。学校领导则可从一些非原则性的日常问题中摆脱出来,并可以提高管理结构的中间层、较低层次的灵活性和对解决问题的质量的责任感。

在具体机构设置方面,我国各大学的学生管理机构设置是多种多样的。

传统的机构设置方式是党委、行政并行发展。有的学校在党委领导下设立学生工作部作为党委管理学生工作的职能部门，力图把学生管理工作统一抓起来。但由于学生工作部是党委分管思想教育的职能部门，不具备行政管理功能，因此，招生、学籍管理、毕业分配等具体的学生管理工作仍需由行政系统的教务处、人事处等负责，结果形成一场学生管理"接力"，教务处负责把学生招进学校，然后学生工作部组织实施思想政治教育，最后人事处来进行分配。

有的学校则设立学生工作处作为分管校长下属的从事学生管理工作的职能机构，把学生从入校到毕业分配全过程的管理工作统一起来。但在目前我国高校实行的校长分工负责制体制下，设置学生工作处也未能解决思想政治教育与管理工作脱节的问题，而且有时还会以管理代替教育，削弱学生的思想管理工作。因此，有的学校直接采取学生工作部与学生处并存，甚至采取合二为一的机构设置方式。这样的机构设置，从整体讲，学生工作高度集中统一，思想教育与学生管理融为一体，工作效能比较高。但是，这种党政合一的机构设置也存在某些不合理因素，而且作为一个职能部门，试图把分散、多头的学生管理工作统一起来，在客观上仍然是较难做到的。

在最近几年，有的大学出现了由党委和校行政委派组成的一个专司学生工作的综合性机构——学生工作委员会。它的主要职责是对学生管理工作进行整体协调，对学生的思想管理、学籍管理、行政生活管理等管理工作进行决策，对学生工作的经验进行总结、交流、推广。在学生工作委员会下设办公室（或学生工作处）作为自己的办事机构，通过该办事机构使学生工作委员会这个综合性机构处于相对稳定状态，把各职能部门所承担的学生管理工作整体化，形成一个紧密联系的、封闭的管理体系。

根据这一指导思想，各系成立相应的学生工作领导小组，全面领导和协调本系范围内的学生管理工作，各年级成立由辅导员、班主任及有经验的任课教师参加的学生工作小组，协调本年级的学生管理工作。通过校、系和年级学生工作委员会和领导小组的作用,把传统的以纵向直线为主的管理系统,分层次地从横向上联系起来,形成学生管理机构的矩阵结构体系。部分大学经过实践,感到这种学生管理机构设置有四个方面的好处:第一,符合简政放权原则;第二,学生管理工作有了一个强有力的统一指挥机构,整个学生管理工作的计划、实施、检查、总结成为一个体系,符合科学管理原则;第三,大大减少了管理上的一些不好现象,符合高效管理原则;第四,信息反馈比较灵敏而且方向稳定。

学生管理工作委员会与职能部门固定机构相结合的大学生管理机构设置,在实践中表现出它的优势,很可能是我国大学生管理机构设置的发展趋势,如何充分发挥所设学生管理机构在新时期大学生管理工作中的作用,还有待于在管理实践中不断完善。

第二节 高校学生管理工作队伍的建设

大学不仅要有高效合理的管理机构,严密有效的规章制度,更要有一批精明能干的管理干部,依靠他们的积极性和创造精神去工作,有了这样几方面的完美结合,大学生的管理工作才能取得理想的管理效果。可以说,管理大学生一切工作的支撑点在于管理干部。最大限度地调动和发挥广大学生管理干部的能动性,形成目标高度一致的管理工作集体,组织以人才培养为中心的协调的、高效率的、有节奏的管理活动,是大学生管理工作的实质,其核心是建设一支素质高、结构合理、战斗力强的大学生管理队伍。

一、高校学生管理队伍建设的意义

在管理的本质和职能的体现上,大学生管理队伍起着决定性作用。大学生管理是高等学校管理工作的主体，是从管理上保证高等学校完成培养四化建设合格人才的一项系统工程。它直接关系到学校的安定团结，关系到正常秩序的建立，关系到能否教育学生抵制错误思潮和不良风气，以建立良好的校风学风，促进学生健康发展，自觉成才。

高等学校学生应当具有坚定正确的政治方向，热爱祖国，拥护中国共产党的领导，积极参加社会实践，走与工农相结合的道路；应当具有为国家富强和人民富裕而艰苦奋斗的献身精神；应当遵守法律、法规、校规、校纪，有良好的道德品质和文明风尚；应当勤奋学习，努力掌握现代科学文化知识。这体现了社会主义大学生管理的本质，适应了社会主义政治、经济对大学生管理工作的要求。

然而，学生管理的社会主义方向能否坚持，管理目标能否实现，直接起决定作用的是管理干部。由于大学生管理是以人的集合为主的系统，其管理工作充满着教育的特点，因此，管理干部在学生从入学到毕业的在校阶段的学习、生活、行为全过程中发挥着不可替代的组织、领导、督促检查、控制、协调、指导帮助和激励、惩罚等方面的决定性作用。可以说，在学校这个培养人才的系统中，无论从诸因素的相互关系去分析，还是从各个工作环节去分析，作为以教育者为主体的管理干部，始终处于主导地位，涉及学生成长的一切工作是通过他们进行的，学校工作的成果，培养人才质量的好坏，归根到底也有依赖于他们。当前，随着改革开放不断深入，各种文化思想、新旧观念的冲突，造成了部分学生思想的不稳定，因此，加强科学管理尤为重要。而管理干部，特别是领导干部在体现大学生管理的本质和职能上起着决定性的作用。

在学校人才培养目标的实现和各种教育要素的构成上，管理队伍起着骨干作用。学校工作应以培养人才、促使青年学生健康成长为中心。大学生管理的目的也在于全面实现高等教育的目标，概括讲，就是提高管理水平，促进人才素质的提高，使大学毕业生能主动适应社会主义现代化建设的需要。

大学生管理的基本要素有四个：一是管理对象，二是管理队伍，三是管理内容，四是管理手段。在四个要素中，虽然管理对象是管理活动的主体，但是开展管理活动的主力却是管理队伍。管理对象要靠管理队伍教育培养，管理内容要靠管理者去制定，管理手段要靠管理队伍去运用和改革。任何先进的管理手段，都只能作为辅助工具，不能代替管理队伍。

换言之，学校的一切工作，包括正常的教学、生活秩序的建立和维护，学生良好行为习惯的养成，严谨、科学、优良作风的培养，德、智、体、美、劳诸方面的全面发展，都需要管理队伍去精心决策、计划、组织、指挥和控制。而且，随着国家建设的需要，高等学校培养人才的任务日益繁重，可以说是以往任何时期不能比拟的。而改革过程中新旧体制胶着对峙的状态导致不同社会利益矛盾大量存在，有的还趋于表面化，最突出的问题是形成了议论多的难点、热点。这些改革动态过程中出现的问题，无一不在社会的晴雨表——大学生身上反映出来。所有这些都增加了大学生管理工作的复杂性和困难性，因此，时代对大学生管理队伍的要求也越来越高，大学生管理队伍在学校人才培养目标完成上的作用也越来越重要。

在大学生管理规律的掌握和管理原则的贯彻上，管理队伍发挥着主导作用。管理队伍对管理的本质和职能的决定作用，以及完成管理任务时的骨干作用，都是管理队伍在大学生管理工作中的主导作用的体现，而发挥管理队伍在培养人才工作中的主导作用，又是管理过程中掌握管理规律和贯彻管理原则的需要。

管理过程是学生在管理工作者指导下认识客观世界的一种特殊的认识过程。在此过程中，存有多层次多方面的关系、矛盾、规律，而管理队伍与学生两方面的活动乃是管理过程中最主要的活动，发挥管理工作者的主导作用和调动学生自我管理的主动性和积极性乃是主要矛盾和主要规律。尽管管理过程中还有其他各种关系，诸如思想管理、行为管理、智育管理、体育管理、美育管理方面的关系，管物与管人的关系，学生管理与教师管理的关系，管理者的素养与管理效果的关系，管理效果与管理者对大学生心理特点、思想特点认识程度的关系，以及宏观方面的学校教育和学生管理与外部世界的关系等，但是，这些关系、规律都是从属于管理过程的总规律的。为了正确地反映和掌握这些规律，实现一定的管理目的，管理工作者经过长期的探索，提出了一系列管理原则：诸如为社会主义现代化培养合格人才的原则，实事求是、一切从学生实际出发的原则，系统综合管理原则，管理与教育相结合原则，民主管理原则等。

在这些原则中，发挥管理工作者的主导作用和启发学生的主动意识，与培养学生自我管理能力相结合应成为中心环节，而在管理工作者与学生这对主要矛盾中，管理工作者又是矛盾的主要方面，因为这些原则的贯彻归根到底还要靠管理工作者去发挥主导作用，还要靠管理工作者全面掌握和运用，进行创造性劳动，去启发学生配合管理，积极主动地按照德、智、体全面发展的人才标准进行努力。

在改革开放时期，大学生管理队伍发挥着特殊作用。高等教育的培养对象不同于普通教育，大学生的生理特点和心理特点不同于中学生，他们的心理特点和思想特点是由他们所处的社会环境和他们的地位的变化、学习活动的变化以及生理变化所决定的，社会政治、经济乃至社会舆论和社会生活方式对大学生的影响是很直接、很密切的。

社会主义新时期的大学生管理工作不仅是培养良好思想、良好行为习惯，而且还担负着系统地向学生进行马克思主义教育，特别是辩证唯物主义和历史唯物主义教育，坚持正确的导向，不断提高学生的政治免疫力，努力创造良好的内部环境的重任。在加强对学生思想教育的同时，要严格大学生管理工作，使学生不断增强历史责任感。显然，在社会主义新时期的大学生管理工作中，管理工作者不仅在提高教育质量方面发挥着普遍作用，而且还日益显示出在学生成才导向方面的特殊作用。所有这些都充分说明建设一支各方面素质良好、战斗力强的学生管理队伍,是办好社会主义大学的一个重要措施。

二、高校学生管理队伍组织建设

目前,在我国高校中直接从事大学生管理工作的队伍主要由年级辅导员和班主任组成。年级辅导员大都由青年教师或少量高年级学生、研究生来担任,其中包括一部分专职从事思想政治工作的青年干部,班主任则全部由教师担任。另外,在校、系两级还分别有一部分干部专职从事大学生的学籍管理、行政人事管理和思想管理工作,他们分别在大学生管理机构中担任一定的职务或是作为具体的工作人员。

从整体看,从事大学生管理工作的这支队伍,熟悉业务、熟悉学校环境、熟悉整个大学生管理工作规律,熟悉学生生理、心理等方面的特点,而且有干劲、有热情,能积极开展学生管理工作的研究,在学校管理工作科学化、规范化、现代化等方面不断跨出新步伐,取得新成果。但是从目前实际的学生管理情况和新时期国家对大学生管理工作的要求来看,这支队伍仍明显不适应需要。

高校的学生管理工作,除专职的学生管理工作者外,广大的业务课教师以及学校行政、教辅人员,也应是此项工作的承担者。不管教师或教辅、行政人员本人是否认识、是否承认,"教书"以及学校的其他管理工作都在起着"育人"的作用,都对学生思想品德、言行情操起某种规范、导向作用,这是不以人的主观意志为转移的客观规律。但由于各种原因,高校专业课教师中,能比较经常、比较自觉地管理教导的人还是少数,大部分人除了上课,其他管理、教育工作都推给了学生管理干部。由于高校学生管理工作队伍的力量是如此,也就不难理解高校学生管理工作为什么容易出现某种程度的宏观失控、微观紊乱的局面,也就不难理解大学生管理工作为什么多年来成为牵动全局的大问题。

加强专职学生管理队伍的建设,并不是简单地追求数量的增加。正确的方针应该是在保证相当数量基础上的少而精,使学生管理干部向这方面的专家方向发展。因此,要纠正过去那种认为学生管理干部只要能领学生劳动、打扫卫生就行的错误思想,要纠正把学生管理干部当成"万金油"的错误倾向,有必要对高校现有的专职管理队伍进行适当的调整充实,对一些政治上、思想上不合格以及部分能力偏低、难以胜任工作的人另行安排工作,把那些有事业心、有组织能力,政治觉悟高、业务好的同志充实到学生管理工作岗位上来。

同时,要积极从高校的学生管理专业、第二学士学位班中培养专职学生管理干部,从优秀的毕业生或研究生中选留有志于学生管理工作的同志充实管理队伍。加强专职学生管理队伍的建设还要求建立独立于专业教师外的专业技术职务晋升体系,大胆果断地破格提拔他们当中的优秀分子,放到工作第一线的关键位置上去锻炼,使他们从亲身的工作中体验到成长和进步,一旦这样的机制形成后,这支队伍就会越来越精,越来越强。

建立一支专职的学生管理队伍,能保证大学生管理工作的连续性、稳定性。但是,学生管理工作是多因素、多序列、多层次结构的综合体,与过去相比,管理的内容和形式都发生了很大的变化。可以说,一个学校,只要有学生,就有管理工作。无论从时间角度,还是从空间范围而言,学生管理工作无处不在、无时不有。显然,学生管理任务单靠少数专职管理人员是很难完成的,因此,必须建设一支宏大的兼职学生管理工作队伍。

所谓兼职学生管理工作队伍,主要是指由专业教师或其他职工兼任的年级辅导员、班主任、学生导师,一般做法是从本校教师中,也可从研究生或本科高年级学生中以及学校其他政工干部或管理干部中选拔聘任。教师兼职从事学生管理工作,不但是因为他们与学生有天然的师承关系,对学生有较大影响力,而且他们在与学生的接触中,能及时准确地掌握学生的思想、情感、个性等方面的变量，可以从管理的角度给学生指点方向。因此，把学生的教育管理工作渗透于业务教学之中是完全可行的。

高等学校职工，尤其是直接接触学生部门的职工，在某种意义上都是大学生的管理者。这些职工若都能配合学校的管理目标，从各自的工作实际出发，协助做有关的学生管理工作，那就会使管理队伍在更广阔的领域得到延伸，使其成为学生管理工作的新"能源"。

现在关键的问题在于，高校必须用政策去调动广大专业教师和其他职工兼职从事学生管理工作的积极性，调动他们教书育人、管理育人的工作热情。因此，高校必须在具体工作中，真正体现出在工作的评估、职务的聘用上，把是否兼职从事学生管理工作，以及是否教书育人、管理育人作为一个硬性指标，既有定性的评估，又有量化的考核，以此激励广大教职工积极投身到学生管理工作中去。

加强大学生管理队伍的组织建设，还意味着要加强有着浓厚学术性的学生管理、咨询、研究力量的配备工作。这些工作既要面对学生中涉及的政治、历史、人生观、价值观和精神卫生、行为规范的问题，又要为学校领导做好调研工作，起到某种智囊团的作用，即通过他们自觉地用党的方针政策、用教育理论和教育科学衡量学生管理工作，促使学生管理工作科学化，并经常研究学生管理工作的周期性、规律性，促使学生管理程序规范化，以取得最佳管理效果的方法来改进管理过程。这一方面的力量主要应来自有相当理论基础的教师和有丰富学生管理经验的专任干部。

三、高校学生管理队伍制度建设

高校学生管理队伍制度要求为大学生管理工作的高效、高质开展提供了人员、队伍方面的保证，可以说，它完成了大学生管理队伍建设方面的"硬件"建设。但是，一支优质的大学生管理队伍，还要靠不断提出新的要求，制订工作规划，进行组织培养，才能不断提高管理队伍的思想水平、管理能力和学术水平。因此，必须加强大学生管理队伍建设方面的"软件"制度建设。

长期以来，许多地方和学校对大学生管理队伍的制度建设并未给予足够重视，认为有没有制度都可以工作。因此，在学校里普遍存在大学生管理干部定编紧、补缺难、提升慢、待遇差的状况。而且，大学生管理工作缺乏明确的工作目标和职责范围，人们往往把任何与学生沾边的工作都推给大学生管理干部承担，结果造成工作任务分配不均衡。学生管理干部整天忙于应付各种差事，很难集中主要精力研究如何改进、提高学生管理工作。

为适应新形势对大学生管理工作的要求，必须确立大学生管理队伍的职责范围，建立有关规章制度，使大学生管理队伍建设规范化和科学化，使大学生管理工作在最有效的、最可靠的、最佳的状态下进行。

大学生管理队伍制度建设包括的内容有：大学生管理干部工作岗位责任制度、大学生管理干部工作评价监督制度、大学生管理干部的晋升考核制度、大学生管理干部的培养进修制度、大学生管理干部的淘汰制度等。这些制度中，工作岗位责任制度和评价监督制度必须首先明确。

（一）高校学生管理队伍的岗位责任制度

大学生管理队伍的工作岗位责任制度就是把学生管理工作的有关规定、要求、注意事项具体落实到每个管理者的一种责任制度，它使得每个管理工作者都有明确的分工和职责，并可为评价每个管理工作者的成绩提供依据。

各层次的大学生管理队伍的工作岗位责任具体内容如下：

校学生工作管理委员会主任肩负着统一指导和协调全校学生管理工作的重任，他要根据学校党委和行政学期工作计划，制订全校学生工作的学期计划，同时在学期内根据不同年级的不同特点，对阶段性的学生管理工作进行组织、安排和实施；定期分析学生思想动态，为党委和校长对学生管理工作的决策提供准确的材料；安排全校学生管理干部培训，并与人事处一起组织和落实学生管理干部的专业职务评定工作；根据全校学生管理工作的总体要求，协调全校各部门学生的思想教育、后勤服务、学籍管理等工作。

校学生工作委员会办公室（或学生处）主任在学工委领导下主管全校学生行政管理和思想教育工作。根据学工委的决定协调有关管理机构的学生管理工作，并积极配合、组织和检查基层学生管理工作；负责奖学金、贷学金的管理、评定、调整和发放；主管招生和分配工作；协助教务处进行学籍管理，办理退学、休学、复学和转学手续；检查和维护教学、生活秩序和纪律；统一处理学生来信及来访工作；掌握全校的学生统计工作。

系学生工作组组长在系党总支和系主任领导下，组织实施学生的学习活动和学生管理；认真组织和安排好政治学习和形势教育任务；抓好学生中党团的思想建设和组织建设；指导和支持年级辅导员、班主任开展工作；协助班主任做好学生操行评定、"三好"评比工作和毕业生分配工作，并努力掌握学生思想特点和发展变化规律，探索学生管理工作的经验。

年级辅导员负责统筹本年级或本专业学生日常思想政治教育和有关的学生管理工作，在系党总支领导下，组织好年级学生的政治形势教育、新生入学教育以及学生在劳动、实习、军训、毕业分配中的思想政治教育工作；负责协调安排本年级学生的社会实践及课外公益等活动；根据本年级具体情况，制订学期工作计划，指导、检查班级计划实施情况；对学生的升留级、休学、复学、退学、奖惩、奖贷、品德评定、综合测评、毕业分配等工作提出具体意见；开展对工作对象、任务、方法等课题及有关理论的科学研究工作。

班主任是学校委派到班级指导学生学习，负责学生管理工作，并配合党团组织和年级辅导员开展学生思想教育和管理工作的教师。班主任要坚持四项基本原则，用爱国主义和共产主义思想教育学生；引导和督促学生，指导班级开展各种学习活动，帮助学生改进学习方法，不断提高学习效率，并起好教与学之间的桥梁作用；全面了解和掌握学生情况，做好本班学生的品德评定，德、智、体综合测评，评定奖学金、贷学金、困难补助、年度鉴定及毕业生鉴定等工作，做好班干部的选拔、培养和指导工作；指导学生的课余生活，加强学生的集体观念，培养团结向上的好班风。

导师由忠诚于人民教育事业、责任心强、品德高尚、教学经验较丰富、学术水平较高的讲师以上教师担任。导师工作侧重于学生专业学习的指导和学术思想的熏陶，兼顾思想政治教育工作，努力把思想政治工作深入专业学习的全过程，在对学生专业学习启发指导的同时，进行思想政治上的疏导；发现和推荐优秀学生，并向系提出破格培养的建议；全面关心学生，每年对所指导的学生进行考核，写出评语。

在建立具体的岗位责任制度时，应详细说明某一职位的大学生管理干部在任期内必须开展的工作有哪几方面，每一项工作要达到什么程度。而且，这些内容必须是有实践基础的，必须切合实际。

（二）高校学生管理干部的评价监督制度

开展大学生管理干部的评价监督具有多方面的作用：首先，确定大学生管理工作的质量标准，建立科学的评价指标体系；其次，评价监督制度能使大学生管理干部找出差距、增强自我调节的机能，在优化整个大学生管理工作的同时，发挥自己的特长和优势，努力创造出管理工作的新水平；再次，它能调动大学生管理干部的工作热情，促进职能部门之间的竞争，有力地调动大学生管理干部的积极性；最后，实行评价监督制度，能够为决策机关在决定管理工作者的职务晋升、薪金（包括奖金）调整、人事调动时提供科学合理的依据，避免凭个人印象决定、论资排辈依次轮流等不合理做法，从而提高大学生管理干部的工作积极性。因此，无论从加强管理队伍建设方面说，还是从强化管理工作者的素质、能力和工作责任感说，都必须积极开展管理队伍的评价监督工作。

开展大学生管理干部的评价监督工作，最关键的是建立有量和质概念的管理工作评价监督体系。一般而言，建立该体系应遵循以下几条原则：

1. 方向性的原则。评价干部的目的在于促进大学生管理工作的规范化、科学化，引导大学生管理干部立足现象，顾及长远，为培养社会主义建设所需的专门人才这一总目标高速、高效、高质地工作，力争大学生管理工作的最优化。

2. 可比性的原则。即评价的对象及其评价项目的确定必须有可比性，使评价项目有着基本相同的基础和条件，使各人之间可以按评价项目进行量和质的比较；同时，评价指标本身要尽可能量化，以期在更细的程度上求得同质和可比。对难以量化的指标则进行定性评议，使定量评价和定性评价有机结合起来，从而尽可能真实地反映出一个人的工作状况。

3. 科学性的原则。评价指标体系应能客观、真实、准确地反映各管理干部工作现状、成绩和水平。各级管理干部的管理工作相对独立而复杂，如年级辅导员，其工作范围非常广泛，建立指标项目不可能面面俱到，只能抓辅导员职责范围中的主要工作和集中反映辅导员工作成绩和水平的重要环节。

4. 可行性的原则。大学生管理干部工作评价指标体系应在不妨碍评价结果的必要精确度和可能性前提下，尽可能做到简要明白，简便易行，从而便于评价人员掌握和运用。

根据上述几条原则即可制定出一份与大学生管理干部岗位责任制相符的、定性定量相结合的、侧重于定量的评价指标体系，并要求各层次干部按其职责和评价目标开展工作，尽职尽责地把工作做好，这是开展评价活动的出发点和最终目的。

第三节 高校学生管理工作者的素质研究

一个学校,能否把学生培养成为充满朝气的,有开拓和创新精神,德、智、体全面发展的"四有"人才,在很大程度上取决于各级学生管理干部的素质。高校需要那些能够遵循教育规律,按照党的方针政策办事,熟悉大学的教育、教学活动和学生思想状况,具有一定马列主义素养,掌握一定的专业知识、管理知识、教育管理知识,作风正派,处事民主,事业心和责任感强,大公无私,富有创造精神、科学精神和自我牺牲精神的德才兼备的管理工作者来进行管理。因此,必须大力加强学生管理队伍的素质培养,努力建设一支思想过硬、作风扎实的科学化、高效率的学生管理队伍。

一、大学生管理工作者素质修养的重要性

随着社会政治经济环境的不断变化,不仅引起了人们经济生活的重大变化,而且也引起人们生活方式、思维方式和精神状态的重大变化。这些变化促使高校学生管理系统中两个活跃因素——管理干部和青年学生空前地活跃起来,形成了管理活动中最有生机而又不甚稳定的因素。

随着现代科学技术文化的迅速发展,诸如网络等社会传播媒介的作用不断加强,高校学生管理活动也将受到越来越大的冲击。在这种形势面前,若只用传统的管理思想、管理方法、管理手段去进行经验管理,势必会遇到不可克服的矛盾,因此,高校学生管理工作者必须加强素质修养,完善自己的知识结构,更新工作理念,改进工作方法,以提高管理效果。

1.大学生管理工作是培育人的工作,必然要求管理工作者首先具有较高的素质修养。高校的根本任务就是为社会主义建设培养大量德、智、体

全面发展的人才，毕业生将成为社会主义建设各条战线上的骨干力量，他们的政治思想素质、精神状态将决定国家和民族的未来。大学生管理工作者和教学工作者一样都肩负着重要的使命，广大管理工作者必须善于研究学生思想和行为的活动规律，既要善于掌握学生共有的思想活动规律，又要了解不同学生不同的思想活动规律；既要了解学生共有的心理活动，又必须了解不同学生千变万化的心理活动，并根据学生思想和心理活动的共性和特性，有的放矢地开展管理、教育工作。

显然，大学生管理工作比一般管理工作复杂得多，也困难得多，它必然要求学生管理干部有较高层次的素质修养。如果他们的水平跟不上实际需要，他们在学生中的威信就不会高，工作也将难以开展。任何管理工作都需要特殊本领，有的人可以当一个最有能力的革命家，却完全不适合做一个管理人员。要管理就要内行，就要精通生产的一切条件，就要懂得现代高度的生产技术，就要有一定的科学修养。一个好的业务教师不一定是个好的管理干部，而一个好的管理干部必须是一个好的教师。因此，管理工作者一方面要进一步提高对管理工作的认识，下决心选拔品学兼优的毕业生和业务教师来充实管理队伍；另一方面管理工作者要加强素质修养，努力学习掌握自己所从事工作必需的科学知识和业务知识，并逐步精通、掌握其客观规律，成为学生管理工作的专家。

2.学生管理是个"言传""身带"的过程，必然要求管理工作者全面加强素质修养。在学生管理工作中，"言传"是很重要的，如果没有马克思主义的基本理论和党的教育方针以及有关大学生管理制度、规定的宣传、教育，就不可能有学生的自觉的规范行为。

但是，大学生管理系统作为"人—人"管理系统，与"人—机"系统的根本区别在于，它的工作对象是一个个有思想、有个性的朝气蓬勃的青年人，青年人的特点是都愿意获得教益，"身教"重于"言教"。如果没有管理工作者的率先垂范，身体力行，"言教"就成为"说教"，就不可能有多大的效果。因此，学生管理工作者不仅要具有较高的思想理论素养，而且还要有良好的作风和品德修养，在这些综合素养基础上形成自己的人格魅力，来吸引学生、教育学生，真正使自己既是教育者又是实践者，从而达到良好的管理效果。

由此可见，一个十分注意自己的思想意识和道德品质修养，注意理论学习和吸收新的知识，不断地改造自我主观世界，不断完善自我知识结构，不断改善管理工作方法的人，必然是一个深受广大学生欢迎的、卓有成效的管理工作者。

3. 新形势、新环境下的学生管理工作，必然要求管理工作者的素质修养具有时代精神。应当承认，在改革的时代，许多新的管理内容、管理形式和管理方法，在还没完全学会的时候，实际生活又为我们提出了许许多多新的理论、新的问题需要去探索。管理者的管理对象也在发生变化，现代的大学生较以前年代的学生来说，他们的政治素质、文化水平、专业知识正在不断地变化和提高，他们对社会生活的介入越来越深，他们的思想、观点及成果同社会进步、国家兴衰有着至关重要的联系。因此，这种情况给大学生管理工作带来了一定的难度，需要他们进一步加强管理的预见性、警觉性、原则性、示范性，需要更新观念，跟上时代，增加知识，提高本领。

目前，党和国家要求大学生管理工作要联系实际，要渗透到专业教学中去，使行为规范化成为学生的自觉行为，要和思想教育紧密结合，要努力创造一个和谐、健康、向上的育人环境，要有处理突发事件的能力等，所有这些，都使大学生管理工作具有很大的开拓性。毫无疑问，这对大学生管理工作者的素质修养提出了更高的要求。

应当说，大多数学生管理工作者是具有良好的素质修养的。但是，即使是对马克思主义理论已经了解比较多的，无产阶级立场比较坚定的人，也必须要再学习，要接受新事物，要研究新问题。提高素质修养是永无止境的，大学生管理工作者要以一个日益发展的现代世界为坐标来看待人们素质修养的提高，要及时调整工作姿态和知识结构，及时而科学地吸收人类创造的精神文明，使自己具备自我调节、变革自身的能力，不断地进行素质结构的新陈代谢，具有强烈的时代精神，在提高学生的思想、政治、文化素质方面积极地发挥应有的潜能作用。

二、大学生管理工作者提高素质的基本途径

加强学生管理工作者的基本素质培养，不仅是个人修养问题，而且还直接关系到这支队伍的管理效果和威信。因此，提高学生管理工作者的素质修养，是高等学校的一项长期任务，也是加强学生管理工作，更好地培养"四有"人才的当务之急。

要提高学生管理工作者的素质，使学生管理工作提高科学化水平，除了需要管理工作者本人勤于读书，勇于实践，善于总结，不断追求素质的自我完善外，更需要各学校从战略高度认清提高学生管理工作者素质修养的意义，积极探索能达到目的的有效途径。

（一）开展全员培训

学生管理工作涉及因素很多，是一个复杂的大系统。要完成这种具有强烈的科学性和探索性的学生管理任务，学生管理工作者的素质从总体上来说，就不能仅仅具有文化知识和一般的管理经验，而且还应具有相当高的管理科学、教育科学以及有关学科的理论素养，具有一定的科学研究的实践锻炼，具有一定的调查研究、系统分析、理论研究的能力。

要想提高大学生管理工作者的素质，必须通过全员培训的途径，对在学校中从事学生管理工作的干部，不论何种学历、职务、年龄、职别，不论在何种岗位，都要无一例外地进行管理素质的培养、提高。首先，全员培训包括上岗前的基础培训，这是为取得学生管理岗位资格服务的；其次，

经过一段管理实践之后进行人员的培训，以便从广度和深度两方面增加管理业务知识，进一步提高管理水平；最后是研讨性的培训，主要用以解决知识和理论的更新问题，通过研究讨论，促进学生管理工作者素质的提高。

（二）应用理论学习与研究实践相结合的方法

理论学习与研究实践相结合的方法，要求学校一方面能提出学生管理工作中需要探索研究的课题，鼓励广大学生管理工作者踊跃选择课题，组织立项研究，并对立项研究的课题提供必要的理论书籍、文献资料，为学习有关理论创造必要的条件；另一方面，制定学生管理改革的研究立项和研究成果的评审、奖励制度，在评定优秀成果时，要审查其立论的理论依据以及理论飞跃的科学性，以此激发广大学生管理工作者有针对性地学习有关科学理论的积极性。另外，还可经常开展理论咨询、讨论等多种活动，组织学生管理工作者分析学生管理过程中出现的实际问题，总结实践经验，进行理性概括。这样，就有可能通过研究实际问题提高学生管理工作者的理论修养和各方面的素质水平。

（三）加强考核制度，实施奖励政策

对学生管理干部要定期考核其管理知识和相应的专业知识，考核其管理工作的技能和管理实践能力，形成其不断提高自身素质修养和管理水平的外在压力，对于一些在学生管理岗位上进行学生管理研究并取得成果，同时在管理实践中做出成绩的同志，授予相应的技术职务，对干部晋升，不仅依据其已有的工作成绩，而且还要有高水平的综合素质修养要求，并以此来测定和推断其对新的重任所可能承担的最大系数。对在学生管理领域的研究工作中取得显著成绩和优秀成果的管理工作者，应与取得其他科研成果的工作者同等对待，给以相应的表彰和奖励。

三、大学生管理工作者的素质要求

（一）具备思想政治素质

这是高校学生管理工作者应该具备的最基本的素质，具体包括以下几个方面：

1. 立场问题。所谓立场就是一个人在观察和处理问题时所处的地位和所抱的态度。学生管理工作者所从事的大学生管理工作是培养人才的工作，是一项政治性很强的工作。因此，学生管理工作者必须坚定地站在无产阶级立场上，忠诚党的教育事业，全心全意为人民服务；必须在思想上和政治上与党中央保持一致，做好学生的教育和管理工作。

2. 思想观点。它与立场是统一的，一定的立场决定一定的观点。只有确立坚定的立场，才能更好地去观察、研究和解决问题。这就要求其必须树立正确的思想观点，坚持全心全意为人民服务，以党的群众路线为基本观点，这是做好学生管理工作的可靠的思想前提。

3. 政治品质。其主要表现是：忠于党和人民，在任何情况下，坚持革命原则，对人对事不带个人成见，不以个人好恶为转移，襟怀坦荡，光明磊落。有没有高尚的政治品质对于学生管理工作者来说不仅涉及个人的组织性修养，也直接关系到能否按党的政策，把广大学生的好思多学的积极性引导到正确的轨道及团结到党的周围。

4. 政策水平。主要指认识党的政策、理解党的政策、执行党的政策的水平，就是能够按照党的政策结合学生实际情况正确区分和处理不同性质的矛盾，正确区分政治问题、思想意识问题、认识问题和一般学术问题的界限，有效地做好学生管理工作。

（二）具备知识素质

学生管理工作既有理论性又有实践性，管理的对象又是具有较高文化素质和丰富知识的青年学生,因此,大学生管理工作者在总体上必须有相当高的知识水平。具体来说,学生管理工作者的知识素质包括四个方面:

1. 马克思主义的理论基础。高等学校是各种政治思想、学术观点集中反映的地方,当代大学生往往又具有思想活跃、勤于思考等特点,他们愿意接受真理,但服理不服压,他们涉猎的知识面比较宽,但由于受社会阅历等限制,政策水平、理论修养、判别能力较低。

因此,学生管理工作者只有努力学习马克思主义基本理论,"不惟明字句,而且得精神",自觉而牢固地以马克思主义的立场、观点、方法去指导管理工作,才能在各种思想观点面前目光敏锐,明辨是非,站稳立场,也才能引导青年学生坚持四项基本原则、坚持社会主义的改革方向。

2. 学生管理方面的知识。要掌握一些管理的科学与艺术,掌握管理的技术和方法;要了解教育学、心理学、社会学等学科的知识,使自己具有决策、计划、组织、指挥等实际管理能力;强调管理方面的专业知识,就是要求"行管理"。学生管理工作者应努力学习,提高自己管理专业知识方面的基本素质,提高自己的管理才能,逐渐使自己成为合格的管理者。

3. 尽可能了解与学生专业有关的基础知识,掌握教学规律。有条件的还可兼任一些教学工作,如"两课"的教学或专业课的教学,从而有利于学生管理与业务学习有机地结合起来,并建立威信。

4. 与学生兴趣、爱好有关的知识,如文学、史学、艺术、体育等学科知识。当代大学生喜欢从一些人物传记、格言和文学艺术作品中找到自己的影子和楷模,学生管理干部运用这些东西可帮助学生加深对问题的理解,也能与学生有更多的共同语言,使管理工作更有成效。

(三) 具备能力素质

这是指以马克思主义为指导,运用各种知识,独立地从事管理工作,开拓前进,解决现实问题的本领。对大学生管理工作者来说,他们的能力素质,最集中地体现在管理能力上。在复杂的环境下,这种管理能力在两方面表现得十分突出，具体如下：

1. 综合能力。管理工作者面对的是为数众多、情况各异的大学生。这些大学生由于家庭环境、个人阅历、政治面貌、品质性格、志趣爱好以及年龄上的差异，他们对社会、学校、家庭等各种事物的反映也就不同，从而构成了千差万别的思想，并在学习、生活等方面反映出来。

2. 分析研究能力，包括调查研究能力和理论研究能力。调查研究能力主要指深入学生之中，掌握第一手材料，经过分析和综合研究，全面掌握大学生情况的能力。理论研究能力主要是指结合实际工作独立进行分析研究，并使之上升到理论的能力。通过研究，找出管理工作的规律性东西，以推动学科的发展，指导管理工作。

（四）具备道德素质和性格修养

大学生管理工作者具备高尚的道德素质和良好的性格修养，不仅对做好管理工作本身大有益处，而且能够对青年学生产生教育作用，且其意义更为重大。学生管理工作者必须能为人师表，要谦虚谨慎，勤勉好学，实事求是，作风正派，办事公正，吃苦在前，享受在后，待人热诚，举止文明，从他们的言行中，广大青年学生就能汲取良好道德品质的营养。

高校学生理论水平较高，认识能力较强，他们对管理者的工作有相当的评价能力，从这种意义上说，学生管理工作者经常处于被彻底剖析、被严格监督的地位，经常会听到严肃的批评意见，有时也会产生歪曲的评价，因此，管理工作者只有胸怀坦荡，宽容虚心，经得起批评，才能增强管理工作能力。

第四章　高校学生心理健康管理

第一节　高校学生心理健康现状

一、高校学生心理发展的特点

高校学生正处于青少年期向成年早期的过渡阶段。从发展的内容看，高校学生的心理发展有以下显著特征。

（一）自我意识增强，但"自我统合"能力差

自我意识是指人对自身的认识及对周围事物关系的各种体验。它是认知、情感、意志的综合体，是人心理发展过程中一个极为重要的方面。自我意识的发展与年龄有关，而且与人的知识水平有关，大学时代是真正自我认识的重要时期。青年高校学生随着对外界认识的不断提高，生活经验的不断丰富，开始关注自己的内部世界，迫切要求了解自己和发展自己，出现了主观自我与客观自我、理想自我与现实自我的分化，力图从理想与现实的关系中把握自己、认识自己，以追求自我完善。高校学生的自我意识明显增强，但由于他们生活阅历有限，与社会有一定的距离，社会实践能力不强，造成了自我意识在自我认知、自我体验等方面出现偏差。在自我体验方面表现为过强的自尊心和过强的自卑感；在自我认知方面表现为

过度的自我接受和自我拒绝。"自我统合"是青年心理发展的必经历程，顺利完成"自我统合"是青年期发展的关键。如何建立对自我的正确认识，是青年期高校学生常遇到的心理问题。

(二) 抽象思维迅速发展，但缺乏成熟的理性思考

由于大脑机能的不断增强，生活空间的不断扩大，社会实践活动的不断增多，高校学生的认知能力获得了长足的发展。这个时期他们的感觉、知觉灵敏度增强，记忆力、思维能力增强，逻辑抽象思维能力逐步占主导地位，通过分析、综合、抽象、思维概括、推理、判断来反映事物的关系和内在联系，并能从一般的逻辑思维向辩证思维过渡，更多地利用理性思维，而且思维的独立性、批判性、创造性都有显著提高。但他们抽象思维的水平并没有达到完全成熟的程度，思维质量发展不平衡，思维的广泛性、深刻性、敏感性发展较慢，尤其在运用唯物辩证法观点和理论联系实际观点看问题时显得理性不足，往往把问题看得过于简单而陷入主观理想的境地。

(三) 情绪情感日益丰富

青年心理学之父霍尔认为，青年期的特点是动摇、起伏的，出现一些非常显著的相互对立的冲动，他称之为狂风暴雨的时期。高校学生正值青年时期，丰富多彩的高校学生生活，使其情感日趋复杂，情感表现具有强烈跌宕、不协调的特色，因而大学时代是体验人生情感最强烈的时代。这种强烈情感的内容随着知识经验的增多、生活空间的扩大、业余生活的丰富、自我意识的增强而日臻多姿多彩。他们富于理想、兴趣广泛、关心时政、激情澎湃，总之高校学生的情感日渐丰富且深度广度迅速发展。但由于他们对社会的复杂性、自己欲望行为的合理性缺乏足够的正确认识，加之风华正茂，精力旺盛，自尊感强烈而敏锐，又比较"较真"，情绪容易产生较大的波动甚至表现为两极性。

(四) 交往欲望强，高期望值与高挫折感并存

对处于青年期的高校学生而言，人际交往是青年自我意识成熟的重要

途径。因此，人际关系的好坏，直接影响到高校学生的适应能力和发展状况。大学时代是既渴望友情又追求孤独的时代，整个大学时代都存在着与他人建立起亲密关系以满足感情上的互助需要。然而，许多高校学生对人际关系的追求往往带有较浓的理想色彩，以友谊的理想模式为标准来衡量生活中的人际关系，导致高期望值与高挫折感并存。这种状态与随着高校学生生活空间的扩大而出现的强烈的交往需要构成了一对难以排解的矛盾。

二、高校学生的心理健康标准

高校学生处于青年中期（18—22岁），其心理既有青年中期的一般心理特征，又具有高校学生群体自身的特点，国内学者（以王效道、樊富珉为代表）通过对高校学生心理健康状况的研究，总结出了我国高校学生心理健康的标准，概括为以下八个方面：

（一）智力正常

智力是以抽象思维能力为核心的认知能力的综合，其构成要素有观察力、注意力、记忆力、想象能力和思维能力。智力正常是个体从事一切活动的最基本的心理条件，是高校学生胜任学习任务、适应环境变化的心理保证，是高校学生心理健康的首要标准。衡量高校学生的智力发展状况，关键要看高校学生的智力是否能够正常、充分地发挥。就高校学生而言，这一群体经过多年来各类考试的选拔，智力总体水平高于一般人群。作为一个高智商的群体，衡量其智力正常的关键在于能否充分发挥其智力优势。乐于学习、善于学习，有强烈的求知欲和浓厚的学习兴趣，能够愉快、高效地完成学习任务，是高校学生心理健康的表现；反之，如果学习成为沉重的负担，厌学情绪严重，学习效率低下，甚至不能坚持正常的学习，则是高校学生心理不健康的表现。

(二)情绪积极稳定

积极稳定的情绪是心理健康的重要标志。情绪健康在心理健康中起核心作用,情绪异常是众多心理疾病的共同表现。心理健康的高校学生能经常保持积极、愉快的心境,热爱生活,对未来充满希望,善于控制和调节自己的情绪,遇到挫折时,情绪反应适度并且能积极调整、乐观面对。换言之,一个情绪健康的高校学生同样会有喜怒哀乐的情绪变化,在遭遇不良生活事件打击时也会产生消极情绪,但是他们能控制自己的消极情绪,能够并善于从不良情绪状态中调整过来,并尽量避免消极情绪对自身产生的伤害。反过来讲,如果一个高校学生喜怒无常,遇到一点儿小事情绪就大起大落,难以保持情绪的稳定,或长时间处于消极情绪状态不能自拔,则是心理不健康的表现。

(三)意志健全

意志是人在行动中自觉地克服困难以实现预定目的的心理过程。一个人意志水平的高低体现在自觉性、果断性、坚持性和自制性四大意志品质上。自觉性是指一个人是否能认识到自己的行动目的,并调整和控制行动的意志品质;果断性是一种明辨是非,迅速而合理地进行决定,并实现所做决定的意志品质;坚持性指人能克服外部和内部困难,坚持完成任务的意志品质;自制性是指能够自觉、灵活地控制自己的情绪,约束自己的行为的意志品质。

意志健全的高校学生自觉性强,有明确的学习目的和生活目标,有坚定的信念和自觉的行动,在各项活动中都表现出良好的意志品质,具有充分的自信心、高度的责任感和使命感,能克服不良习惯,克制不良欲望,抵制不正当的诱惑。反过来,没有目标、行动盲目、优柔寡断、摇摆不定,一遇到困难就垂头丧气,改变或放弃自己的决定,冲动任性,无法控制自己做出适度反应,则是心理不健康的表现。

(四)人格完整

心理学上的人格指一个人独特的相对稳定的行为模式,是个体比较稳定的心理特征的总和。人格的结构复杂，包括个人的才智、价值观、态度、愿望、感情和习惯等，这些因素以独特的方式结合，构成了多样化的人格。

一个人格完整的人，人格的各个方面有机结合，形成协调、统一的整体，对人的行为进行调节和控制，这种协调统一性保证了个体在反映客观世界的过程中的高度准确性和有效性，是确保一个人具有良好的社会功能和有效地进行活动的心理学基础。人格完整是高校学生心理健康的核心要素。如果一个人经常发生强烈的内心冲突，行为与态度不一致；看问题只看表面而忽视本质；一切以自我为中心；情绪不稳定；自信心低，责任感差，该个体的人格即属于不良人格，容易导致个体陷入心理危机状态。

（五）恰当的自我评价

恰当的自我评价是高校学生心理健康的主要表现之一。一个心理健康的高校学生能够体验到自己存在的价值，对自己所处的状态和环境、自我未来的发展方向都有清醒的认识，并能正确地认识自己、客观地评价自己，为自己确定适宜的生活目标，制定切合个人实际的要求；同时也能悦纳自己，既能接受自己的优点，也能坦然面对自己的缺点，不妄自尊大，也不妄自菲薄。如果一个高校学生没有明确的发展目标，整日浑浑噩噩，或者妄自尊大、好高骛远，或者自轻自贱、悲观失望，甚至试图逃避现实，则是心理不健康的表现。

（六）人际关系和谐

人际关系和谐是心理健康的重要保证，也是衡量高校学生心理健康的一个重要指标。心理健康的高校学生交往态度端正，能较好地把握人际交往的基本原则和方法。他们既有广泛和谐的人际关系，又有稳定的知心朋友。在交往中保持积极、真诚、宽容、理解、信任的态度，既维护自身独立而完整的人格，有自知之明，又能客观评价别人，乐于助人；能理智接受他人，也愿意被他人接受；能正确处理人际冲突，化解矛盾，与集体保持协调的关系。心理不健康，则自我封闭，或在与他人的交往中经常发生冲突，或者因缺乏交往技巧而无法建立良好的人际关系。

（七）社会适应能力良好

社会适应能力包括正确认识社会环境及处理个人与环境关系的能力。心理健康的高校学生能与社会保持良好的接触，对社会现状和未来有较清晰、正确的认识，在个人与社会现实发生矛盾冲突时，能主动调整自身行为，顺应社会要求，与社会保持协调一致。相反，高校学生如果不敢正视社会现实，逃避社会现实，与社会格格不入，或是怨天尤人，或是悲观失望，则是心理不健康的表现。

（八）心理行为符合年龄特征

人的生命发展会经历数个不同的年龄阶段，每一年龄阶段都有相对应的不同的心理行为表现，从而形成不同年龄阶段独特的心理行为模式，心理学中称为"年龄特征"。我国儿童心理学家陈鹤琴曾用"五好"（好奇、好问、好动、好游戏、好模仿）简洁、形象地描述了学前期儿童的心理年龄特征。高校学生处于青年中期，心理健康的高校学生应该具有与自己年龄相符的认知、情感和行为反应模式。心理健康的高校学生应该朝气蓬勃、精力充沛、勤学好问、反应敏捷、独立自主、乐于探索，而过于老成或过于幼稚、过度依赖、过分封闭都是心理不健康的表现。

心理健康不是一种固定不变的状态，而是通过不断调整、变化、发展和完善的动态过程。心理完全健康，状态良好时是在白色地带；出现了心理疾病是在黑色地带。出现在这两个地带的人都是少数，而且不是固定不变的，人有状态好的时候，也有不是非常好的时候，有了心理疾病也是可以完全被治愈的。事实上，大多数人的状态是停留在中间灰色地带的，也叫作心理亚健康状态，即有一定的心理问题，但是经过自身或者他人的帮助调节可以恢复心理健康的状态。

"心理正常"，是指个体能进行正常的心理活动，具有三大功能：能保障人作为生物体顺利地适应环境，健康地生存发展；能保障人作为社会实体正常地进行人际交往，在家庭、社会团体、机构中正常地肩负责任，使人类赖以生存的社会组织正常运行；能使人类正常地、正确地反映、认识客观世界的本质及其规律性，以便创造性地改造世界，创造出更适合人类生存的环境条件。

心理健康不是无失败、无冲突、无焦虑、无痛苦，心理健康者也不是对任何事都能愉快地胜任，而是在这些境遇下，对环境与挫折的反应，能有效地自我调整，更好地表现出积极的适应倾向，从而能保持良好的生活状态、学习状态和工作状态，这是心理健康者与心理不健康者的最大区别。

三、影响高校学生心理健康的因素

高校学生心理问题产生的原因是多方面的，既有生理因素，也有心理因素和社会环境因素，是诸多因素共同作用于个体的结果。

（一）社会环境因素

很多心理问题是由环境适应不良引起的。新旧观念的碰撞，东西方文化的冲突，理想与现实的反差，常常使高校学生感到混乱、茫然、顾虑、紧张和无所适从。长期的心理失调必然带来心理上的冲突，出现适应不良的种种反应。

同时，高校学生面临的挑战很多，心理承受着多种社会压力：有来自社会责任的压力，有来自生活上的压力，有来自家庭的压力，有来自学习和竞争的压力，有来自人际关系和情感的压力，也有来自就业的压力以及整个社会生活节奏不断加快所带来的压力等。

这些压力过于沉重，就会引发心理障碍。因此，要不断加快认识的步伐，及时进行自我调整，以适应新的社会环境。

（二）学校文化环境因素

学校文化环境是促使高校学生心理走向成熟的一个重要场所。校园的物质环境、学习环境及文化氛围对高校学生的心理健康有着直接、深刻的影响，但如果校园文化氛围不良，将对高校学生心理发展产生消极作用。

（三）家庭环境因素

心理学研究证明，家庭环境对人的个性会产生很大影响，特别是早年形成的人格结构对以后的心理发展影响尤为深远。家庭环境因素包括家庭结构、家庭人际关系、父母教育方式、父母人格特征等。

（四）个体心理因素

高校学生个体心理因素是影响和制约其心理健康的主要原因。具体说来有以下几点：

1. 认同的危机

青年人在认识自我时，总会遇到一系列矛盾和冲突，处理不好，就会带来一系列心理问题。为此，心理学家们往往把青春期视为"自我认同危机期"，而高校学生的自我意识往往在理想自我和现实自我的矛盾中难以达成统一。高校学生在确立"自我同一性"的过程中，往往会经历种种困惑和迷惘，在情感起伏中，容易诱发心理障碍。

2. 情绪冲突

情绪冲突是高校学生心理冲突的主要表现形式。高校学生正处于情绪发展最丰富、最敏感也最动荡的时期。高校学生情绪表现的两极性、矛盾性的特点，使他们在遭受挫折时往往会产生种种不良的情绪反应，情绪容易冲动失控，导致不良后果。

3. 个性缺陷

同样的环境，同样的挫折，不同的个体有着不同的反应模式，这与人的个性直接相关，有些高校学生存在不良性格，还有的高校学生存在人格障碍，如偏执型人格、强迫型人格等。这些个性缺陷都是有碍心理健康的，而其中有些缺陷本身就是心理障碍的典型表现。

4. 心理发展中的内在矛盾

青春期的高校学生正处于迅速走向成熟而又未真正成熟的阶段，这是一个充满矛盾与危机的时期。诸如理想与现实的矛盾、情感与理智的矛盾、依赖性与独立性的矛盾、心理困惑与寻求理解的矛盾。这些心理矛盾解决得好会转变为心理发展的动力；如果解决得不好，长期处于矛盾冲突中，就会破坏心理平衡，从而引发心理问题。

第二节　高校学生情绪管理

一、情绪概述

谈到情绪，人们自然会联想到喜怒哀乐、悲欢离合。生活中，每个人随着心理活动的进行，都会表现出不同的心理状态。时而积极，时而消极；时而温和，时而暴躁；时而焦虑，时而轻松；时而烦恼，时而快乐……人在清醒的每时每刻都处于一定的情绪状态之中，情绪直接影响着我们的生活、学习和身心健康。高校学生正处于青春期，情绪波动较大，情感体验复杂而丰富，经常会面临着各种各样的情绪困扰。对情绪心理的正确认知与疏导，对其学习、生活将很有裨益。

（一）**情绪与心理健康**

情绪是指人们在内心活动过程中所产生的心理体验，或者说，是人们在心理活动中，对客观事物是否符合自身需要的态度体验。

1. **情绪的产生**

情绪状态下个体会产生生理变化与行为变化，且很难被自身所控制，因此情绪对个体的生活、学习和工作具有重要的影响作用。情绪状态是人的需要是否得到满足的反映，同时又因人的主观体验的不同而千差万别。

（1）情绪由刺激所引起。情绪不是自发的，是由刺激引起的。引起情绪的刺激，多半是外在的，但有时也是内在的，有时是具体可见的，有时又是隐而不显的。和煦的阳光，清凉的海风，令人心旷神怡；忙碌的街道，喧哗的操场，则令人烦躁不安；未完成的作业，欠债的通知，引起人们的焦虑和紧张。诸如此类，引起情绪的外在刺激不胜枚举。

至于引起情绪的内在刺激，有生理性的，诸如腺体的分泌、器官功能失常（疾病）。还有心理性的，诸如记忆、联想、想象等心理活动。想到伤心事，不觉潸然泪下，这是人人都能体会得到的经验。这些生理性和心理性的内在刺激均可能使人产生不同的情绪。

（2）情绪与需要密切相关。需要是情绪产生的基础，而且个人所体验到的情绪性质具有主观性。因而，是否引起情绪体验以及产生何种情绪体验，都与需要密切相关。客观刺激与主观需要的相关性是情绪产生的前提。

另外，客观事物是否满足人的需要，决定个体产生什么样的情绪体验。当客观事物符合并满足人的需要时，就会使人产生积极的情绪体验，如满意、愉快、喜悦、振奋等；当客观事物不符合人的预期并不能满足人的需要时，就会使人产生消极的情绪体验，如悲哀、厌恶、忧虑、愤怒等。高校学生的需要复杂多样，既有合理的需要，也有不合理的需要。即使是合理的需要，由于受到年龄、阅历、知识和能力等条件的限制，有时候也不可能得到满足，这就造成了高校学生情绪的广泛性、复杂性和多样性。

（3）情绪与认识活动密切相关。同样的外在刺激，未必引起同样的情绪状态。如灾难，有人见灾恐惧，但也有人幸灾乐祸，出现这种情绪反应差异的现象，显然与个人的动机有关。两名打完篮球的运动员回到宿舍后同时看到桌子上有半杯水，两人的态度截然不同。运动员 A 说："哎呀，水杯里只有半杯水，没得喝了！"运动员 B 说："太好了，杯子里还有半杯水，可以享受一下了。"总之，产生何种情绪与认识活动密切相关。

（4）情绪状态不易自我控制。情绪经验的产生，虽然与个人的认知有关，但在情绪状态下伴随产生的生理变化与行为反应，当事人却是很难加以控制的。研究表明，人在愤怒时，呼吸每分钟可达40至50次（平静时每分钟20次左右）；突然惊恐时，呼吸会暂时中断，心跳每分钟20次；狂喜或悲痛时，呼吸还会出现痉挛现象。呼吸的变化可由呼吸描写器以曲线的形式记录下来。分析人的呼吸曲线的变化，可以推测人的某些情绪状态的存在。当人在愤怒时，除去呼吸的变化，人的循环系统也会产生变化，如心跳加速、血压升高、血糖增加、血液的化学成分（如血氧含量）产生变化等等。此外消化腺的活动也会受到抑制，例如当人焦虑、悲伤时，肠胃蠕动功能下降，食欲衰退。惊恐、愤怒时，唾液常常停止分泌，而感到口干舌燥。泪腺、汗腺以及各种内分泌腺（如肾上腺、胰腺等）都会在情绪状态下发生一系列变化。

在所有的反应中，皮肤电阻的反应是最为显著的。因为情绪状态中，血管的收缩和汗腺的变化会引起皮肤电阻的变化。由于在人的汗腺当中存在着大量的钠元素，这种元素会使导电性增强，电阻下降，从而使电流升高，故而通过对皮肤电流的测试，就可以了解人的情绪状态。测谎仪就是根据人在情绪变化时不能控制身心变化的原理而设计的。根据上述所说的呼吸的变化、脉搏跳动的增加以及皮肤电流的升高，研究人员可据此了解和报道被试者是否说谎。这说明，人在一定的情绪状态下产生的生理变化和行为反应，当事人是不易控制的。

2. 情绪对高校学生的作用

情绪对于高校学生具有重要的作用。概括起来，它对于高校学生的作用主要表现在以下几方面：

（1）自我保护的功能。不少人认为愤怒、恐惧、焦虑、痛苦等负性情绪是不好的或不该出现的。其实很多情绪，包括一些负性情绪，在我们生活中也是必要的，有其不可替代的作用。曾经有一个小伙子，在爬山比赛时手臂甩在岩石上，当时没感觉怎样，直到后来发现胳膊红肿到医院检查，才被发现是手臂骨折了，原来他患了一种骨髓炎症，痛感神经已坏死，丧失疼痛感，所以即使骨折了也全然不知。可见，一个人一旦丧失了痛感，也是很危险的。其实，每一种情绪都是有其功能的，比如当人处于危险的境地，恐惧的情绪反应，能促使人更快地脱离险境；当人在工作或学习中承担的负荷超出了自身的承受能力时，疲惫的情绪状态，会使人不得不放弃一些工作，而获得休息；在被人伤害时，愤怒的情绪会促使人奋起反抗，自我保护。

（2）人际沟通的功能。人际交往不仅是出于信息上的交流和工作中的协调等方面的需要，更是带有情绪上的需求与满足。曾有一位高校学生面对人声嘈杂、拥挤的宿舍，自叹自己特别孤独，引来周围同学的诧异，有同学问："这么拥挤的生活环境，想找个清静的地方都难，你怎么还感到孤独？"这位同学自嘲地说："我就像是被关在一个透明的玻璃瓶中，尽管周围有的是人，可对于我而言，只是看得见而摸不着的啊！"其实这位同学感到孤独，正是缺少情感上的沟通，是对情感交流的一种渴望。情绪在人际沟通中，起着非常重要的调节作用，像微笑、轻松、热情、喜悦、宽容和善意的情绪表达，会促进人际的沟通和理解；而冷漠、猜疑、排斥、偏执、嫉妒、轻视的情绪反应，则会构成人际交往中的障碍。

（3）信息传递的功能。情绪还能起到信息传递的功能。例如，情人之间的一个眼神、一个微笑，就可互表爱意；知己之间的一个动作、一个表情，就能使对方心领神会；考场中，监考教师威严的目光，就足以使那些想投机取巧的人望而却步。情绪还可以相互影响和传播。当一个人兴高采烈时，他就会将这种情绪感染周围的人；而当一个人沮丧、愤怒时，也会使这种情绪在周围传播开来，并且还会将这些负性情绪迁移到他人身上。

（二）高校学生情绪特点及影响

1.高校学生的情绪特点

随着社会地位、知识素养的提高以及所处特定年龄阶段的影响，高校学生的情绪带有鲜明的特征，具体表现在以下几方面：

（1）丰富性和复杂性。从生理发展方面来看，高校学生正处于多梦的年龄阶段，几乎人类所具有的各种情绪，都可在高校学生身上体现出来，并且各类情绪的强度不一，例如有悲哀、遗憾、失望、难过、悲伤、哀痛、绝望之分；从自我意识的发展来看，高校学生表现出较多的自我体验，自我尊重的需要强烈，易产生自卑、自负等情绪体验；从社交方面来看，高校学生的交际范围日益扩大，与同学、朋友及师长之间的交往更细腻、更复杂。

（2）波动性和两极性。大学时期是人生面临多种选择的时期，学习、交友、恋爱等人生大事基本在这一阶段完成。社会、家庭、学校及生活事件，都会对高校学生的情绪产生影响。尽管高校学生的认识水平有了一定的提高，对自己的情绪已有了一定的控制能力，情绪亦趋于稳定，但同成年人相比，高校学生相对敏感，情绪带有明显的波动性，一句善意的话语，一个感人的故事，一支动听的歌曲，一首情理交融的诗歌，都可以致使情绪发生骤然变化。由于高校学生正处于情绪表现的"动荡"时期，自我认知、生涯发展及心理发展还未成熟等原因，他们的情绪起伏较大，带有明显的两极化特征：胜利时得意忘形，挫折时垂头丧气；喜欢时花草皆笑，悲伤时草木流泪，情绪的反应摇摆不定、跌宕起伏。有人对高校学生进行调查，发现70%的情绪都是经常两极波动的，也就是像"波动曲线一样，忽高忽低，忽愉快忽愁闷"。

（3）情绪的冲动性与爆发性。心理学家霍尔认为青春期处于"蒙昧时代"向"文明时代"演化的过渡期，其特点是动摇的、起伏的，他把这一时期称为"狂风暴雨"时期。由于知识水平和认知能力的提高，高校学生对自己的情绪能够有所控制，但由于他们兴趣广泛，对外界事物较为敏感，加之年轻气盛和从众心理，因而在许多情况下，其情绪易被激发，带有很大的冲动性。他们往往对符合自己信念、观点和理想的事件或行为迅速发生强烈的情绪；对于不符合自己信念、观点和理想的事件或行为，则迅速出现否定情绪。但情绪来得快，平息也快。

高校学生情绪的冲动性常常是与爆发性相连的。高校学生的自制力较弱，一旦出现某种外部强烈的刺激，情绪便会突然爆发，借助于冲动的力量驱使，以至于在语言、神态及动作等方面失去理智的控制，忘却了其他任何事物的存在，极易产生破坏性的行为和后果。

（4）阶段性和层次性。大学阶段由于不同年级培养目标和培养重点不同，教育方式和课程设置有所区别，各个年级面临的问题不同，高校学生的情绪特点也不同，呈现出阶段性和层次性的特点。大学新生所面临的是环境适应、学习方法的改变、新的交往对象的熟悉、了解以及新的目标确立等问题。新生自豪感和自卑感混杂，放松感和压力感并存，新鲜感和恋旧感交替，情绪波动大。二三年级经过了一年级的适应过程，能够融入校园生活中，情绪较为稳定。毕业班学生面临毕业论文（毕业设计）及择业等多方面的重大问题，压力大，情绪波动大，消极情绪多。另外，由于社会、家庭及自身要求、期望不同，能力、心理素质的差别，高校学生也会体现着不同的情绪状态。

（5）外显性与内隐性。高校学生对外界刺激反应迅速敏感，喜、怒、哀、乐常形于色，比起成年人比较外露和直接。但比起中小学生，高校学生会文饰、隐藏或抑制自己的真实情感，表现出内隐、含蓄的特点。一般而言，高校学生的很多情绪是一眼就能看出来的，如考试第一名或赢得一场球赛，马上就能喜形于色。但由于自制力的逐渐增强，以及思维的独立性和自尊心的发展，他们情绪的外在表现和内心体验并不总是一致的，在某些场合和特定问题上，有些高校学生会隐藏或抑制自己的真实情感，有时会表现出内隐、含蓄的特点。例如对学习、交友、恋爱和择业等具体问题，他们往往深藏不露，具有很大的内隐性。另外，随着高校学生社会化的逐渐完成与心理逐渐成熟，他们能够根据特有条件，有规范、有目标地来表达自己的情绪，使得自己的外部表情与内部体验不一致。

造成高校学生情绪两极性的心理原因主要有三个方面：

①高校学生对事物的认知还不稳定，对事物还缺乏完整的把握，因而在思维方式上往往轻易地加以肯定或否定，易走极端。当他们用这种不成熟的认识去看待外界事物时，就容易发生矛盾，从而造成情绪的摇摆不定。

②此时高校学生的自我意识正在觉醒和发展，他们把探索的目光指向自我内部，但现实自我与理想自我的不一致常常会引起情绪的波动。

③由于高校学生的内在需要日益增长且不断变化，与现实满足需要的可能性之间是非线性关系，这也使他们易处于矛盾状态而表现出情绪忽高忽低、激动多变。

2. 情绪对高校学生的具体影响

情绪状态会影响高校学生校园生活的方方面面，情绪对高校学生具有重要的作用。概括起来，它对于高校学生的具体影响主要表现在以下几方面。

（1）情绪对高校学生健康的影响。根据现代生理学、心理学和医学的研究成果表明，情绪对人的身心健康具有直接影响。若能保持愉快的心情，为人开朗乐观、积极向上，则人体免疫功能活跃旺盛，可以减少患病的机会，有益健康。不仅如此，良好的情绪不仅使高校学生对生活充满希望，对自己满怀自信，而且能够使他们的求知欲增强、思维敏捷、富于创造力、爱好广泛，可以建立良好的人际关系，促进他们的全方位发展。

与此相反，消极的情绪对人的身心健康危害极大，在压抑、紧张、焦虑、恐惧等消极情绪的长期作用下，人的免疫能力下降。许多研究表明，消极情绪是健康的大敌。

（2）情绪对高校学生学习的影响。情绪不仅与高校学生的身心健康有关，而且与高校学生的潜能开发、工作效率有关。良好的情绪往往使高校学生乐于行动，有兴趣学习、工作和活动，有助于开阔思路，注意力集中，富有创造性。研究发现，精神愉快、心情舒畅、紧张而轻松是思考和创造的最佳状态，可以有效地进行智力活动。

（3）情绪对高校学生人际关系的影响。由于情绪具有感染性，良好的情绪，积极而稳定。正性情绪大于负性情绪的人，在人群中更受欢迎，更容易获得别人的赞赏，容易形成良好的人际关系。

与此同时，高校学生在人际交往中，要注重提高自身修养，学会适度控制与调节自己的情绪，做情绪的主人，才能拥有良好的人际关系。

（4）情绪对高校学生行为目标的影响。著名心理学家埃普斯顿曾在《人类情绪的生态学研究》这篇文章中，介绍了他对高校学生的自我观念、情绪与行为变化之间关系的研究成果。结果表明，当体验到的是积极的情绪，如感到高兴、亲切、安全、平静，高校学生的行为目标也往往是积极的，对新经验的接受和开放、对周围人的尊重和理解、对价值和长远目标的献身精神等，都有明显增强；当体验到的是痛苦、愤怒、紧张或受威胁等消极情绪时，一部分高校学生的社会兴趣下降，反社会行为增加，对新经验持审慎、甚至闭锁的态度，而另一部分高校学生的行为并没有向消极方面转化，而是汲取教训，重新再来。

埃普斯顿的实验结果表明：积极的情绪体验与积极的行为变化总是有一致的关系。因此，学生在高校生活中要尽可能多地缔造这种关系。

二、培养良好的情绪

情绪是一把双刃剑，它有时使我们精力充沛，精神焕发，有时又使我们疲惫不堪，不知所措。但这并不意味着人甘愿做情绪的奴隶，受情绪的支配。人应该也能够调节情绪。情绪是洪水，理智就是控制情绪洪水的一道闸门。

（一）提高情绪的觉察力

当一个人情绪起了变化时候，注意力会放在引起情绪的事情上，无法跳出情绪困扰，经常在事后，才觉察到自己的情绪失控了，其实是否能控制自己的情绪关键在于自我觉察，通过觉察自己情绪产生的原因与变化，才能更清楚认识自己的情绪的源头，从而控制消极的情绪，培养健康积极的情绪，如果一个人处在负面的情绪之中，而无法控制自己的情绪，就会遇上各种各样麻烦，最终可能导致身心失衡，如果我们遇上这种情绪变化时，应该怎么办？首先，可以采取情绪反刍的方法来认识自己的情绪，用一种情绪去联想更多的情绪状态，慢慢体会自己过去所体验到的各种情绪，这样可以使心态平和。另一种方法是寻根溯源。当你觉察自己的情绪时，如生气，那么就问问自己为什么生气？为什么难过？如果是你的想法引起的不快，那就问问自己，有没有其他的方法替代？在生活中，要养成觉察情绪的好习惯，假如你被激怒了，心中充满了怒气，怀着敌意冲动时，你要觉察到它的存在，要保持理性，只有这样，才会渡过所有难关。

(二) 培养情绪的控制力

高校学生在感受负面情绪时，出现比较多的是从认识上加以忽视和从行为上加以抑制，在感受正性情绪时出现比较多的是从认识上加以重视和从行为上给予宣泄，说明人们对负性情绪具有减弱倾向，对正面情绪具有增强倾向。给不良情绪找个出口，增加积极情绪体验，对情绪保持适当的控制，是保持良好心态的重要保证。

1. 认知调控法

情绪反应产生于主体认识到刺激的意义和价值之后，对同一刺激，不同的评价将会引起不同的情绪反应。所以可以用调整、改变认知的方法调控情绪反应和行为。例如，之所以出现考试紧张，是因为我们认识到考试很重要，考不好会被人看不起，担心不及格、补考等可怕的后果。这时我们可以自我言语暗示放松紧张情绪，如果认识到考差一点儿关系不大，紧张情绪就会缓解。

可见，认知调控方法是指当个人出现不适度、不恰当的情绪反应时，理智地分析和评价所处的情境，分析形势，理清思路，冷静地做出应对。认知调控的关键是控制与即时情绪反应同时出现的认知和想象。例如，当人非常愤怒时，常会做出过激行为，如果此时能够告诫自己冷静分析一下动怒的原因、可能的解决办法，可使过分的反应平静，找到恰当的方式解决问题。

认知调控方法在实际应用时可分为以下两步：首先分析刺激的性质与程度。人类情绪反应是进化选择的结果，有利于种族的生存与发展，是驱动我们应付环境、即刻反应的本能冲动。虽然伴有认知过程和结果，但即刻的认知往往笼统、模糊，其诱发的反应往往强烈。冷静分析问题所在，可以即时调控过度的情绪反应。其次寻找多种解决问题的方案，比较选择后择优而行。情绪引发的即刻反应往往是冲动性本能反应，有时可以帮助我们脱离险境，如室内失火时夺门而出以避险；有时则会导致灾难性后果，如高层建筑失火时从窗户往下跳。很多问题都有多种可能的解决方案，寻找最佳方法至关重要，而冷静思考是前提。

认知调控方法的原理在于认知对情绪有整合作用。认知和情绪分属于大脑不同部位控制，控制情绪的大脑是较原始的部分，控制认知的大脑是在情绪中枢之上发展起来的新皮质部分。大脑控制的情绪反应速度快，但内容较原始；皮质控制的认知反应稍迟于情绪反应，但其内容更显理智，能够整合情绪反应。

2.情绪宣泄法

情绪宣泄法是指在人处于较激烈的情绪状态时，允许直接或者间接表达其情绪体验与反应。简而言之，即高兴就笑，伤心就哭，"男儿有泪不轻弹"不符合情绪调控的宣泄方法，不值得提倡。坦率地表达内心强烈的情绪，如愤怒、苦闷、抑郁情绪，心情会舒畅些，压力会小些，与情绪体验同步产生的生理改变将较快地恢复正常。所以，为了心理健康，该哭就哭吧。

情绪宣泄方法可以分为直接宣泄法与间接宣泄法。直接宣泄法是在刺激引发情绪反应之后，即时表达自己的内心感受，如遭遇到不公平对待，可以马上提出来；被人伤害后，直接告诉对方自己很生气，要求赔礼道歉。间接宣泄法是在脱离引发强烈情绪的情境之后，向与情境无关的人表达当时的内心感受，发泄自己的愤怒、悲痛等体验。例如，在受到欺侮后，向家人或能够主持公道的人倾诉，以平息激烈的情绪活动。情绪宣泄方法也有"度"的问题，不能把合理的情绪宣泄理解为激烈的情绪发泄。情绪发泄是指在激情状态下，由于自我控制能力不强，以暴力或其他不恰当的方式发泄情绪，其后果往往很严重，不利于问题的解决，反而会引发新的问题。如青年人之间发生矛盾，可能会出手打架伤人，即时的痛快招来即时的悔恨。所以情绪宣泄原则和方法都强调其合理性，而不是一味地发泄情绪。

3.活动转移法

活动转移法是指在处于情绪困境时，暂时将问题放下，从事所喜爱的活动以转变情绪体验的性质，达到调控情绪的目的。事实证明，音乐是调控情绪的最佳方式之一。欢快有力的节奏使情绪消沉者振奋，轻松优美的旋律让紧张不安者松弛，青年人可以学习乐器和音乐创作，把内心的体验转化成心灵的曲调，并从中体验成功。

体育活动也是转移调控情绪的良好方法。当情绪状态不佳时，游山玩水、打球下棋都是极好的情绪调控手段。体育活动既可以松弛紧张情绪，又可以消耗体力，使消沉者活跃、激愤者平静，实现平衡情绪的目的。

活动转移法按其转移的方向可分为两类：一是消极地转移，二是积极地转移。消极地转移是指情绪不佳时，转而去吸烟、酗酒，自暴自弃。这是青年人应该努力避免的转移方向。积极转移法是指把时间、精力从消极情绪体验中转向有利于个人和人类幸福及未来发展的方向上，如勤奋学习，从事研究。积极转移法是青年人调控情绪努力的方向。

活动转移法之所以有效，其原因有三：一是新的活动是青年人所喜爱的，从事该类活动，青年人马上可以感受愉悦；二是新的活动成功有利于帮助青年寻找自我价值所在，重获自尊；三是每个人的时间、精力有一个限度，用于一件事多些，那么用于第二件事自然就少些，无暇再深刻体验负性情绪。

4. 放松训练法

放松训练又称为松弛反应训练，是一种通过肌体的主动放松来增强人对自我情绪控制能力的有效方法。它的基本原理是通过训练放松所产生的躯体反应，如减轻肌肉紧张、减慢呼吸节律和使心律减慢等，达到缓解焦虑情绪的目的。

5. 音乐调节法

对有烦恼的高校学生来说，学会欣赏音乐，不但可以改善自己不好的心情与态度，还会提高艺术修养、陶冶情操。

当然，音乐调节的效果，还要受各人文化素养的制约。不同的个体因不同的个性特点、心情、时间和场合而对乐曲有所选择。如：节奏感强的乐曲适合忧郁、好静、少动的人；旋律优美的乐曲适合兴奋、多动、焦虑不安的人。当烦恼时，听一首喜爱的音乐，会对心情起放松和愉悦的作用。

6. 寻求帮助法

青年人陷入较严重的情绪障碍时，有必要向社会支持系统寻求帮助。每个青年人都应该建立自己的社会支持系统，有能够在心理方面给予自己支持、帮助的社会网络，如亲人、朋友，或者是专业的社会工作者、心理医生。社会支持系统的存在有多方面的意义：一是倾诉的对象，苦恼的人将苦恼向他人倾诉之后，会有轻松解脱的感觉，青年人应该经常利用这种情绪调控手段；二是提供新的看问题的视角和思路，帮助当事人走出个人习惯的思维模式，重新评价困境，寻找新的出路；三是社会工作者和心理医生可以提供专业意见、建议，运用心理学手段和方法帮助青年人更有效地解除情绪障碍。

三、高校学生不良情绪的调适

高校学生正处于青春期,他们在诸多矛盾冲突中成长,因而高校学生的情绪不稳定、不成熟,具有两极性和矛盾性的特征。这一特征是高校学生情绪的基本特征,贯穿于诸多特征之中,决定了高校学生经常受到情绪问题的困扰。

如果说智商是衡量一个人智力高低的重要指标,它决定一个人学业上的高度。那么情商则反映出人在情绪、情感、意志、挫折承受等方面的品质,情商的高低对一个人能否取得成功有着重大的影响,它的作用甚至会超过智力水平。美国著名心理学家丹尼尔认为,一个人的成功,只有20%是靠智商,80%是凭借情商而获得。情商的一个重要指标是情绪自控力,指一个人适应性地调节、引导、控制和改善自己和他人的情绪,能够使自己摆脱强烈的焦虑与忧郁情绪,能积极应对危机,并能增进实现目标的情绪力量。自控包括自我监督、自我管理、自我疏导、自我约束和尊重现实,尊重现实包括尊重自己的现实、他人的现实和周围环境的现实。

强调控制情绪的价值是因为它有利于人的更长远的、更大的收益,是理性思考的结果。如果控制情绪的收益比将来的收益更小,人们就没有理由控制情绪了。但是,一味成熟,一味为将来的收益损失现在的情绪,也并不符合人性,也不利于心理健康。

让愉悦的情绪维持久一点儿,让不愉悦的情绪转变快一点儿,这才是真正的控制情绪之道。不必时刻准备控制着自己的情绪,该快乐的时候不要压抑快乐,该发脾气的时候也不是非要克制怒火,别怕自己出现情绪变化。如此,我们才能充分享受到多姿多彩的人生。"控制情绪"的一个确切含义是:善于激发积极情绪和适时、适当地释放不良情绪。

第三节　高校学生抗压管理

"人有悲欢离合，月有阴晴圆缺，此事古难全。"尽管人们希望能一帆风顺、万事如意，但压力和挫折总是不可避免的。成功固然可贵，失败也并非毫无意义。对高校学生而言，适度的压力是前进的动力，因此，正确地认识与对待压力，有效地管理压力，是成功人生的必经之路。

一、高校学生压力应对方式的特点

现实生活中，要完全避免压力是不可能的，很多时候，适度的压力更多是一种动力来源，对个体的学习、工作会有促进作用，尽管过多的压力会造成身心问题，但我们仍能积极应对压力的负面影响，寻求新的发展机会。高校学生作为一名生理和心理上都已基本成熟的个体，对待压力会有自己的方法，但是如何正确地处理这些困扰着学习、生活的种种压力，则是高校学生的一门必修课。

（一）常见的压力应对方式

个人有必要学会通过准确地评估压力，来应对困难环境。美国杜克大学精神病学和行为学教授雷德福·威廉斯认为，个人无法逃避压力，所以需要各种评估方法，做出理性的可以改变局面的决定。他为那些急于想改变工作压力的人提供了几个方法，建议对引起焦虑的问题进行分析，然后试一试"我值得这样"（I Am Worth It）的方法。"I"是指"哪些因素让你感到压力如此之大？这些因素非常重要或者只是小题大做？""A"是指"你对紧张性刺激做出适当反应了吗？"字母"M"是指"这种情况可以改变吗？"而"Worth It"是考虑是否值得采取行动改变这种情况。威廉斯认为，恰当评估应激事件和自己的应对能力，并合理运用心理防御机制，能较好地适应和应对应激源，让你更有效率地工作。

应对，是指个体在面临压力时为减轻其负面影响而做出的认知和行为的努力过程。从本质上看，应对是个人在压力状态下进行自我调节的努力，作为压力和健康的中介机制，对身心健康的保护起重要作用。应对方式是个体在压力情境中为减轻压力所采取的特定行为模式。日常生活中，人们常常不自觉地运用某种特定的应对方式来对付压力，既有意识层面的，也有无意识层面的。目前，一般倾向于把应对的方式归为问题取向、情绪取向、逃避三类。

1. 问题取向应对

问题取向应对即当事人的应对策略是着眼于问题的解决，通过直接的行为或问题解决行为来改变压力源或任何其他关系。常见的表现有寻求解决问题的办法、向他人求助、逃跑（使自己脱离危险）、预先应对（避免未来的压力）等。问题取向应对所关注的是所要解决的问题和产生压力的事件，应付可控压力源产生的影响通常有效。比如，学生学习成绩不佳，在这种情境下，如果先理性地分析问题产生的原因，清楚地认识到自己的缺点，然后制订改善的计划并坚决执行，那么这就是问题取向的应对策略。

2. 情绪取向应对

情绪取向应对即当事人采取的应对策略主要是尝试缓解抑郁、焦虑等消极情绪，而非处理引起压力的问题情境。情绪取向应对包括放松、寻求他人情绪支持、抒写有关自己内心深处情感的东西、合理化认知、抱怨等。在应付那些由不可控的压力源产生的影响时比较有效。比如，亲人因病去世是不可改变的事实，在这种情况下，需要改变对这一事件的情绪体验，可以做一些放松的活动，如外出旅游、向亲密的朋友倾诉、进行合理化思考等。采取情绪取向的应对策略，可以暂时转移注意力，帮助自己脱离压力情境。

3. 逃避应对

在大部分的压力事件应对中，人们会同时采用情绪取向应对和问题取向应对模式，但在面对不可控压力时，个体倾向于采用情绪取向应对，且效果较好；面对相对可控的事件时，个体倾向于采用问题取向应对。不管个体倾向于采用哪种应对方式，都与个体的人格特征密切相关，尤其与人格的核心——自我的特点密切相关。一个自立、自信、自尊、自强的个体更有可能采用积极的应对方式。所以，要有效地应对压力，除了加强压力管理技能的学习之外，更重要的是加强自我修养，特别是加强自立、自信、自尊、自强方面的修养，只有这样，才能在人生的道路上有效地应对各种困难。

（二）高校学生压力应对方式的特点

1. 整体上，高校学生以积极应对方式为主

我国高校学生在选择压力应对方式时，更倾向于采用积极、健康、具有适应性的应对方式，而较少使用消极、非适应性的方式，对个别非适应性应对方式的使用接近中等水平，这已获得多项研究支持。如黄希庭指出，高校学生在应对压力时以问题解决、忍耐、转移和求助等积极的应对方式为主，而较少采用压抑、逃避、幻想等消极的应对方式。张林等的调查发现高校学生的压力应对方式总体上以心理调节机制为主，自我防御和外部疏导机制使用较少。但值得注意的是高校学生的应对方式仍不尽乐观，有的受多种因素影响，如缺乏有效社会支持、人格缺陷等，应对方式消极，甚至导致中途退学等悲剧。

2. 高校学生应对方式存在年级差异

研究发现，总体上高年级高校学生比低年级高校学生更多采用逃避、抱怨等防御应对。"逃避""抱怨"都属于不成熟的防御机制。之所以出现这种特点可能有两方面原因：一方面随着年龄增长，个体的防御机制在慢慢增强，以维护受到威胁的自尊；另一方面可能与高校学生目前所面临的

压力有关。个人防御机制的应用，除与其成熟程度有关外，还与其所遭受的刺激、人际关系、社会支持等因素有关。目前高校学生与以前相比面临着更多的社会问题，如学业紧张、就业困难、经济压力、情感困扰等，都不同程度地影响着高校学生防御机制的应用。

二、高校学生挫折承受能力的培养

挫折承受力是指人们在遇到挫折时，能够忍受和排解挫折的程度，也就是人们适应挫折、抵抗和应对挫折的一种能力。挫折承受力包括挫折耐受力和挫折排解力两个方面。挫折耐受力是指人们受到挫折时经受得起挫折的打击和压力，保持心理和行为正常的能力。挫折排解力是指人们受到挫折后，对挫折进行直接的调整和转变，积极改善挫折情境，解脱挫折状态的能力。

（一）构建成熟的心理防卫机制

心理防卫机制是挫折发生后，人在内部心理活动中所具备的有意或无意地摆脱挫折造成的心理压力、减少精神痛苦、维护正常情绪、平衡心理的种种自我保护方式。心理防卫机制的意义有积极和消极之分。消极心理防御的机制在于使高校学生可能因压力的缓解而自足，或出现退缩甚至恐惧而导致心理疾病。

1. 积极的心理防御机制

积极的心理防御机制可以帮助高校学生缓解受挫后的心理压力，调整好心理和能力状态，赢得战胜挫折的时机。高校学生中常见的积极心理防御机制如下：

（1）认同。认同指一个人在遇挫而痛苦时效仿他人获得成功的经验和方法，使自己的思想、信仰、目标和言行更适应环境的要求，从而在主观上增强自己获得成功的信念。一些高校学生常把名人作为自己认同对象，在遭受挫折时，常拿名人来鼓励自己，从而奋发进取。

（2）升华。升华为精神分析的用语，原意指人的性欲本能受到社会的禁忌时，会转向文学艺术活动的创造。在挫折中升华，是指将不为社会认可的动机、欲求或负面感情导向崇高的方向，使之具有创造性、建设性。一个人在遇到挫折后，将自己不为社会所认可的动机或需要转变为符合社会要求的动机或需要，或遇挫后将低层次的行为引导到有建设性、有利于社会和自身的较高层次的行为，这就是升华。升华不但转移或实现了原有的感情，同时又创造了积极的价值。

（3）补偿。当由于主观条件的限制和阻碍，使个人目标无法实现时，设法以新的目标代替原有目标，以现有的成功体验去弥补原有失败的痛苦，称之为补偿。

（4）幽默。一个遇到挫折、处境困难或尴尬时，用幽默的方式来化解困境，维护自己的心理平衡，这不仅是一种聪明的做法，也是心理素质较高的表现。

2.消极的心理防御机制

消极的心理防御机制通常不利于受挫者的心理健康，长期使用消极的心理防御机制，会使人的心理退化，形成消极、退缩的心理特征。常见的消极心理防御机制如下：

（1）文饰。文饰又叫"合理化"，这是一种援引合理的理由和事实来解释遭受的挫折，以减轻或消除心理困扰的方式。它的表现形式可概括为"找借口""酸葡萄效应"等。

（2）潜抑。潜抑是一种较常见的心理防御机制，是指人们在受到挫折后，把意识所不能接受的，使人感到困扰或痛苦的思想、欲望或体验压抑到潜意识中，不再想起，不去回忆，主动遗忘，以保持内心的安宁，使自己避免痛苦。

（3）投射。投射又称推诿，是指把自己的不当行为、失误或内心存在的不良动机和思想观念、欲望转移到别人身上，说别人也是如此，以此来减轻自己的内疚和焦虑，逃避心理上的不安。

（4）反向。这是一种"矫枉过正"的心理防御机制，它是指为了防止自认为不好的动机外露，采取与动机方向相反的行为表现出来，以掩盖自己的本意，避免或减轻心理应激。

（二）正确对待压力与挫折的方法和途径

1. 挫折的两重性

正确地认识挫折就应该认识到挫折的两重性：即挫折一方面对人有消极的影响，如挫折会影响个体实现目标的积极性，降低个体的创造性思维水平，损害个体的身心健康；另一方面也有积极的作用，如挫折能增强个体情绪反应的力量，增强个体的容忍力，提高个体对挫折的认识水平。因此，辩证地看待挫折的两面性，就能够变不利因素为有利因素，化消极因素为积极因素，促使挫折向积极方面转化。

2. 改变不合理信念

心理学研究表明，引起压力与挫折感的与其说是挫折、冲突，不如说是受挫折者对所受挫折的看法以及所采取的态度。常见的不合理观念有"此事不该发生""以偏概全""无限夸大后果"等。

3. 确立合理的自我归因

在生活中，人对行为的成功与失败进行归因是一件很平常的事，然而在这一过程中形成的归因倾向则对人的心理承受能力有很大的影响。例如，一个学生认为自己成绩不好是由于学习能力不够造成的。一般来说，进行本性归因的学生对自己的行为与学习有更多的自我责任定向与积极态度；但是从对失败的归因方面来看，由于他们倾向于把原因归于主观因素，就容易自我埋怨、自我责备。如果这种自责、悔恨过多，就会给他们带来挫折感和心理损伤。

因此，高校学生首先要学会多方面收集关于事件的信息，了解困难的原因所在。其次要学会合理地归因,避免归因的片面性,学会实事求是地承担责任,克服过分承担或完全推诿责任的倾向,避免过多自责带来的挫折感。再次要积极采取措施主动改变挫折情境因素,从而有效应对挫折。例如,在学习过程中发现最近学习效率不高,通过原因分析之后,在解决内在问题的同时,可以尝试改变学习地点、学习时间或改变学习科目的顺序、学习结构等,从而避免学习效率不高给自己带来的压力和困扰。

4. 采用正确的方法和途径对待挫折

高校学生多数都是刚刚从父母的庇护下走出家门的,社会实践少,经受的挫折不多。高校学生要想获得发展,实现自己的远大理想和奋斗目标,就必须在实践中不断磨炼自己,努力提高自己的挫折承受力。

(1) 高校学生应对挫折的几个常规步骤。

①承认已经发生的事实事件已经发生,高校学生必须要向前看,该做什么就做什么。

②接受、包容。人生短暂,高校学生有更重要的人生任务,不要在一些小事上消耗太多,不值得。"想开点"是个人胸襟的扩展,也是人生境界的升华。

③积极转移注意力。转移注意力是征服挫折感的另一个有效办法。让自己去忙一件事情,哪怕是很简单的事情,只要你认真去做,就能把折磨人的忧虑从头脑中挤出去。

④直面最坏的情况。敢于直面自己所不愿看到的事实,是心理素质好的重要标志。不敢面对,往往由于两方面原因:一方面是"鸵鸟心态"作怪,一看到危险出现,就把脑袋埋到沙漠里,以为这样危险就不存在了;另一方面是没有真正与所恐惧的事物接触之前,就把问题和危险无端放大,让想象的恐怖超越自己的承受能力。躲避问题的后果往往会使问题进一步发展、恶化,错失解决问题的良机。高校学生面对挫折,勇敢承受,冷静思考后,给出对策。

⑤冷静分析，提出问题，解决问题。高校学生承受挫折，冷静下来后，可以给自己提出以下四个问题：究竟发生了什么问题？问题的起因何在？有哪些解决的办法？哪一种方法最适合解决此问题？当一个人能够冷静地提出问题，并积极寻求解决问题的方法的时候，他就开始化解挫折了。一个人只有敢于面对苦恼和命运，敢于同自身搏斗、进行挑战，他的人生才会开辟出坚定的道路。

（2）培养良好的意志品质。

①意志与意志力。意志是指人自觉地确定目的，并根据目的调节支配自身的行动，克服困难，去实现预定目标的心理过程。意志是人的意识能动性的集中体现，是人类特有的心理现象。意志在人主动变革现实的行动中表现出来，对心理状态和外在行为有发动、坚持、制止和改变的控制调节作用。意志过程包括两个阶段：一是制订行动计划的阶段，这一阶段表现为动机的取舍和调整，克服动机冲突，确定行动目标，选择有效的方法和策略，制订切实可行的行动计划；二是执行决策计划阶段，这一阶段表现为克服内外困难，冲破种种阻力，执行决定，并根据失败挫折不断总结经验教训，调整计划，坚持行动，最终实现计划，达成目标。意志一定表现在动机冲突之中，以高级动机战胜低级动机，是意志坚强的表现。意志主要表现在克服内部障碍上，能否克服内部障碍而实现目标是意志是否坚强的表现。

意志力是指人们为达到既定目的而自觉努力的程度或坚强的意志品质。意志品质是一个人在生活中形成的比较稳定的意志特征，是个性的重要组成部分。人的意志力不是与生俱来的，而是在社会实践活动中逐渐培养锻炼出来的。

②意志力与挫折承受力的关系。在遇到挫折时，意志力强的人能够自觉控制和调节自己的心理和行为，面对现实，找出失败的原因，施展所有的本领来对付困难，善始善终地将计划执行到底，直至目标实现。意志力

强的人对挫折的适应能力、承受能力都较强，并能将挫折进一步转化为促进目标实现的积极因素，进一步增进自己的自信心。意志薄弱的人往往缺少信心和主见，对自我的控制和约束力较差，在遇到挫折时，容易改变行为的方向，容易回避现实，采取消极的应对方式，其结果不仅严重影响既定目标的实现，同时还进一步降低自信心和降低对挫折的承受能力和适应能力，甚至出现意志消沉和精神障碍。

③高校学生应具有良好的意志品质。一是意志的自觉性。是指人的行动有明确的目的，尤其是能充分地意识到行动结果的社会意义，使自己的行动服从社会、集体利益的一种品质。具有意志自觉性的人能够自觉地、独立地、主动地控制和调节自己的行动，为实现预定的目的倾注全部的热情和力量。即使在遇到障碍和危险时，也能百折不挠，排除万难，勇往直前。这种品质反映着一个人的坚定立场和信仰，并贯穿于意志行动的始终，是坚强意志产生的源泉。二是意志的果断性。是指人明辨是非，适时地作出决定和执行决定的品质。适时是指在需要立即行动时当机立断，毫不犹豫，甚至在危及生命时也敢作敢为，大义凛然，但在不需要立即行动或情况发生改变时，又能立即停止执行，或改变已做出的决定。果断性是以勇敢和深思熟虑为前提条件的，是个人的聪敏、学识、机智的结合。三是意志的坚韧性。是人在意志行动中坚持决定，以充沛的精力和坚忍的毅力，百折不挠地克服一切困难，实现预定目的的品质。长期坚持决定是意志顽强的突出表现。具有坚韧性的人，善于抵制不符合行动目的的主客观诱因的干扰，不但能顺利完成容易而又感兴趣的工作，而且不计较个人得失，即使是枯燥无味的工作，也不半途而废，努力做出优异成绩。四是意志的自制性。自制性反映着意志的抑制职能，是指人在意志行动中关于控制自己的情绪，约束自己言行的品质。高校学生只有经过努力学习，树立远大的生活目标，利用日常生活中的各种事情，刻苦锻炼自己，自觉地控制自己等，才能成为具有坚强意志品质的人，才能提高自己的挫折承受力。

（3）提高抗挫折能力。

人的一生，会经历很多风雨，所谓"风雨"可能意味着竞争的受挫、恋人的分手、经济上的困难、事业上的坎坷等等。人生在世，谁都会遇到挫折。挫折使人痛苦，但同时又是一种挑战和考验，激励我们成长，这是生活的辩证法。问题的关键不在于挫折的有无和强弱，而在于对待挫折的态度。如果把挫折比喻为人生的风雨，把经历的过程比喻为多雨的季节，那么，当雨季来临的时候，就该及时地扪心自问：我该怎样面对雨季，我的伞在哪里？

①树立正确的挫折观，提高挫折承受力。首先要对挫折有一个正确的认识。挫折是普遍存在的，随时随地都可能发生，挫折是人们生活的组成部分，是客观存在的。因此，高校学生应做好面对挫折的充分的心理准备，一旦遇到挫折，就不会惊慌失措，痛苦绝望，而能够正视现实，敢于面对挫折的挑战。同时，也应该看到，挫折也并不总是发生的，整个生活中还有很多快乐、幸运和幸福的事情，所以，高校学生在遇到挫折时，不应只看到挫折带来的损失和痛苦，还应看到自己的优点和已取得的成绩，不应始终停留在挫折产生的不良情绪之中，而应尽快从情感的痛苦中解脱出来，以理智面对挫折。

②投身实践，积累经验。挫折具有两面性，既具有给人打击，使人痛苦的消极的一面，也具有使人奋进、成熟，从中得到锻炼的积极的一面。生活中的挫折和磨难并不都是坏事。平静、安逸、舒适的生活，往往使人安于现状和享受；挫折和磨难，却使人受到磨炼和考验，变得更加成熟和坚强。因此，高校学生应积极投身实践活动，在实践中不断磨炼自己，提高自己的意志力，培养坚强的意志品质。在实践过程中，不要惧怕失败，要善于从失败中总结经验教训，化消极因素为积极因素，使挫折向积极方向转化，不断提高自己解决困难、战胜挫折的能力。在总结经验教训时，应着重考虑确定的奋斗目标是否恰当、实施的途径和方法是否正确、造成

挫折的原因来自何处、转败为胜的办法在哪里。

③从容面对，快乐掌控。面对挫折，不同的人有不同的态度。与其闪避、畏惧、排斥，不如迎面而上。面对不可拒绝的挫折，唯一可取的态度是从容面对，如果进而能够快乐地掌控挫折带来的烦恼，那么，一次"创伤"就会变为一颗宝贵的"珍珠"。"珍珠"是从愈合了的创伤之中升华出来的，它不仅可以有效地抚平伤痕，而且可以使我们珍视经验，减少错误。记得有这样一则故事：一只蝴蝶没有破蛹前必须经过的痛苦挣扎，以致出壳后身躯臃肿，翅膀干瘪，根本飞不起来，不久就死了。这个小故事说明：痛苦是成长的必经之路，要得到欢乐，就必须能够承受痛苦和挫折。在人的一生中，我们不止拥有挫折的痛苦体验，也拥有把不幸变为幸福、把伤痛变为无价奇珍、把令人痛心的缺陷变成新的力量的机遇。当我们从容面对，就可以掌控挫折；当我们有足够的勇气并保持快乐，就可以得到最珍贵的收获。

④适度宣泄，尽早摆脱。面对挫折，有人惆怅悲观，把痛苦和沮丧埋在心里；有的人则选择倾诉。如果心中苦闷，不妨找一两个亲近的人，把心里的话倾吐出来，这样，不健康的情绪得到宣泄。宣泄是一种自我心理救护，它可以消除因挫折而带来的精神压力。宣泄应当适度，"乞丐型""进攻型""碰触型"等宣泄方式是不值得采纳的。

⑤激励潜能，独立自救。独立自救是生命中最闪光的品性，这已经被很多事例所证明。面对挫折的打击，有的人一蹶不振，有的人则激发潜能，自己拯救自己——前者没有看到自己的潜能，后者则充分地汲取了潜能的力量。有时，我们在挫折的伤痛中忽视了自己的潜能和改正错误的勇气，一味地等待外力的帮助，这就等于放弃了自己对自己承担的责任和义务，这是一种懒惰和没有出息的做法。林肯发现的"马蝇效应"折射出一个道理：利用危急状态产生的压力激发生命体的巨大潜能，人是需要压力的，有了压力才不敢松懈，才会努力拼搏，才会不断进步。其实，在生活中让

自己忙起来,是一种自我加压的方法。面对挫折,适度转移注意力,自我增加良性压力,可以有效改善自己的心境,比如可以通过从事集邮、写作、书法、美术、音乐等趣味活动来调适自己的心情,缓解苦恼带来的种种压抑,随着时间的推移,沮丧也就渐渐淡忘了。

⑥适当取舍,远离烦恼。放弃是一种智慧和境界,但是,面对现实的种种诱惑,又有多少人能够做到这一点呢?很多人原本也曾从容、平和地生活着,可一旦被太多的诱惑和欲望牵扯,便烦恼丛生。有的时候,我们将奋斗的目标定得过高;有的时候,我们将奋斗的目标定得过多——这是我们遭受挫折的重要原因,无论是前者还是后者,都使我们深感心有余而力不足,最后都可能会导致迷失方向,走向绝望。聪明的办法是学会取舍,不必事事争第一,舍弃自己还不具备能力与条件的目标不是坏事,"塞翁失马,焉知非福"?明智地取舍,并学会放弃,才能摆脱无谓的烦恼,拥有自在的生活。

总之,巨大的挫折,会激发高校学生去问那些平时根本不会去想的、非常抽象非常深奥的人生大问题,如:人是什么,人活着有什么意义等。有些挫折看上去很可怕,但是,更可怕的却是我们对它的屈服。对付挫折有许多办法,可以尝试着踏平它、跨过它,既不能踏平也不能跨过,就绕过它,有些挫折是不能磨平消尽的,对待它的根本方法是正视和感悟。只要我们有信心、有勇气,我们就踩过泥泞,走过雨季,迈向成熟。

第五章　高校学生管理工作中的教师角色要求

第一节　教师管理的概念与目的

管好学校，校长是中心人物；教好学生，教师是中心人物。对于学生而言，教师是主要的管理者和教育者。教师之于一所学校，是至关重要的。对于人的管理不同于对物的管理，特别是对于教师的管理，更应该体现在服务上。

一、教师管理的概念

教师管理是一种人事管理，是对教师及教师与其所从事的工作的关系的管理。具体而言，它是以教师和教师与其所从事的工作的关系的对象，通过组织、协调、控制等手段，谋求教师与其从事工作之间以及共事的教师之间的相互适应，实现充分发挥教师的潜能，把教育教学工作做更好。

二、教师管理的目的

振兴民族的希望在于教育，振兴教育的希望在于教师。如果说经费、教师、设备是办好学校的三大要素，教师就是其中最关键的要素。学校教育的兴旺发达，固然离不开充裕的经费和现代化的设备，但是经费和设备都只有通过教师才能发挥其作用。因此，要办好学校，教师建设与管理是关键。教师管理的目的如下：

（一）为了教师

学校既是教师工作的地方，也是他们生活、发展的地方，许多教师几乎整个职业生涯都是在一所学校中度过的。在每一天的时光里，教育教学成为他们的主要事务，同事成为他们的主要朋友，学校成为他们的主要活动场所。在现代社会，终生教育的时代，教师的知识储备量不再是"一桶水"，必须源源不断而来，方能滔滔不绝而去。学校不仅是培养学生、促进学生发展的场所，也是培养教师、促进教师发展的组织。教师需要持续发展以适应教育的变革要求，教师需要终身教育以提高自身的素养。教师任职的学校是教师专业发展的主要场所，学校成为教师成长的土壤和摇篮。

（二）发展教师

管理的真谛在于发挥人的价值、发掘人的潜能、发展人的个性。在学校里，教师是学校管理的第一要素，教师发展决定了学校和学生的发展。对教师的管理不能停留在对教师简单的"管束""要求"和"使用"上，必须关注教师的发展，促进教师的发展，把教师的发展、成长作为学校管理的使命。教师管理的最终目的是以发挥教师的主动性、自主性与创造性为核心的教师职业精神和工作能力的全面提高，让学校成为教师生命价值实现的绿洲。

（三）服务教师

教育是教师对学生施加影响的一种精神活动，教师与学生都是人，教师必须根据自己与学生的具体情况对教育活动进行科学的构思与灵活的安排，积极主动地探索、创新和解决问题。所以教师管理必须为教师个体的主动性、创造性、能动性的发挥提供广阔的空间，为教师提供完成任务所需要的环境和条件，为教师做好各自的工作提供服务。作为专业人员的教师，其行为的选择与决定，多以在长期受教育过程中获得和发展的专业知识能力为基础，他们是各自工作岗位上的专家。学校管理者和教师是伙伴关系，教师管理的过程是合作配合的过程，领导之于教师，是一个引导者和决策者，不断帮助并激励他们扩展自己的能力和热情；学校管理者要从决策者、控制者、管理者转变为支持者、强化者和促进者，学校教师管理要从直接控制转向提供服务。

第二节 教师管理的基本理论

教师能否在工作中做出成绩，取决于两方面的原因：一是能力的高低，二是工作的积极性，而能力的发挥在很大程度上又取决于工作的积极性。调动教师的积极性首先要注意培养教师爱岗敬业、无私奉献的精神。其次要满足教师合理的需求，如政治上要求进步、事业上要求发展和物质上的合理要求，以解决教师的后顾之忧。再次，要尊重教师，要理解和信任教师。最后，还要建立激励机制，如把对教师工作评价与评优评先挂钩，不能因为一次成绩的失误而全盘否定他人的业绩。总之，客观、科学评价教师工作，对教师可以产生积极的心理效应，促进教师不断提高政治觉悟、师德水准和文化业务水平，对最大限度地调动教师工作积极性起着不可忽视的作用。

一、物本管理

西方第一代管理理论，是以"经济人"假设为基础和前提的物本管理。"经济人"的概念最早是由18世纪英国古典政治经济学最重要的代表人物亚当·斯密提出的。他认为，人的全部需要在于经济利益。人都是仅为追求经济利益而存在。因而从人事管理的角度讲,只要不断地给人以经济利益方面的刺激,就能达到预定的目的。经济人又称实利人或唯利人,它是假设人的行为动机就是为了满足自己的私利,工作是为了得到经济报酬的一种人性理论。

基本理论:人的本性是不喜欢工作的,只要有可能,人就会逃避工作;对于绝大多数人来说,必须加以强迫、控制、指挥,才能迫使他为组织目标去工作;一般人宁愿受人指挥,希望逃避责任,较少野心,对安全需要高于一切;人是非理性的,本质上不能自律,易受他人影响;一般人都是为了满足自己的生理和安全需要而工作,只有金钱和物质利益才能激励他们工作。

管理方式:管理工作的特点在于提高劳动生产率、完成生产任务,而不是考虑人的感情。管理就是为完成任务而进行计划、组织、指导和监督;管理是少数人的事,与一般员工无关。员工的任务就是听从指挥,努力生产;在奖励制度上,主要依靠金钱来激励员工的生产积极性,同时对消极怠工者予以严惩;以权力和控制体系来保护组织本身和引导员工。

基于这种认识,当时的管理注重实行物本管理。这种管理的特点是见物不见人,重物轻人;把人当作工具,当作物来管理;人被当作机器附属物,要人去适应机器;对人主要实行物质激励和金钱激励。

物本管理理念下的学校管理缺乏人的气息,学校活动缺乏生机和活力,学校中占据显著位置的是层级分明的管理体系、刚性的管理制度和管理机构、齐全的管理设施以及以效率为中心的管理活动,人仅仅为物的作用的发挥提供支持和配合,人是机器和制度的附属品,对人的激励更多的是物质的激励,缺乏相应的文化激励和目标激励,领导者多是一种专制的管理方式,学校的所有活动都以最大限度的发挥物质功效为目标,学校内部是一种淡漠的人际氛围,个人更多地为满足生活而工作,缺乏应有的主动性、积极性和创造性,学校管理中更多地强调教师为了学校和教育的实现应奉献自身的能量,而很少把学校视为教师生活与发展的地方,教师的人际需要和情感需要被物质奖赏所取代。虽然这种管理方式能够维持学校正常的管理活动，达成学校管理目标，但就长远来说，不利于管理效率的持续提高，不利于组织成员的发展。要实现学校的可持续发展，学校管理理念必须由"物本管理"向"人本管理"转变。

二、人本管理

西方管理理论第二代，是以"社会人"假设为基础和前提的人本管理。人本管理理论有三种表现形式：人群关系学、行为科学、以人为本理论。梅奥创立的人群关系学揭开了现代人本管理的帷幕，他认为：工人获得集体的承认和安全比物质刺激更重要，影响工人积极性的还有工人的心理因素和社会因素，工人社会地位低下，其积极性、创造性就发挥不出来。20世纪40年代，人群关系学导致"行为科学"的产生。行为科学主张：协调组织目标和个人目标，激发人的内在动力，促进人们自觉、自愿发挥力量来达到组织目标。它重视人的因素、人的外在关系行为以及人和社会的关系。20世纪80年代，美、日经济发展不平衡，导致美、日比较管理研究热潮，使人们认识到：管理模式的背后是文化差异，文化对管理有重要作用，企业不仅仅是经济组织，人是企业最大的资本、资产和企业主体。据此，采取以人为本的企业文化方式。它是通过对人的管理来实现对物的管理，肯定人的价值和作用。

社会人也称为社交人，它是假设人们在工作中得到物质利益固然可以受到鼓舞，但不能忽视人是高级的社会动物，与周围其他人的人际关系对人的工作积极性也有很大影响的一种人性理论。

(一)"社会人假设"观点

社交需要是人类行为的基本激励因素，而人际关系则是形成人们身份感的基本要素；从工业革命中延续过来的机械化，其结果使工作丧失了许多的内在意义，这些丧失的意义现在必须从工作中的社会关系里寻找；与管理部门所采用的奖酬和控制的反应比起来，职工们更容易对同级同事组成的群体的社交因素做出反应；职工们对管理的反应能达到什么程度，当视主管对下级的归属需要、被人接受的需要能满足到什么程度而定。其核心思想是，驱使人们工作的最大动力是社会、心理需要，人们追求的是保持良好的人际关系。

（二）人本管理思想的内容

人本管理思想包含三个方面的内容：第一，人是管理的主体。管理活动是社会的实践活动，是一种主观见之于客观、主体作用于客体的过程。在管理活动中，人是管理系统的主体。离开了人，管理活动就无法正常进行。第二，在诸多管理要素中，人的因素、人的主观能动性的发挥最重要。管理的三大基本要素是人、物与环境。在这三大要素中，以人为中心，构成了人与物的关系、人与人的关系、人与环境的关系；物要靠人去使用，环境要靠人去适应和改变，没有人的要素作用，其他要素就活动不起来，管理系统就不能运作。因此重视管理活动中的人的因素，是推动管理工作发展的动力。第三，现代管理必须以做好人的工作，最大限度地调动其工作积极性和创造性为根本。人的积极性和创造性是推动管理活动的关键力量。这就决定了管理工作成效的决定因素之一，是人本管理的关键。

三、能本管理

在现代社会，人们对物质享受的兴趣趋淡，而对自身创造能力的关注程度日益加强。马斯洛需求层次理论中的最高层次——自我实现（按照自身的兴趣、能力从工作中取得成就），正成为西方人追求的重要目标。面对人类为实现现代工业文明而付出的沉重代价，许多西方学者开始从人性和文化价值观上思考人的发展问题，期望通过"人的革命"来推动人的"自我实现",以此充分挖掘和发挥人的潜力和创造力,把人塑造成既能为企业和社会创造财富,又能在自我实现中得以升华的"能力人"。因此,以"能力人"假设为基础和前提的能本管理,是西方管理理论发展的新趋势,这也将是西方管理理论发展的第三代。能力人假设认为人的最高需要是自我实现,关注人的创造能力,强调发挥人的创造力和智力,挖掘人的潜力,把人塑造成能力人。

(一)"能力人"假设包括以下几层含义

以能力的充分发挥和不断提高为人的首要价值追求。在其他价值追求与其发生冲突时,个人愿意牺牲其他价值追求来保证提高能力这一首要价值追求的实现,个人不惜牺牲其他利益来促进提高能力这一首要价值追求的实现。

个人把为组织和为社会发挥能力作为其基本道德。个人有着为组织和社会贡献力量的强烈意愿,在发挥自身能力为组织和社会做贡献中获得满足。

为个人提高能力和充分发挥能力创造条件,是对个人最主要的激励手段,这一激励手段效果最佳。

(二)人类管理理念的变化

由于知识经济条件下的人性假设已经发生了根本性的变化,建立在人性假设理论基础之上的人类管理理念理应发生变化。这就是说,知识经济条件下的人类管理理念必须充分反映能力人假设的要求,必须充分体现能力在人类管理理念中的地位和作用。

四、基础性管理理念

(一)层级管理

学校层级管理就是指在管理活动中要明确各个职位的责、权、利,体现各在其位，各司其职，各负其责，严格按组织程序在学校内部实现统一的管理。这一理念主要来源于古典组织管理理论。学校实施层级管理，首先必须明确各岗位的责、权、利。其次要避免多头领导、越级指挥、越权处事的现象。再次要确立分工不分家的整体合作意识。最后要充分信任下属，及时给予指导和帮助。

（二）制度管理

学校制度管理是指在学校管理活动中，根据国家和有关法规，以及学校自身实际由学校制定有关的规章制度，对学校组织内部的各种关系进行调解，约束和规范组织成员的行为，实行按章办事，依规治校。其理论来源是古典管理理论。制度管理可以使学校管理规范化，可以简化管理过程中的复杂关系，可以解放管理者的时间和精力，从而提高学校管理效能。学校制度管理首先应维护制度的严肃性，制度的出台要合法合理、符合程序要求。其次注意制度的覆盖面，使学校各项管理工作都在相应制度的管理之下。最后要提高教职工以及学生对制定制度、实施制度的参与性。

（三）计划管理

计划管理是指在学校管理过程中，根据一定的目标和现实的客观条件，对学校的未来工作进行有目的的科学地规划安排。这一理念来源于古典管理理论。学校工作中的计划管理是学校整体管理过程的首要环节，有利于整个管理活动的展开，是提高学校管理活动效率的基础。学校实施计划管理首先应充分考虑计划的整体性、针对性、可行性和时效性。其次要发动全体教职工参与计划的讨论并建立计划的执行与反馈机制。最后要保持计划的灵活性，根据情况的变化及时调整计划。

（四）量化管理

量化管理是运用数理统计的原理和方法，对学校各项管理工作进行数据收集、整理和分析，从而做出科学的判断和决策，以保证学校管理取得最优化成效的一种方法。这一理念来源于泰勒，发展于数量学派，都强调实证方法在学校管理中的运用。学校在运用量化管理过程中要注意如下问题：充分认识它应用于学校管理的局限性；要制定合理的评价标准和方案；强化思想教育工作，不要简单地应用量化管理；运用量化管理必须体现以人为本的思想。

五、增效性管理理念

（一）人本管理

人本管理就是把人作为管理的主要对象和管理的最重要资源，尊重人的价值，全面开发人力资源，以谋求人的全面自由发展为最终目的的管理。人本管理可概括为"3P"管理，即从管理对象角度看是人的管理；从管理主体角度看是依靠人的管理；从管理目的角度看是为了人的管理。学校实施人本管理的过程中，学校管理者特别是校长，首先要摆正人与物在学校发展中的位置；其次应注重情感的维系和沟通，通过多种形式满足教职工的情感需要；最后，还需要充分的发展人。

（二）民主管理

民主管理就是要充分体现教职工的主人翁地位，让他们以多种方式和途径参与学校的管理工作，集中集体智慧来共同推进学校的发展。民主管理理念来源于人际关系理论。学校民主管理应注意：正确认识民主与集中的关系；在校内进行合理的分权与授权；要处理好学校的参谋机构；实行参与式管理。

（三）开放管理

开放管理指在学校管理过程中，注意树立学校的良好社会形象，加强对外交流，借鉴先进经验为学校创造更好的发展环境。这一理念源于系统管理理论。学校在实施开放管理的过程中应注意：要建立学校的识别机制，包括硬件系统和软件系统；要积极利用各种传播媒体积极推介学校，同时学校也要善于自我宣传，重视对学校公共关系的管理；与学校所在社区、家长和校友建立良好关系；积极进行对外交流，对先进理念"引进来"，将自身经验"走出去"。

（四）文化管理

所谓学校文化管理是指学校管理过程中，以师生共同的价值观念和信念的确立为核心，通过形成具有自身特点的学校组织文化，激励和规范组织成员的行为，增强群体的凝聚力、亲和力和战斗力，从而提高学校管理效率。这一理念主要源于企业文化管理理论、非理性主义思潮和比较管理理论。学校文化管理应用中应注意：确立学校的价值追求，建立学校的主流文化；建立利益共同体，体现人文关怀，人本管理；不断提高师生文化修养。

（五）知识管理

学校知识管理是指通过知识共享，运用集体智慧提高学校应变和创新能力的一种管理活动。它的出发点是把知识看作最重要的资源，把最大限度地获取和利用知识作为提高学校总体实力的关键。学校知识管理真正的本质应当是对信息与人员的管理，其目的在于对教育知识的创新、生产、储存、转移和共享，从而提高管理绩效。学校进行知识管理的目标就是，力图使学校获得能够将最恰当的知识、在最恰当的时间、以最恰当的方式、传递给最恰当的人，以使他们获得最好的发展的能力，这种能力的获得反过来又推动学校向前发展。学校知识管理的实施与策略必须做好以下几方面的工作：明确责任，调整结构，强化知识管理的意识与能力；创造条件，建立设施，促成显性知识的转化与吸收；营造氛围，建构生态，加快隐性知识的共享和发展；加强联合，增加交流，促进校际知识的互动与整合。

（六）校本管理

"校本"大意为"以学校为本"或"以学校为基础"，包含三个方面的含义：一是为了学校。即以改进学校实践，解决学校所面临的问题为指向，改进是其主要的特征，它既要解决学校存在的种种问题，也要进一步提升学校的办学水平及教育教学质量。二是在学校中，即学校自身的问题，要由学校中的人来解决，要经由学校领导、教师的共同探讨、分析来解决，所形成的解决问题的诸种方案要在学校中加以有效实施。三是基于学校。即要从学校的实际出发，所组织的各种培训、所展开的各类研究、所设计的各门课程等，都应充分考虑学校的实际，挖掘学校所存在的种种潜力，让学校资源更充分地利用起来，让学校的生命活力释放得更彻底。校本主要体现、落实在校本培训、校本课程、校本研究和校本管理四个方面。其中校本管理是核心与关键。校本管理贯穿、渗透于校本培训、校本研究和校本课程之中，起着协调、组织的作用，是其他三者的基础和保障。

校本管理，意为以学校为本位或以学校为基础的管理。对于校本管理的定义，人们存在着不同的看法，归纳起来，校本管理主要指一种以权力下放为中心的学校管理思想和模式，其核心就是强调教育管理重心的下移，强调教育行政部门给予学校更大的权力和自由，使学校成为自我管理、自主发展的主体，可以根据自身的需要确定自己的发展目标和方向，从而提高学校管理的有效性。其主要特点是通过权力下放来实现学校自主管理和共同决策，使学校全体同仁凝聚和达成共识，提高学校的活力和办学效益。校本管理模式的产生反映了教育管理哲学从外控式管理向内控式管理的转变，也是学校管理权的下放和教育行政部门及学校，包括校长、教师、学生及其家长等角色转变的过程，校本管理使学校有了更大的自主性、灵活性。

第三节 高校辅导员工作职责

高校辅导员的工作职责主要包括校园思想文化引领、高校学生学业辅导、学生组织管理和学生日常事务管理等几大部分。高校辅导员应遵循思想政治教育的规律，掌握工作所需的教育学、心理学、社会学、法学等学科的相关理论知识，创新工作思维和工作方法，善于使用各种新的工作载体，不断总结经验，提高自身的工作水平，以便更好地促进学生的成长和成才。

一、校园思想文化引领

大学时期是个人世界观、人生观、价值观形成的关键时期，而高校学生的思想又比较活跃，因此对高校学生的思想文化引领工作显得尤为重要。高校辅导员的主要任务之一就是宣传与思想工作，强化对高校学生的思想引领。青年是推动历史发展和社会前进的重要力量，而高校辅导员对高校学生具有较大的影响力和号召力，对于培养合格的社会主义建设者和接班人有着重要影响。

（一）主要工作内容

依据中共中央、国务院发布的《关于进一步加强和改进高校学生思想政治教育的意见》的规定，高校学生思想政治工作主要包括三个方面：理想信念教育、爱国主义教育、思想道德教育，而将这些内容具体化又可以细分出以下内容。

1.引导青年树立正确价值观，巩固道德基础

青年群体是社会上最敏感、最开放，接受新事物最快的一个群体，其心理状况受到现实环境的影响最大，其心理具有远大理想与清醒现实存在差距、传统思想和现代观念强烈碰撞等特点。在大众传媒快速发展和生活方式发生深刻变革的新形势下，文化对青年的思想观念、价值取向和行为方式的影响日益深刻，如何深入了解当代青年的心理状况，保证当代青年拥有坚实的精神支撑和健康心理，关键便是引导青年树立正确的核心价值观。加强青年核心价值观建设，需要把握：当代青年核心价值观必须建立于民族优良传统之上，必须以崇高精神为支撑，要关注现实需求等重点。

高校辅导员在青年群体价值观形成中应当发挥其作用,需要在日常管理中深入开展社会主义核心价值观教育。高校辅导员工作涉及学生思想、学习、生活、工作等各个方面,有着广泛开展工作的途径。由此,高校辅导员可以通过在与学生接触的过程中深入开展社会主义核心价值观教育。例如,谈心谈话时的积极引导,心理辅导时的正确指引,日常生活中的行为示范,集体教育中的理念灌输,实践活动中的行为培养等。高校辅导员通过多渠道、高频率的理念灌输,将社会主义核心价值观与学生日常管理结合起来,才能使社会主义核心价值观的思路渗透学生群体的各个方面,在形成系统的、个性化的育人机制时也使得学生在潜移默化中深刻理解社会主义核心价值观的真正内涵,从而达到"内化于心、外化于行"的效果。

2. 引导青年明确自己的历史地位与社会角色

青年的历史地位与社会角色是社会对这个群体角色担当和诸多期待的综合,具有很强的时代性以及具体而完整的内涵,诸多因素被逐步建构并形成相对稳定的结构。高校学生是国家宝贵的人才资源,是民族的希望、祖国的未来。21世纪实践的发展,正催生和促进世界多极化、经济全球化和文化多元化的发展,在全球经济下行的背景下,在中华民族崛起的关键时期,高校辅导员这一群体在对青年高校学生进行思想引领的过程中,必须将青年与时代、历史与责任结合起来,让广大青年明确自己的历史地位与社会角色。

3. 引导青年明了成功的因素,形成高尚品格

影响成功的因素有很多,但人们对什么是决定成功的重要因素,却看法不一。有人侧重个人能力,有人侧重个人机遇,也有人把家庭条件和个人品行看成是成功的必要条件。其实,成功是综合因素共同作用的结果,只是由于个人的际遇不同,决定性因素不同而已。我们认为,成功的基础性因素是由一个符合历史潮流的高远目标、坚韧不拔的意志和高尚的人格品质等内在的、形而上的因素决定的。

高校辅导员在日常工作中要引导高校学生树立正确的成功观念，帮助青年形成坚韧不拔的意志和高尚的人格品质。

（二）主要引领方式

高校辅导员需要在互联网时代下探索"互联网+"的思想引领新模式，充分利用贴吧、博客、微博、微信、QQ、电子邮箱等互联网各类工具。互联网时代高校辅导员的思想引领将不再受到空间和时间上的限制，这大大提高了思想引领的高效性和感染力。

掌握思想引领的主动权并不意味着要遵循以往的思维和理念，单向的灌输和政治理论课在互联网新时代下的作用已经不明显，以学生为中心的教育方式越来越被高校认可和遵从。所以，在对高校学生进行思想引领的过程中，我们也要树立"以生为本"的理念，尊重学生的主体地位，高校辅导员的思想引领工作在于指导、参谋与陪伴，根据高校学生不同阶段存在的实际问题有针对性地给予思想上的引领和帮助。

高校辅导员作为高校立德树人根本任务的践行者之一，在加强和改进高校宣传思想工作上要有全方位的育人理念，要讲究针对性和实效性，突出思想引领，坚持立德树人主线。努力形成教书育人、实践育人、管理育人、服务育人的长效机制，进一步增强学生的理论认同、政治认同和情感认同。

二、高校学生学业辅导

学习是高校学生在校期间的主要任务，也是他们实现个人发展和成长的重要基础。高校学生成长成才过程中遇到的思想问题通常与学习问题紧密相关，对高校学生进行学业规划指导，帮助他们保持学业上的进步和发展成为新时期高校辅导员开展高校学生思想政治教育的新的突破口。

尽管在提高高校学生学习能力、培养专业素养方面，核心人员包括任课老师、学生自身及德育教师等，但由于高校辅导员处于学生管理工作的一线，是学生学业管理的中坚力量和骨干力量，是高校学生健康成长的指导者和引路人，因此，高校学生学业辅导工作主要是由高校辅导员推进和开展的，高校辅导员在高校学生学业生活中的作用十分重要。

高校学生学业辅导的核心是使每个学生在适应的基础上获得最有效的学业发展，使学生的学习潜能得到充分的发挥。高校学生学业辅导具体包括环境适应辅导、学习方法辅导、思想意识辅导、发展规划辅导等多个方面。

目前世界上学生事务工作的发展潮流是将学业辅导视为一种发展性辅导，旨在提高学生自主学习能力、独立思考能力和解决问题能力。高校辅导员需要通过一定的方式方法，激励和挖掘学生的学习兴趣与潜能。学业辅导基于一种前提，即所有学生个体在大学在读的四年或五年期间会经历不同的学习阶段，而每个阶段都会有不同的学习目标、学习内容，当然也会面对不同的问题与困扰。为了帮助学生成功地化解问题，高校辅导员必须在学生发展的各个时期给予学生具有针对性的专业知识辅导，以及有关感情、人文关怀等的教育活动，以确保学生顺利完成学习任务并树立良好的人格，协助他们能够游刃有余地运用习得的经验解决实际困难和问题，以实现"授之以渔"的发展性辅导理念。同时，针对个性截然不同的群体，要注重因材施教，建立个性化的指导模式，进行动态辅导。

三、学生组织管理

每个高校中都存在着学生组织，其既是学生干部的锻炼平台，又是学校管理的延伸，在校园生活中发挥着重要作用。作为学生组织与学校之间的枢纽——高校辅导员，应该发挥好组织管理、引导、教育的三大作用，依托学生组织平台，切实做好高校学生的思想政治引领工作。

学生组织作为学生的自治组织，由学生自发形成，从组织的产生到运行，从经费的筹措到使用，从活动的策划到执行等，方方面面都由学生自主管理。借助此平台，学生各方面的综合素质将得到锻炼与提高。对于学校而言，自上而下的工作，或部门活动，或征集信息，或下发材料，均需借助学生组织来进行，传达学生意愿，实现学校的管理。

高校辅导员作为学生工作的一线管理者，在日常工作中，只有借助各种学生组织，才能切实了解每一个学生的诉求，更好地开展与完成工作。同时，对于学生组织而言，其良性发展需要依赖高校辅导员的指导与管理。

第一，在组织整体与活动项目的管理上，高校辅导员对于大局的把控意识及丰富的经验，有助于学生组织各项工作的具体落实，对其具体操作等是否行之有效有着十分重要的引导作用；有助于完善学生组织内部的人事管理及分工情况，帮助形成组织文化，提升组织凝聚力与生命力。

第二，在学生干部的培养上，亟须前行者的引导，高校辅导员的工作在于从学生的心理特征出发，寻找方法帮助学生在思想上树立坚定的信仰，在行动上养成良好的习惯。当学生干部在实际工作中进退两难的时候，可以引导其思考解决问题的方法和决策的出发点以锻炼其决策能力；当学生在困难面前踌躇不前、苦无对策的时候，可以引导其通过学习相关方面的专业知识，从而找到解决问题的方法，这样既可以使其获得技能，又可以帮助其提高自我学习能力。

第三，确保学生组织的传承和学生的发展，需要高校辅导员发挥教育作用。所谓高校辅导员的教育作用，就是在学生干部的转型期，通过授课的方式将一些优秀的工作经验教授给学生。对于刚刚进入学生组织的学生，主要是以基本技能的教育为主，即以公文写作培训（包括通知、计划、总结等），商务礼仪的培训，办公软件的使用培训等为主要内容；对于刚刚走上管理岗位的学生干部，则需要以任职能力的培训为主，即以如何认识自身角色的变化，如何策划活动，如何培养新人等为主。

四、学生日常事务管理

我国高校学生事务管理强调"以学生为本",即所有的工作均以学生为根本出发点,这一理念贯穿于学生日常事务工作中。在实际操作上,要求高校辅导员通过各种渠道、手段准确搜集学生的各项需求,并将其作为学生事务管理的运行线索展开工作。具体日常事务工作包括:与学生学习相关的定期巡查课室、定期听课、监考;与学生生活相关的定期探访宿舍、奖勤助贷补等工作;与学生心理相关的学生第二课堂活动、谈心谈话咨询等。

在繁复的工作中,做好学生事务管理工作对于高校辅导员整体育人工作有着十分重要的促进意义:第一,了解学生的学习情况,有利于学风、班风的形成;第二,清楚学生的生活状况,有利于辅导学生成长为"社会人",做好理想信念教育;第三,深入学生心理世界,有利于全面掌握学生状态,开展思想引领工作。

学生事务的本质,在于促进学生的学习。它强调的一个基本理念是:如果学习是衡量学院生产率的主要标准,且这个标准决定了大学教育的质量,那么学生学什么、学多少、怎么学,即学习的有效性和科学性必须成为判断学生事务价值的准则。这就要求高校辅导员牢固树立学生事务工作者的恰当角色定位,转变工作重心和角色定位,将"促进学生学习和发展"作为工作的使命和目标,做高校学生的人生导师,成为高校学生健康成长的指导者和引路人,而不是工作中事无巨细的"保姆"。

第四节 高校辅导员职业能力提升目标与方向

中国高等教育历经多次变革,高校学生工作的内涵也不断发生着变化,对高校辅导员职业能力的要求也在转变。立德树人是高校辅导员工作的根本目标，政治强、业务精、纪律严、作风正是高校辅导员工作的基本目标，向职业化与专业化转变是高校辅导员未来的发展方向。

一、根本目标：立德树人

在中国高等教育进入大众化阶段后，人才培养质量的提升成为高校改革的中心工作。与此相适应，高校学生工作的内涵较之过去发生了显著变化，伴随着教育教学改革、学生群体特征的变化以及社会对人才需求的全面与多元化趋势，使得承担高校学生工作主要任务的高校辅导员队伍面临着新的挑战。

如何以学生成长为导向，转变工作理念，调整工作方式，提升工作水平，在高校育人工作中发挥积极有效的作用，是为"树人"；我国高等教育肩负着培养德、智、体、美、劳全面发展的社会主义事业建设者和接班人的重大任务，必须坚持正确的政治方向，是为"立德"。立德树人是高校辅导员工作的根本目标。

（一）从政治辅导员到综合辅导员

高等学校人才培养理念的转变、高校学生思维模式的转变、高校学生心理健康问题的日益突出、新媒体对高校学生的冲击等，使得高校辅导员的工作内涵与职能发生了深刻的变化。

新时期高校辅导员工作的每项内容都愈发自成一体，无论是在体系上、政策上、操作运行上都日益显示出其专业性、规范性、技术性和连贯性特点。"隔行如隔山"在学生工作系统内也逐渐显现出来，如心理咨询、就业指导、网络教育与管理等领域的专业化要求就越来越高，有的工作对从业人员的执业资格已有或将有严格的规定。这就对高校辅导员队伍的专业素养提出了严峻的挑战。

（二）从管理型辅导员到引导型辅导员

高校在校学生主体的改变，也是促使高校辅导员队伍不断发展的客观动力。高等教育普及后，学生的主体从"70后"过渡到"80后"，再过渡到现在的"90后""00后"，这几代人成长背景和思想观念的差异，不仅要求高校辅导员的工作方式发生改变，更需要高校辅导员从观念上发生转变。

出生于2000年以后的学生慢慢成为高校学生、研究生的主流群体，作为新的一代，他们致力于提高自己的综合素质和创新意识，更多地突出个性发展。对于这个群体，高校辅导员的责任十分重大，不仅要发挥他们掌控信息的能力，提升他们的综合素质，还要正确地引导他们。

（三）从事务型辅导员到事业型辅导员

除了时代、高校发展和学生主体变化的客观要求之外，为了能使高校辅导员更好地发挥作用，把好育人的第一关，充分地调动学生自主意识和自我管理能力，高校辅导员队伍也要不断地提高自己，以便更好地胜任各项工作。新时代的高校辅导员逐渐成为辅导员队伍的中坚力量，其自身也有着追求民主、强调自我意识、追求自己的权利、有自己独特思想和见解等特点，他们对于自身的发展也有着更加明晰的定位和要求。

高校辅导员通过培训与学习提高自身工作水平的诉求日益增强，他们不再拘泥于一成不变的管理模式，希望能够建立有特色的管理模式。比如，有的高校辅导员注重社会实践活动；有的强调团队协作能力；有的希望自己的学生能够相互竞争、相互促进；也有的注重对学生礼仪和修养的教育等，不同的高校辅导员都希望以自己特有的理念去管理自己的学生。而这种理念该如何去落实，就需要高校辅导员自身不断地学习、思考和探索，从而确立一种行之有效的方法去达成。同时，大多数的高校辅导员都对自己的职业生涯有着大致的规划，职业定位也成为高校辅导员职业能力提升的内在动力。

二、基本要求：政治强、业务精、纪律严、作风正

高等教育改革事业的不断发展和当代高校学生所呈现出的各种特点，对高校辅导员的工作提出了全新的要求，要求高校辅导员不论是在个人素养还是在知识储备方面都要达到一个更高的水平。高校辅导员不仅要有较高的政治觉悟、饱满的工作热情和相关的实际经验，而且要有相当深厚的知识储备及能力素养。在中共中央、国务院印发的《关于进一步加强和改进高校学生思想政治教育的意见》中指出，按照政治强、业务精、纪律严、作风正的要求，坚持专兼结合的原则，研究和制定加强高校思想政治教育工作队伍建设的具体意见，吸引更多的优秀教师从事学生思想政治教育工作。《普通高等学校辅导员建设规定》强调，辅导员选聘应当坚持的首要原则是政治强、业务精、纪律严、作风正。

（一）政治素质是高校辅导员的首要素质

从高校辅导员在高校人才培养中的作用不难看出，其个人素质关系着高校学生思想政治教育质量、高校学生校园生活质量以及大学校园文化的建设，同时还关系着高校学生的成长成才。这就在更高层面上对高校辅导员的政治素质提出了新的要求。"所有从事高校学生思想政治教育的人员，都要坚持正确的政治方向，加强思想道德修养，增强社会责任感，成为高校学生健康成长的指导者和引路人。"而高校辅导员就是在一线专门从事高校学生思想政治教育的人员。

从素质的角度分析，"德"即思想与政治素质，是建立在"体"与"智"之上的一种高层次的深化性极强的精神方面的素质，它对"体"与"智"的发挥起着一种不可替代的导向和驱动作用，它能使人端正方向、持之以恒，不断协调和优化智能结构和身体健康结构，并能促人创新。健壮的体魄、高级的智力，有可能为人类建功立业，也可能只为一己谋私利，

这全在于"德"的引导。因此，我们通常说素质"德"为先。

在高校辅导员的素质体系中，政治素质是首要的最基本的素质，有着首当其冲的指导作用，对高校学生成长成才起着重要的、潜移默化的作用，直接影响着高校学生政治观的形成、发展和变化。在高校人才培养的过程中有着不可替代的特殊作用，关系到"为谁育人"和"育什么样的人"的问题。对高校辅导员而言，扎实的马克思主义理论基础、高度的政治觉悟、高尚的道德情操、强烈的责任心和甘于奉献的精神是其政治素质的具体体现。

（二）业务能力是高校辅导员开展工作的基础

高校辅导员作为学生思想政治教育的主要力量，通过思想政治教育和管理工作发挥着思想教育的重要职能。随着经济、社会的飞速发展，高校学生思想政治教育和管理工作的方方面面都发生着巨大的变化，工作内容不断拓展，工作的手段和平台不断变化，工作的对象——当代高校学生群体从特点到个性需求都更加鲜明，思想活动的独立性、选择性、多变性、差异性日趋明显，所有这些变化和挑战都对高校学生思想政治教育工作提出了更高的要求。

个人的能力可以分为潜能和技能两种。潜能即我们通常所说的天赋，技能是个人通过对知识的学习和掌握而培养形成的能力。业务能力通俗来讲是个人运用知识解决、处理自己本专业领域工作的本领，这种本领就是指技能，即通过学习和练习可以培养形成的能力。高校辅导员肩负着合格人才的培养任务，承担着学生思想政治的引导者、学生学习生活以及身心健康指导者的重要角色，这就要求高校辅导员要具有胜任这个角色的能力。作为高校辅导员工作这一集思想教育和学生管理于一身的岗位，期望高校辅导员具备两个层面的技能：一个层面是从事高校辅导员工作所需要的通用技能，这些技能主要可以概括为沟通交流能力、激励引导能力、组织协调能力、指挥策划能力、语言文字表达能力等；另一个层面是完成学生教育管理专项工作所具备的特殊的技巧和技能，这些特殊的技能主要包括突发事件应对处理能力、心理辅导能力、职业生涯规划能力、情绪压力管控能力等方面。

（三）纪律严明是高校辅导员工作的保障

高校辅导员工作的纪律性主要体现在两个方面，一是自身做纪律楷模，二是注重纪律建设。在推进全面依法治国的过程中，依法依规治校也成为现代大学治理的必然选择。近年来，对《普通高等学校学生管理规定》的系统修订、《关于加强和改进新形势下高校思想政治工作的意见》的出台，都凸显了国家对高等教育治理的法治意识和规则观念。同时，也对高校辅导员开展各项工作提供了机遇与挑战：高校辅导员必须不断学习新的政策法规，才能公开透明、科学权威地处理日常事务，进而才能在高校青年学生中透彻地梳理规则观念，而这种规则观念或纪律意识会让高校学生终身受益。

（四）工作作风是高校辅导员工作的无形力量

作风反映一个人的品质，并且可以成为一种无形的精神力量，对人们的思想行为产生影响。高校辅导员是推动高校学生思想政治教育工作向前发展的重要力量。他们良好的工作作风，可以对高校学生产生潜移默化的教育作用，也是做好高校学生思想政治教育工作的重要保证。在新的历史阶段，高校学生思想政治教育工作要开创新局面，这就要求高校辅导员要积极适应经济社会发展的要求和高校学生成长的实际，不断改进工作作风。

做好高校思想政治工作，要因事而化、因时而进、因势而新。要遵循思想政治工作规律，遵循教书育人规律，遵循学生成长规律，不断提高工作能力和水平。这就要求高校辅导员要深入实际、与时俱进、真抓实干，树立求实、求细、求准、求效的工作作风。

三、发展方向：职业化与专业化

高校辅导员培训工作要"全面贯彻党的教育方针，落实立德树人根本任务，以促进辅导员专业化、职业化和可持续发展为导向"。可见，专业化和职业化已成为高校辅导员队伍的基本发展方向。

高校辅导员的职业化、专业化，实质是高校辅导员工作的科学化、专门化、专家化，可以理解为：以提高高校辅导员思想政治教育的成效为目标，以教育的专业性、科学性为基本要求，以角色的稳定性和长期性为基本特征，使高校辅导员作为教师队伍的组成部分，逐步走向专门职业和特定专业的发展趋向和过程。高校辅导员职业化的本质要求是高校辅导员工作的长期性、连续性、稳定性和广泛的社会认同性。长期性是指高校辅导员不是特定历史阶段的产物，而是在高校学生教育和人才培养中不可或缺的重要因素；连续性是指高校辅导员从事的思想政治教育不仅客观上需要长期经验的积累，而且高校辅导员个人也需要有一个逐步熟悉、了解、适应和进入角色的过程；稳定性和广泛的社会认同性不仅指高校辅导员的社会角色和分工得到社会普遍承认而获得稳定性的存在，而且指可能并事实上能够成为许多人愿意选择终生从事的、赖以为生的特定活动。

专业化和职业化二者之间相互联系，相互促进，同时也有明显差异。专业化是对高校辅导员岗位从业人员的内在素质的要求，侧重于队伍的培养和培训，是职业化的基础；职业化是对高校辅导员岗位的外在要求，侧重于队伍的激励和发展，是专业化的前提。没有专业化，队伍的素质就会参差不齐，其职业化水平必定不高；没有职业化，不能形成专门知识和技能的要求，专业化的具体内容也就无从谈起。职业化要靠专业化推动，专业化是职业化深入发展的动力。

四、高校辅导员职业能力提升的支持体系及途径

高校辅导员的职业能力关系着学校学生工作的大局，关系着未来社会建设者的素质和水平，也关系着高等教育事业的发展。当前，高校辅导员

的整体职业能力有待提高，主要体现在理论素质欠缺、专业化程度不足、学历层次不高等几个方面。加强高校辅导员队伍建设、提升高校辅导员职业能力是一项系统工程，需要理论界的深入研究，也需要社会、高校的持续支撑。

（一）高校辅导员职业能力提升的支持体系

有学者用"群体资质"理论，从个体—亚群体—群体循序渐进的构建，探讨了高校辅导员群体社会影响力的提升；有学者从"心理契约"的视角，透视高校辅导员队伍职业化建设中的主要问题，探索高校辅导员群体的凝聚力建设；有人基于"胜任力"模型，搭建高校辅导员职业能力培训体系……本书认为，高校辅导员作为"开展高校学生思想政治教育工作的骨干力量，是高校学生日常思想政治教育和管理工作的组织者、实施者和指导者"，其职业能力，尤其是专业化发展的根本支撑还应来自高校辅导员的思想政治理论基础和思想政治素质水平。加强高校辅导员职业能力建设，必须建立和完善高校辅导员专业教育机制，为高校辅导员队伍专业化提供思想政治理论支撑。

1. 发展高校学生思想政治教育学科研究

从中共中央、国务院发布《关于进一步加强和改进高校学生思想政治教育的意见》，到各省市、高校相关文件的出台，政策始终鼓励和支持高校骨干辅导员攻读与高校学生思想政治教育相关的高一级学位。同时，学生思想政治教育系列的职称评定也单列指标、单独评审。这些都为高校辅导员队伍的专业化、专家化发展提供了重要通道。然而，思想政治教育还是一门较为新兴的学科，高校学生思想政治教育更是其中一个尚未发展成熟的分支方向。

要用好课堂教学这个主渠道，思想政治理论课要坚持在改进中加强，提升思想政治教育的亲和力和针对性，满足学生成长发展的需求和期待，其他各门课都要守好一段渠、种好责任田，使各类课程与思想政治理论课同向同行，形成协同效应。在新的历史条件下，思想政治教育已不仅仅是一门单一的学科，它更应该成为一种贯穿于教书育人全过程的工作方法。对于"全员全过程全方位育人"和"课程思政"等新概念范畴的研究已成为引领思想政治教育学科研究的新的风向标。

2. 思想政治研究与高校辅导员工作的有机结合

高校辅导员队伍建设必须理论联系实际，一切从实际出发，提升高校辅导员的职业能力，也必须尊重高校辅导员学科多元的现实。在此基础上，建设一支"政治强、纪律严、作风正、业务精"的高校辅导员队伍，必须以高校学生思想政治教育作为高校辅导员多学科知识结构的核心。

一般情况下，高校辅导员的工作内容和形式可以概括为以下几个方面：由思想政治教育理论转化为方法；对思想政治教育传统方法的继承和现代转换；实践层面的经验提升与凝练以及其他学科理论与方法的借鉴。也就是说，高校辅导员来源于多学科背景的现实，既有利于高校辅导员具备宽口径的知识基础，又有利于高校辅导员与学生的学科契合；同时，高校辅导员更要注重利用多学科理论、方法的交叉融合，创新高校学生思想政治教育工作的方法与路径，推进高校辅导员队伍的职业能力提升。

3. 科学构建高校辅导员工作评价体系

科学合理的考评制度是高校辅导员队伍建设的重要方面，也是提升高校辅导员职业能力的重要测量。而高校辅导员多从事事务性、情感交流性的工作，对学生的教育效果是长期的、潜移默化的，往往付出了大量的辛勤汗水但难以在短期内结出成果，量化的衡量很难全面评估高校辅导员的工作绩效。因此，学校要采取多元化考评方式，作为量化考评的有益补充，对于那些在工作中出类拔萃、成绩卓越的高校辅导员除了给予一定的物质奖励之外，还要对他们的辛勤付出进行精神激励，通过情感激励、榜样激励、荣誉激励等方式提升高校辅导员的职业自尊感与自信心。良好的考评方案，会成为学校提升高校辅导员工作动力的助推剂。同时，学校要充分认识到高校辅导员岗位是具备专业技能要求的工作，具有不可替代性，这是对高校辅导员自我价值与社会价值的尊重。

为切实加强和改进高校学生思想政治教育工作，优化人才培养机制，要不断完善高校辅导员的绩效考评及考核办法，让高校辅导员明晰工作要求和职责，增强责任心、提高综合素质和能力，主动围绕学生关注的热点、焦点问题，开展有针对性、创造性的思想政治教育工作，增强工作的主动性、实效性。同时，以科学的考评为依据，为高校辅导员开拓更多的发展平台，使高校辅导员个体的职业能力提升与作为整体的队伍建设形成良性互动，促使高校辅导员不断焕发出创新的活力。

（二）高校辅导员职业能力提升的途径

高校辅导员的职业能力是维系其正常工作、获取职业发展的基础，是顺利开展学生教育、管理与服务工作的保证。提升高校辅导员的职业能力，有利于加强对学生的教育指导，也为高校辅导员职业发展提供了更加广阔的空间。

1. 职业发展导向

高校辅导员队伍是加强和改进高校学生思想政治教育的组织保证，进一步加强和改进高校学生思想政治教育，关键是要切实加强高校辅导员队伍建设。要坚持"高进、精育、严管、优出"八字方针，通过建立高起点、重质量的选配机制，高标准、重素质的培养机制，高要求、重实效的管理机制和高水平、重激励的发展机制，逐步构建起高校辅导员队伍建设的长效机制，以高校辅导员职业发展导向推动高校辅导员队伍建设上一个新的台阶。

（1）坚持"高进"原则，严格选拔队伍。严把高校辅导员入口关，从源头上保证高校辅导员的质量。高校辅导员的素质直接影响高校育人工作的质量和水平。坚持高校辅导员的选聘标准，选拔优秀的人才加入学生工作队伍；积极改善高校辅导员队伍结构，实现专职、兼职高校辅导员和优秀毕业生之间的无缝对接和优势互补。

（2）贯彻"精育"方针，提升综合素养。坚持"养用结合、养用相长"的原则，要求高校辅导员"讲政治、懂教育、能敬业、有素质、会实践"，鼓励高校辅导员发挥专业学科优势，加强高校辅导员的专业化培养，不断推进"学习型"高校辅导员队伍建设，有效提升高校辅导员的综合素质。

（3）秉持"严管"理念，完善考评体系。制定科学严格的管理制度，建立和完善高校辅导员队伍的考核体系。在高校辅导员队伍管理方面，坚持"一手抓评估、一手抓培养、以评估促培养"的基本思路，对高校辅导员进行高标准、严要求的统一管理，发挥考评过程对工作的导向作用，使考评结果成为促进高校辅导员成长的动力。

（4）落实"优出"目标，实现科学发展。重视高校辅导员的个人发展，畅通高校辅导员的发展出口。学校对担任高校辅导员工作实绩突出并愿意继续从事学生思想政治教育工作和党政管理工作的同志，要作为党政干部的后备力量加以重点培养，并优先从有专职、兼职学生思想政治教育工作经历的同志中推荐、选拔学校各级党政领导干部。

2.职业能力的提升要点

（1）终身学习是职业能力不断提升的基础。伴随着知识经济、信息社会的到来以及高等教育大众化时代向纵深方向的发展，学习型社会对高校辅导员的素质提出了更高的要求。终身学习已成为高校辅导员队伍需要具备的一项基本能力。高校辅导员应坚持终身学习，勇于开拓创新，主动学习思想政治教育理论、方法及相关学科知识，积极开展理论研究和实践探索，参与社会实践和挂职锻炼，不断拓展工作视野，努力提高职业素养和职业能力。

①学习型高校辅导员队伍建设的关键：强化专业培训。职业技能培训是指按照国家职业分类和职业技能标准进行的规范性培训。加强高校辅导员培训工作，是提升高校辅导员政治素质、专业水平和职业能力的重要保

障，是加强高校辅导员队伍建设的重要举措。

高校辅导员是履行高等学校学生工作职责的专业人员，要经过系统的培养与培训，具有良好的职业道德，掌握系统的专业知识和技能。高校辅导员的培训工作要高举中国特色社会主义伟大旗帜，全面贯彻党的教育方针，落实立德树人根本任务；以促进高校辅导员专业化、职业化和可持续发展为导向，以构建完善的培训体系为基础，以提高培训能力为重点，以创新培训方式为手段，以提高培训质量为目标，努力造就一支政治强、业务精、纪律严、作风正的高水平高校辅导员队伍，为不断提升高校学生思想政治教育科学化水平，全面提高高等教育质量提供坚强的思想政治保障和人才支持。

②学习型高校辅导员队伍建设的保障：完善发展激励。高校辅导员是高等学校教师队伍和管理队伍的重要组成部分，具有教师和干部的双重身份。理论上，从政策支持和社会环境上看，高校辅导员队伍都有着良好的发展机会和富有竞争力的激励体系。实际上，高校辅导员队伍更是高校中发展势头最为向好的群体之一。

高校辅导员拥有双重身份，具有双线的晋升机会。首先，高校辅导员的培养应纳入高等学校师资培训规划和人才培养计划，享受专任教师培养同等待遇，可评聘思想政治教育学科或其他相关学科的专业技术职务。同时，高等学校会根据高校辅导员的任职年限及实际工作表现，确定相应级别的行政待遇，并把高校辅导员队伍作为后备干部培养和选拔的重要来源，根据工作需要向校内管理工作岗位选派或向地方组织部门推荐。不少高校还为高校辅导员攻读高一级学位、承担课题研究等方面提供了政策和经济支撑。

③学习型高校辅导员队伍建设的检验：实践与创新。学习是为了更好地实践，实践与创新能力是检验高校辅导员队伍建设的试金石。为构建高校辅导员队伍能力标准体系，推动高校辅导员队伍的专业化和职业化建设，

教育部专门制定了《高等学校辅导员职业能力标准（暂行）》，为完善高校辅导员培养培训方案、工作职能设置、考评考核指标等，进而将高校辅导员队伍建设职业能力提升到新水平提供了政策依据与支撑。

高校辅导员只有通过不断地研究与实践，掌握学生工作的规律，并不懈探索创新，才能成长为学生工作某方面的专家和权威，形成高校辅导员职业的话语权，这对于高校辅导员职业能力提升和队伍建设具有重大意义。因此，应通过一定措施，引导高校辅导员开展研究，推动高校辅导员从"事务型"向"专业型"、从"实践型"向"实践—研究型"转变，提升高校辅导员开展高校学生思想政治教育工作的水平和实效。

（2）高校辅导员岗位的学科选择。当前，高校辅导员来源的多学科性和工作对象的多学科性决定了高校辅导员队伍必须在多学科的基础上加强建设，培养高校辅导员的多学科知识储备和视野。多学科视野可以为高校辅导员工作提供理念、理论、方法的支撑，也可以为其自身的发展提供知识、素质支撑。高校辅导员职业能力培养应充分发挥多学科的优势，通过多门学科的理论、方法和知识的相互交融，创新高校辅导员工作的思路与方法，提升高校学生思想政治教育工作的科学化水平，推进高校辅导员队伍的专业化和职业化建设。

①发挥高校辅导员"自身学科"优势。高校辅导员的"自身学科"是指高校辅导员参加工作前，自己在本科、研究生学习阶段攻读的学科专业，即其本人的专业背景。自身学科与高校辅导员工作岗位和对象群体之间没有必然联系，一方面，高校辅导员的自身学科往往与高校辅导员工作本身的思想政治教育学科属性未必一致；另一方面，相当多的高校辅导员既想要从事好高校辅导员岗位本职，又不舍得丢弃其自身所学学科。因此，如何处理好自身所学学科与工作学科属性之间的关系，成为决定多数高校辅导员工作质量的一项重要因素。

事实上，高校辅导员的自身学科并不是和思想政治教育工作毫不相关的，高校辅导员所学习的学科在思维方式上往往能为其工作带来新的视角和启发。思想政治教育工作是一项系统工程，关系到学生成长的方方面面，可以说，高校辅导员每一方面的特长或每一种思维方式，都可以给学生带来直接的影响。在高校辅导员队伍建设的过程中，很有必要引导高校辅导员发挥好自身学科优势，找准自身学科与思想政治教育的契合点，将两者的相互作用进行系统规划，他们之间甚至可以起到互相推动的双向促进作用。

②普及高校辅导员"对象学科"常识。高校辅导员的"对象学科"是指高校辅导员的工作对象——学生学习的学科。思想政治教育工作强调"全员全过程全方位育人"，思想政治教育工作从根本上说是做人的工作，必须围绕学生、关照学生、服务学生，不断提高学生的思想水平、政治觉悟、道德品质、文化素养，让学生成为德才兼备、全面发展的人才。

学生以学为本，服务好学生，首先不能脱离了学生的专业学习。在"德才兼备、全面发展"的人才培养理念下，高校辅导员要把思想政治教育工作做深、做活、做好，就必须围绕学生的专业学习做文章。同时，学生的思想波动很容易和专业学习有关，学生的思维方式也会带着明显的专业烙印。高校辅导员将自己的工作与学生所学的专业紧密结合，其思想政治教育工作才能达到事半功倍的效果。而要做到这一点，就要求高校辅导员必须对学生的学科知识有一定的了解。

③挖掘高校辅导员"特色学科"潜力。高校辅导员的"特色学科"是指高校辅导员结合自身专业背景，融入学生专业元素，针对学生发展所需，经过日经月久的实践探索而逐步形成的学生工作专业化方向，这个专业方向既可以是学生工作中的政治教育、心理咨询、就业规划等专业领域，也可以是政治教育领域下的社会主义核心价值观、国内外政治经济局势等角度。要想成为"一专多长"型的高校辅导员，只有多元之中有核心、多变之中有定力，才能更好地实现专业化发展，逐步成为专家型的学生工作者。

高校辅导员的"特色学科"建设不能脱离学生工作的核心，即思想政治教育功能。因此，高校辅导员的特色学科必须以中国特色社会主义理论为基础。

（3）职业认同感是职业发展的内生动力。在日常工作中，存在着一组支配人们思想和行动的相应理论。根据阿基里斯的说法，这种支配思想和行动的理论通常有两种不同的形态：一种是内隐理论，另一种是外显理论。内隐理论是一种人们在行动过程中加以运用的习而不察的理论，是人们行动的真实向导，个人的行动无论如何也摆脱不了内隐理论的影响；而外显理论可以"只说不做"，只是一种信奉的理论。因此，在实际工作中，有部分高校辅导员与部分教师甚至管理人员，他们的外显理论可能使他们确信，高校辅导员的工作在培养教育学生方面有着十分重要的作用，高校辅导员应该增强自身综合素质、提高个人能力。高校辅导员工作应该受到尊重，并向着职业化、专业化的方向发展。但是，在实际行动中因受到内隐理论的支配，可能并不会去努力学习教育学、管理学、心理学等方面的知识，甚至只是把高校辅导员工作看作自己职业生涯中一个阶段性的工作。因此，这种"内隐—外显"理论是高校辅导员职业认同感不足、高校辅导员职业共同体观念淡薄的最好解释。

①在职业能力培养中实现职业身份的转换。让高校辅导员从心理层面对职业产生认同感与归属感。在缺乏更加规范统一的高校辅导员资格制度之前，通过身份转换对符合规定标准的高校辅导员给予对应层次类型的身份认定；对有一定能力欠缺的高校辅导员进行职业能力培训之后进行高校辅导员身份认证；同时，对新入职的高校辅导员按照一定的职业能力准入标准进行选拔录用。从制度上保证高校辅导员职业的终身化，克服由于从业人员的临时性和不稳定性造成的高校辅导员职业的过渡性和职业能力的薄弱性。

同时，高校辅导员事务分工应不断走向专业化，培养既具有实战经验又有较高理论水平的专家型辅导员。学生日常事务管理与专项辅导工作明确分化，实现高校辅导员从事务型向专业型的角色转换。高校辅导员负责学生某一方面的专业性咨询与辅导工作，如职业规划指导、心理健康辅导、科学研究、培训管理、专题教学等，学生综合性事务工作由其他人员处理，以保证高校辅导员逐渐向专家型的方向发展。高校辅导员在拥有通用职业能力的同时，还要拥有较高深的专业技能和成熟的职业精神。

②"心理契约互动模式"维护高校辅导员队伍稳定发展。要增强高校辅导员的职业认同感，学校就必须真正关注高校辅导员的心理需求。当前，由于工作性质的差异，高校辅导员的学术积累往往无法与专业教师相提并论，而在尊重甚至崇尚学术科研的高校中，高校辅导员与专业教师相比较，就会出现理论上同等重要、事实上差距明显的现象，而且随着年龄的增长，两者的发展趋势和受尊重程度很可能截然相反。这种反差会严重影响高校辅导员职业认同感的树立，从而对高校辅导员队伍建设造成直接冲击。

心理契约也可理解为心理期待的实现可能性，它会通过个人情感、公平感、升迁空间等中介变量对工作绩效产生影响。同时，学校对高校辅导员的心理契约会影响到高校辅导员与学生形成的心理契约。因此，高校要更加关注高校辅导员与学校、学生的心理互动模式，建立有利于高校辅导员成长与队伍稳定的心理契约方式，如良好的激励机制和转岗机制等，使高校辅导员与学校的心理契约呈良性互动的模式，既能保障高校辅导员队伍有序流动，又极大地激发了高校辅导员的工作热情。

③培育形成特有的高校辅导员职业精神。职业精神是与人们的职业活动紧密联系的，具有职业特征的精神与操守，是从事某种职业就应该具有的精神、能力和自觉。职业精神一般包括职业理想、职业态度、职业责任、职业技能、职业作风等多个方面，良好的职业精神是人们尽职尽责、贡献岗位的精神保障与支撑。

在高校辅导员队伍建设过程中，要注重建设良好的团队氛围，高校辅导员应充分认识自身工作的职业内涵，逐渐培养起为了学生成才而乐于奉献、吃苦耐劳的职业精神，并产生强烈的使命感和荣誉感。高校辅导员职业精神的树立不但是实现高校辅导员队伍职业化不可或缺的一个方面，而且会使高校辅导员更加恪守对组织的责任与承诺。

五、高校辅导员与学生理想师生关系的构建路径

高校辅导员要充分尊重学生的主体地位，关注学生的需求，变"说教"为"引导"，变"统一管理"为"分类指导"；与此同时，高校辅导员要秉持爱的理念，创新对话机制，提升专业水平，进而升华角色定位，增进师生信任，培养人格魅力，最终，打破淡漠化、功利化的僵局，避免"隐形冲突"，构建理想的师生关系。

（一）尊重学生主体地位，引导学生自我管理

尊重学生主体地位，引导学生自我管理，使师生自由平等，彼此支撑，是构建理想师生关系，发挥思想政治教育实效性的重要途径。《中共中央、国务院关于进一步加强和改进高校学生思想政治教育的意见》指出，要坚持教育与自我教育相结合，既要充分发挥学校教师、党团组织的教育引导作用，又要充分调动高校学生的积极性和主动性，引导他们自我教育、自我管理、自我服务。德国著名教育学家斯普朗格说过："教育的最终目的不是传授已有的东西，而是要把人的创造力量诱导出来，将生命感、价值感唤醒。"

尊重学生主体地位，引导学生自我管理，辅导员要从以下三方面着手：一是注重主体体验，发挥学生在班级建设、班会组织中的主观能动性。辅导员引导学生遵循合理的原则，学生通过公开选举、民主投票的形式，组建委员会，制定共同守则，有助于学生更自觉地遵守约定；辅导员引导学生设立崇高的目标，学生通过调查，征集学生群体普遍关注的热点焦点问

题，选择学生喜闻乐见的主题和形式，有助于班会更加生动活泼，实现更好的教育效果。二是民主、公正，尤其是奖惩制度的制定。在遵循学校、学院规章制度的前提下，辅导员要充分考虑年级学生实际情况，征求广大高校学生的意见和建议，这样，制度的制定才能够更加科学，更能够反映学生的诉求，避免师生层面的文化冲突。三是培育优化教育载体，助力学生成长。例如，通过微公益项目，让学生在实践中提升责任意识和感恩意识。

（二）关注学生需求，实施分类指导

关注学生需求，实施分类指导是打破师生关系淡漠局面的关键举措。关注学生需求，依据学生的不同需求，对学生进行分类，进而有针对性地开展指导，是有效的破解师生关系淡漠之道。

关注学生需求，首先要了解学生，建立动态的学生成长档案是一种有效尝试。通过全方位、多渠道的了解，初步建立学生成长档案，进而科学的分类，有针对性地进行指导。在分类时，既可以根据不同学生的爱好、特长进行指导，寻找共同的兴趣点，鼓励学生将爱好转化为特长，将特长发挥到极致；也可以依据学生在不同阶段的学习、工作重心进行指导，关注学生的困惑、烦恼，及时地进行疏导，做到"知心""贴心""暖心"；还可以从不同学生的发展规划入手，有针对性地开展考研、出国、工作的专题指导，给予有效的支持和帮助，助推学子梦的实现。

（三）秉持爱的理念，升华角色定位

夏丏尊先生在《爱的教育》序言中曾说，教育的水是什么？就是情，就是爱。教育没有了情爱，就成了无水的池，任你四方形也罢，圆形也罢，总逃不了一个空虚。辅导员在开展日常思想政治教育和管理工作中，应当始终秉持爱的理念，注重心灵交流和情感交流，为良好的师生关系奠定坚定的感情基石。

辅导员开展日常思想政治教育和管理工作时，要秉持爱的理念，升华角色定位，一方面在花费大量时间，倾注很多心血的同时，要避免"投资"

心态，不能让学生感到愧疚和自责，让这份爱越来越沉重，让师生关系"变味"；另一方面要注重方法，在基于尊重、了解的前提下，与学生共情共鸣，理性地关注学生，给予必要的支持和帮助，搭建平台，帮助学生筑梦、圆梦。

（四）创新对话机制，增进师生信任

在信息时代的当下，高校辅导员面对"指尖一族""社交一族"，首先，要做好"印象管理"，拉近彼此距离。高校辅导员要创新话语体系，更生动、更接地气地将党政所需、青年所求和辅导员所能传播给目标群体。

此外，辅导员和学生之间的"对话"，以师生之间的相互尊重、信任和平等为基础，其本质不是用一种观点来反对另一种观点，也不是将一种观点强加于另一种观点之上，而是一种"共享"——共享知识、共享经验、共享智慧、共享人生的意义与价值等。辅导员要重新认识师生对话的重要性，丰富对话内涵，从单纯的事务性传达发展为关注学生心理，关注学生成长，在对话中消解师生冲突的根源，在对话中帮助学生走出困惑。此外，辅导员要成为"微达人"，利用微博、微信等新媒体平台，拓宽师生对话的时空，在"互粉"中迈出第一步，在互赞中找寻共同点，在私聊中，沟通谈心，进而重建师生关系，真正成为学生的人生导师和健康成长的知心朋友。

（五）提升专业水平，培养人格魅力

较高的专业水平是树立教师威信的重要保障。信息的获取途径和传递方式都发生了根本性的改变。传统的"你讲我听"的模式已经逐步瓦解。有时候，学生的信息量比辅导员的更大，在某些方面，学生的知识比辅导员的更专业。因而，辅导员要有危机意识，积极参加各类培训，主动加强自身学习，不断提升专业水平，尤其是心理咨询和职业规划这两项技能。辅导员要广泛涉猎管理学、心理学、教育学、社会学知识，结合自身性格气质，培养独特的人格魅力，用人格魅力影响学生，赢得学生的尊重和认可。

第六章 高校学生管理模式创新

社会和时代的进步促进了高校学生的素质水平趋于复杂化,这也对高校学生管理提出了更高的要求,在新形势下要探索高校学生管理模式的创新思路和方法,为我国高等教育的可持续发展提供良好的动力支持。本章分为高校学生管理模式创新的必要性、高校学生管理新型模式的职能、高校学生管理模式创新的路径三个部分,主要包括高校学生管理新型模式的教育职能、管理职能和服务职能,树立正确的学生管理理念、构建多元化协同管理的学生管理体系等内容。

第一节 高校学生管理模式创新的必要性

一、经济社会快速发展的必然要求

随着市场经济的发展和高校扩招,高校学生管理正面临一系列的转变,如学生工作的部分管理职能正在向服务职能转变;大学生就业正在由国家分配向自主择业转变;固定学制正在向弹性学制转变;经济困难学生的资助由原来的发放助学金、困难补助向助学贷款和勤工助学转变等。这一系列转变使原来传统的学生管理理念、管理模式的问题日益凸显,难以满足市场经济条件下高校发展的要求。而目前与之相适应的新的学生管理理念和模式尚未完全形成，这就为高校的学生管理带来了新的考验。

二、信息化时代发展的必然要求

在信息化迅速发展的今天，网络的发展和普及为高校学生管理提供了新的阵地和领域，提高了工作效率，为学生管理带来了难得的机遇。但同时网络也给学生管理带来了新的问题。一是由于网络信息的丰富性和开放性特点，学生工作者在获取信息的渠道、时间、数量上与大学生相比不占明显优势；二是网络的虚拟性、隐蔽性使得网络成为有害信息的滋生地和传播地，使得大学生难以判别和抵御，有的上当受骗，还有的沉溺于网上的虚拟世界不能自拔，这就为高校的学生管理带来了新的挑战。

三、适应我国高等教育发展的需要

高等教育的全球化给高校学生管理模式提出了更高的要求。在这种情况下，高校学生管理必然要与世界先进高校的学生管理接轨，用新的管理理念、管理体制、管理模式来适应时代发展的要求。同时，教学体制改革使学生管理面临新的变革。目前，全国各高校普遍实施了学分制。在学分制下，学生管理打破了学年制整齐划一的教学管理模式，学生管理工作不仅局限于本专业学生，还要管理由选修课程带来的其他专业或其他学校的学生。同时，学生管理除了对学生进行教学和思想生活管理外，还需要帮助学生构造合理的学科知识结构，指导学生由定向学习变为自主选择性学习。因此，学生管理必须实现由学年制下的指令性管理向学分制下的指导性管理的转变。

高等教育从精英教育向大众化教育的转变，是一国经济发展到一定阶段的必然产物。这种转变，并不仅仅体现在大学生量的变化，而是规模、结构和性质上质的不同，学生群体的异质性程度显著增加。在这一大环境下，就要求高等教育在注重全体学生获得知识和体验的同时，更要注重学生个体发展的差异，注重发现和开发学生的闪光点，强调给学生创造一个自主发展的空间，让其充分发挥个性优势，形成独立的人格和突出的个性。但目前高校学生工作仍然沿用"以管理为主"的工作模式和忽视学生个性的培养方式，在研究学生、服务学生、尊重学生个性方面还停留在意识层面，与高等教育大众化的要求不相适应，必须加以改革。

经济全球化是当今世界发展的趋势，作为"受经济发展制约"的高等教育，在经济全球化的浪潮中必然走向国际化。高校也必须根据经济全球化的要求，调整办学思路和人才培养目标，改变教学内容和方法，改革学生工作模式。近年来，国内外高校都把学生工作的重点放在大学生人文素质教育、学生考研、就业指导、法律援助、心理健康教育、勤工助学、社区服务等方面，强调对学生的指导和服务。国内外高校学生工作的经验表明，以服务为核心的教育管理观念是学生工作得以成功开展的核心所在。特别是国外高校在尊重学生的主体作用、加强对学生的指导和服务方面有许多值得我国高校学习和借鉴的地方。因此，创新高校学生管理模式应成为发展我国高校学生工作的突破口与重点。这既是总结过去、面对现实的理性选择，更是着眼未来的现实需要。

伴随着我国经济的迅猛发展，在国际上地位的不断提升，各级政府都十分重视职业教育，纷纷优先发展高等职业教育，积极培养高层次的技术型人才。目前我国高校教育实现了历史性新跨越，我国高校学生的素质、培养等方面的情况越来越受到各行各业尤其是用人单位的关注。高校的扩招、素质教育、自主择业等一系列改革措施的出台，都直接影响着高校学生管理模式的实施，都促使学生管理模式要尽快适应新形势，以保证高校快速及时地培养能适应社会发展的技术型人才。

四、帮助大学生更好地适应社会环境

当代大学生多为独生子女,因而对生活的体验和感受不同于以往的大学生,他们时代感强,责任意识较弱;自我认同感强,实践能力较弱;参与意识强,辨别能力较弱;主体意识强,团队意识较弱;个性特点强,承受能力较弱。这些特点使学生管理工作面临着前所未有的挑战,大学生全新的行为方式和理念与传统的学生管理体制必将产生冲突,如不及时解决会使工作陷入被动。

如今,高校与社会之间的联系为本科生带来了更多发展自我、展示自我的机会,但由于社会上信息混乱,一些本科生放松警惕,出现上当受骗的情况。为此,高校应加强对学生管理模式的关注,增强本科生的安全意识,防止类似事件发生。高校必须坚持预防为主的指导方针,从新的角度管理学生,增强他们的自我保护意识。所以,目前各大高校应更新教育管理理念,不断加强大学与社会之间的联系,不断创新学生的管理模式,完善高校管理制度,以帮助学生在毕业后获得足够的社会经验,更好地完成从大学到社会之间的过渡。

第二节 高校学生管理新型模式的职能

一、教育职能

教育职能是高校学生管理模式的根本性职能。高校的管理目标是为社会培养出合格有用的人,高校学生管理的对象是在校大学生,教育学生是它的基本职能之一。教育包括知识教育和成长成才教育,学生管理工作所进行的教育也就是学生的成长成才教育,与教学对学生的知识教育是有明

显差别的。

  高校学生管理不是单纯地为了管理而管理，而是为实现国家的人才培养目标而服务的。从这个意义上讲，大学生管理的教育职能就是培养国家需要的德、智、体、美、劳全面发展的人才，管理的目的就是育人。因此，高校学生管理新型模式中的教育职能，应充分重视育人功能的发挥，突出以育人为目的和指向的管理内容。以育人为目的和指向的管理内容一方面应体现在大学生管理过程中的人力、财力、物力等资源配置的方方面面，另一方面更应体现在对大学生进行教务管理、安全管理、行为管理、群体组织管理、就业管理、资助管理等学校各部门分属管理的方方面面。这就需要在大学生管理中处理好管理与思想政治教育的关系，将大学生管理与思想政治教育有机地结合起来，自觉地遵循教育规律，重视发挥思想政治教育在帮助大学生树立正确的世界观、人生观和价值观方面的作用，实现科学管理和有效管理。

二、管理职能

  管理是一种行为，通常管理通过信息获取、决策、计划、组织、领导、控制和创新等职能的发挥来分配、协调包括人力资源在内的一切可以调用的资源，以实现单独的个人无法实现的目标。学生管理包含两个层面：一是对人的管理，即对学生个体和学生群体的管理；二是对事的管理，即对与学生相关的事务的管理。对学生的管理，主要通过教育、激励、组织等手段，让学生身心得到发展，使学生能够适应学校的学习和生活。学生管理工作的重点是对事务的管理，包括学风建设、思想政治教育、学生档案管理、学生违纪处理、突发事件处理、学生评奖评优、组织学生工作会议、制定学生工作计划等诸多方面。由于管理的内容多种多样，从活动形式上可简单归纳为学生思想品德管理、学习管理、生活管理、班级管理、学生自我管理以及学生评价等等。

管理职能是高校学生管理模式的必要性职能。在高校学生管理模式中，建立健全覆盖学生日常学习生活的规章制度体系并做到依章执行是十分必要的。

三、服务职能

服务职能是高校学生管理模式的基础性职能，主要是根据学生的个性化多样化的发展需求提供有针对性的辅导和服务。随着高等教育的发展，学生管理工作不再固守单纯的思想政治教育方式，开始借鉴西方国家高校学生事务的管理方式，即开始强调服务学生的职能。高校学生管理的核心在于服务，向学生提供满足其成长需求的各种服务，把教育与管理、服务结合起来，帮助其更好地学习、生活，从而实现全面发展。学生工作应为学生的学习与成长创造一定的条件，解决学生在学习、生活过程中遇到的实际问题，为其提供全方位的服务，将学生的需求作为工作的出发点和落脚点。

在国外，学生工作或者说学生事务包括招生、经济资助、专业选择、学生宿舍管理、健康服务、心理咨询、法律服务、权益保护和社会活动等多方面。许多学生事务管理的内容具有相似性和共存性，要重组它们的职能，形成新的服务体系。现在高校大都有以下几类服务：招生宣传与咨询（学校开放日活动）、新生入学教育、学籍管理、学习指导、社会资助、勤工助学、心理咨询、就业指导、提供活动场地等。

1.招生咨询服务。随着高等教育体制改革不断深入，高校招生咨询已成为高校招生工作的重要环节，是高校学生工作重要的服务内容之一。高校招生咨询工作，不仅是高校服务考生的窗口，是高校推介自身的途径和联系社会的重要纽带，也是高校引导广大考生认识本校、报考本校，最终成为本校学生的重要途径。高校要利用自身资源，努力建成一个全方位、多层次、立体型的高校招生咨询体系，为全国各地有志青年报考本校提供优质服务。

2.学生入学指导服务。主要包括向新生及其家长宣传本校本专业的教育概况，为学生适应校园生活以及利用校园教学与生活资源提供指导，帮助新生重新寻找自己的定位，使之尽快完成角色转变，适应新的学习生活环境，为圆满完成学业奠定良好的基础。对新生的入学指导还包括为新生提供一定的心理辅导、心理测试等服务。

3.思想道德引导服务。学生工作肩负有开展思想政治教育的重要使命。我们要通过有效途径和大家喜闻乐见的形式，开展爱国主义、集体主义和社会主义教育。进行思想政治教育要尊重思想政治教育的基本规律，要采取人性化的、软性的教育手段熏陶学生、引导学生，特别要利用重大的节日和事件，对学生进行有针对性的教育。同时，要重视大学生政治素质的培养，切实提高当代大学生参与公共生活、公共管理的意识和能力，为建设社会政治文明奠定坚实的人才基础。

4.身心健康服务。包括身体健康指导和心理健康教育，除定期体检外，还要给学生提供健康知识，鼓励学生积极参加有益的文体活动，在文体活动中促进身心的成长。依托心理健康教育与咨询中心，帮助学生了解心理知识、洞察心理世界、预防心理疾病、挖掘心理潜能，从而提高心理素质，解决学生在学习和生活中遇到的各种心理问题。

5.日常生活服务。学生不仅是受教育者，也是教育投资者和消费者。要为学生提供各种生活服务，改善生活环境，对学生社区进行物业化管理，健全社区功能，构筑集娱乐、购物、健身为一体的文化社区。我们应注重在生活上关心学生，处处从学生角度开展服务工作。如为每个学生设立校园网络账户或"一卡通"，供他们实时查看自己的注册信息，学期选课情况，每门课的成绩、学分、就餐购物消费情况等，为学生的自我规划和自我管理创造条件,充分体现学生工作"以学生为本"的教育服务理念。

6. 学习指导服务。要注重建设优良的学风和校风,提供有利于学生学习的设施和条件,创造有利于学生学习的氛围和环境,满足学生学习方面的需求;要因材施教、因人施教,当学生出现学习方面的问题时,辅导员、班主任要进行个别指导,或指定专业教师给予帮助;要通过举办学术讲座、学习竞赛以及鼓励学生通过国家英语、计算机等级考试和职业资格证书考试等形式,调动学生的学习积极性;要教育学生学会学习,学会使用学习设施,利用好图书馆,善于使用因特网等现代手段获取知识,增强学生学习的兴趣。通过成立领导机构、设立资助奖励基金、建立科研项目管理制度、开设创新课、设置素质教育学分、建立创新实验基地、举办科技竞赛、发展学术社团等手段,建立健全领导体制、管理体制、活动体制,为学生创造开展学术研究的机会和条件,培养他们的科研能力和创新创业精神。同时,组织各种形式的活动,广泛地利用社会的力量,为学生的社会实践提供宽广的舞台。

7. 权益维护服务。为维护学生的权益服务,树立依法管理、民主管理的思想,通过合法的形式,积极反映学生的心声,维护学生的正当权益,与侵害学生权益的行为做斗争,真正成为保护学生权益的代言人。

8. 就业指导服务。为学生的就业服务,帮助学生转变就业观念,通过各种形式增强学生的就业本领,开发学生的就业潜力,实现学生从人力资源向人力资本的转变。帮助学生找到能发挥自己聪明才智的职业、规划职业生涯成为服务学生的重要内容。就业指导主要是把就业安置和职业生涯规划结合起来,成立就业指导中心,具体职能包括指导学生进行自我评价、专业定向和职业定向,提供就业信息,指导学生参加实习、实践和开设就业指导课,传授求职择业技巧,推荐介绍学生参加就业与职业交流洽谈会,组织校园招聘与面试活动,指导毕业生通过多种渠道就业和为校友服务等。

9. 经济资助服务。高等教育不是义务教育,高校实行缴费上学制度,难免让一些贫困学生面临无法上学的困境,这些学生需要获取经济资助,高校学生工作应通过提供国家助学贷款、奖学金、助学金、学费减免和扩大勤工助学的途径等方式,帮助他们克服经济困难,顺利完成学业。还可以通过开设新生入学绿色通道、开辟勤工助学渠道、建立助困基金、吸纳社会救助资金、设置各类奖学金、成立助困中心等形式,为学生提供有效的经济资助服务。

10.后续发展服务。即对毕业校友的服务,包括毕业后的再教育和毕业后的再服务。毕业后的再教育包括学历教育和技能教育,学历教育包括专科升本科、本科生考研究生、硕士生攻读博士、博士进流动站做博士后等;技能教育包括毕业参加工作后的长、中、短期各类业务培训。毕业后的再服务包括留学服务和跟踪服务,留学服务包括咨询、指导、推荐和提供相关学历资料等;跟踪服务包括毕业生跟踪调查、提供技术支持、协办创业基地等。

随着高等教育大众化的发展,大学生结构发生了较大的变化,社会的进步使得他们的主体意识增强,需求和个人思想行为日益多样化。尤其是高校实行学生缴费上学,学生主体地位进一步明确。学生逐渐习惯于根据其利益来评价和要求学校的各项工作,包括学生管理工作,对交往、精神和发展需要的满足等,已经成为学校能否赢得学生信赖和支持的重要因素。这种变化要求学生工作必须从学生全面发展的实际需求出发,以学生为中心,把教育、管理融入服务之中。学生的教育、管理也是服务于人才培养,帮助和促进个体全面发展的,其最终目的都是促进学生的全面发展,离开了促进学生发展这个核心目的,教育、管理就会变得没有意义。这是一切学生工作的出发点和落脚点。教育、管理、服务是手段,三者相互糅合渗透,双向互动,促进学生全面发展是核心目标。

总之,高校学生管理新型模式的三种职能中,教育是管理的前提,管理是教育的手段,服务是教育与管理的有效体现。教育、管理和服务作为手段,始终体现在学生管理工作过程之中。要把教育、管理作为服务的支持和保障，在服务的观念下实施教育和管理，根据教育要求和学生成长的需要，优化学生的学习、生活环境，为学生成才、成功创造必要的条件。通过教育、管理和服务的有效整合，发挥学生的主动性，激发学生的潜在能力，从而将教育、管理和服务最终落实到促进学生全面发展的目标上来。在学生发展理论的指导下，正确认识学生工作存在的问题，处理好教育、管理、服务与学生发展之间的关系，已经成为高校学生管理变革的突破口。

第三节 高校学生管理模式创新的路径

一、树立正确的学生管理理念

俗话说"纲举目张"，树立正确的学生管理工作理念是高校创新学生管理模式的前提。根据实际情况，高校需要树立"以学生为本""为学生服务"和"全过程"等管理理念。

（一）树立以学生为本的管理理念

马克思在他的著作中提道："人的本质并不是单个人所固有的抽象物，在其现实性上，它是一切社会关系的总和。"这是马克思主义唯物史观的一个重要命题。以人为本是一种价值观的表现形式，它把人的本质作为最重要的东西，把人作为一切工作的基础，考虑从人本身的需求出发，以实现人的价值为最终任务。放到学生管理工作中，就是要以学生为基本出发点，把学生的个人发展放在首位。主要表现在以下几个方面：1.强调尊重学生的主体地位；2.充分尊重学生的需要，把学生关心的问题和需要解决的问题当成最重要的事情来处理，满足学生的合理需要；3.肯定学生的价值。在以人为本的管理理念中，学生的价值必须肯定，这是以人为本管理的基础。作为现代教育管理的一个十分重要的思想，以人为本的管理理念激发的是人的主体性和创造性的统一，强调了社会发展与个人发展的统一。

将"以人为本"的管理理念贯彻到高等学校教育实际过程中就是"以学生为本"的现代教育观。这一教育观念的基本内容就是要理解、尊重、服务、依靠和相信学生。就是要把学生这一教育服务的对象，真正作为学校工作的主体，所有的工作都围绕着学生工作这个重心开展，充分地考虑到学生的需要，并促进学生个人的发展；要把培养学生的综合素质作为衡量和评价一切学生工作成败的唯一标准，高度重视学生综合素质的提高，努力使学生的受教育经历得到个性化的发展，成为一个完整的社会人，使学生在受教育的过程中能树立起正确的人生观、世界观和价值观。

教育工作的最终目的是推动人类社会不断地延续和发展，但这一目的是通过培养社会所需要的人来实现的。因而各高校在围绕本校的发展战略构架出明确的工作理念的同时，在学生管理上应树立以人为本的理念，以学生为本，为出发点、落脚点和归宿，注重学生的个性发展。同时，在学生工作中注意管理和服务思想并重。

1. 注重学生的创新性发展和个性化发展

新形势下的学生管理工作要突出学生的主体地位，尊重学生个性的张扬与优化。全面注重学生创新意识和综合素质能力的培养，实现学生的多层次多维度的成才目标，全心全意地服务于学生的各方面，充分尊重学生在管理工作中的合理权利、主动性、积极性和创造性。具体可以通过理想信念教育，为学生进行自我选择和自我调整提供精神动力和行动指南；通过正面引导、反面惩戒来进行学生的需要诱导，即从道理上说服学生，促使学生明辨是非，权衡利弊，从而使学生正确规范自身行为，调整自己在学习、生活中的需要；通过动机激励、过程磨砺、利益驱动来进行学生的需要驱动，激发学生内在成才动力。

2. 注重体现学生的主体地位

要根据"依法治校、科学管理"的要求，一方面，明确地告诉学生，他们在学校里享有什么样的权利,在充分享有权利的同时不能忽视应尽的义务;另一方面,对学生的合法权益要予以维护,针对学生的决定,要做到程序正当、证据充足、依据明确、定性准确、处分恰当,学生对学校的处理享有陈述、申辩和申诉权,学校要有明确的程序,使他们在开放的环境中健康成长,从而建立起一种师生互动、沟通频繁的有利于学生积极主动参与管理的新机制。

3.实行人性化管理

高校是培养和输送人才的重要阵地,始终担负着为社会培养高素质的建设者和接班人的神圣使命。在现行的高校学生管理中,管理目标的抽象化和格式化也是高校学生管理的一大病。高校学生管理与学校的其他工作目标是一致的,都是为社会培养人才。

人性化管理是以情服人来提高管理效率的,人性化管理风格的实质就在于充分尊重被管理者的自由和创造才能,从而使得被管理者以满足的心态或以最佳的精神状态全身心地投入学习和工作当中去,进而直接提高管理效率。人性的管理是情、理、法并重的管理,而不是放任管理,也就是我们提倡的教育人性化。对高校学生实行"以人为本"的管理模式抓住了学生管理中最核心的因素,因为学生管理就是人的管理。人的需求、人的属性、人的心理、人的情绪、人的信念、人的素质、人的价值等一系列与人有关的问题均成为管理者悉心关注的重要问题。这是高校学生管理的出发点和落脚点。

高校的基本职能之一就是为社会培养人才,大学生已经具有了成为国家栋梁的基本潜质和条件,在教育和培养的过程中,要充分调动大学生的主动性、积极性和创造性,为他们提供能激发创造性和自主创新性的氛围。而要实现这一目标,高校学生管理就必须是人性化管理,实施"以人为本"的管理模式。首先要转变教育管理观念,树立科学的人才观。切不可用一种人才模式去要求学生,限制学生个性的发展。学生管理工作者要有着眼于未来的战略眼光和不拘一格育人的胆略。其次是要着重提高教师的综合素质，强化管理者的人格魅力。

在新形势下，主观上学生群体已经逐渐不再接受传统的高校学生管理模式，客观上高校管理所面临的形势也不能使这样一种模式维持下去。招生规模的扩大，个性培养和创新教育日益被高校所重视等，这些因素都要求高校学生管理必须抓住"学生"这一根本，转变管理理念，提高教师的综合素质，强化管理者的人格魅力。进行人本化管理，其实是对教师尤其是学生管理者提出了更高的要求。以人为本，促进高校学生管理和谐发展是时代的发展适应大学生全面发展和个性发展的必然要求。构建和谐社会、和谐校园，新时期学生的思想特点等使得以人为本的管理模式成为必然的选择。

（二）树立为学生服务的管理理念

当今世界，教育已经成为一种服务。世界各国的教育业都努力提高教育服务的水平和质量。对我国高校而言，这种理念需要不断推广和完善。在以人为本的教育管理模式下，必须强化将教育作为一种服务的观念。学生是学校最主要的服务对象，是教育工作的主体。学校的各项工作目标就是要为学生提供优质的教育资源和教育服务，使得整个学校构成一个完整的服务机构，为学生创造有利于学生成长成才的良好环境。学生管理工作是这个服务机构中的重要环节。

随着高等教育自费的普及，教育已经作为一种消费形式呈现在国人眼前。大学教师的主要任务是帮助学生学习知识、管理知识。教师和学生之间的关系是平等、民主的关系，必须摒弃传统的师道尊严和严格管理的思维，树立为学生服务，关心爱护学生的理念。站在学生的角度来看待学校的管理，使学校的管理模式更加适应学生的特点，让学生可以有更多自由的空间来发展个人才能。

如何提高教师服务学生的能力和水平呢？首先，高校的学生管理者应当树立服务意识，从思想上和作风上彻底改变高高在上的姿态，充分尊重学生的人格和尊严，对于学生提出的合理要求要想办法予以满足，为学生提供一个良好的学习环境，做到真正地热爱学生，发自内心地关心学生的个人成长与发展。其次，作为学生管理人员要有正确的教育思想和科学的管理理念；要有民主意识，要有兼容并包的思想，尊重学生的在学术上的不同见解和对人生的不同看法，使学生习惯学校的管理模式，乐于接受学校管理行为给他们带来的有益的熏陶，从而促进学生学识的提高和身心的健康发展。

当然我们目前的学生管理工作并不完善，无论在服务内容和服务水平上，距离这种"服务"的标准都还尚有不小的差距。这就给我国高校的学生管理工作提出了更高的要求。毋庸置疑，增强服务意识，提高学校各职能部门特别是学生管理工作人员的服务水平和基本素养，对于推动学校体制改革，建立有效的新型学生工作管理模式都是有百益而无一害的。

（三）树立全面的服务、教育、管理一体化理念

学生工作者应先以服务者的姿态出现，树立服务意识，在情感上无疑会拉近与学生的距离，容易得到学生的信任和理解，并在实施服务过程中形成对等交流的气氛，由此产生双向互动的效果。把服务作为管理的先导表现为学生工作者树立"以学生为本"的意识，了解学生普遍关心的问题是什么，学生迫切需要解决的问题是什么，进而在管理过程中对症下药。

树立服务意识还体现为，为弱势群体学生服务，为他们提供奖助学金和经济援助，以解决其后顾之忧。随着高校收费制度的实行，高校中有一部分学生的家庭条件比较艰苦，不能承担大学学费，作为学生管理者要树立服务意识，关心这些困难学生，帮助他们解决经济困难。通过设立奖学金、为贫困学生申请贷款、提供勤工助学岗位、实行缓期交费制度和给贫困生发放补贴等帮助贫困生渡过难关。

我们这里讲树立以人为本的理念不是把管理抛到一边，只讲服务，而是要以学生管理为依据，在管理的支持下实施服务。在学生工作中，涉及

管理的地方还应发挥出管理的功能,将管理作为服务的支撑和保障。这样既能更好地为学生提供服务,同时又能更有效率地实施管理。

为学生的成长和成才创设良好的氛围,促进学生发展,从而服务于高校培养人才的使命才是学生工作关注的重点。以学生为本,牢固树立为学生服务的理念,紧紧围绕着学生的需求,构建顺应学生发展的教育、管理和服务三位一体的学生工作体制,是学生工作可持续、协调发展的必然选择。学生规模的不断扩大,学生工作职能的不断丰富,学生事务的不断增多等导致了校级管理不顺畅,缺乏系统性与灵活性,不利于学生的全面发展。因此要树立学生工作的教育、管理、服务一体化的理念,树立以学生为本的理念。学生管理工作者被赋予了多重角色,他们既是管理者、教育者,更是学生的服务者,这就要求把教育过程、管理过程和服务过程相结合,使三者相互渗透,互相促进。

(四) 树立"全过程"的管理理念

高校为强化学生的技能训练,按照教学计划,每个专业基本上均建立了校外实训基地,而目前实训基地的学生管理工作基本上属于空白。因此为填补实训基地学生管理工作的空白,高校的学生管理模式必须树立"全过程"的管理理念,即在实训基地继续对学生实行相应的管理,可从以下两个方面进行尝试:一是要求在实训基地的学生成立临时管理机构,如组建学生临时党支部,由党支部在教师的指导下,带领学生在实训期间组织开展学生的自我管理;二是实行实训基地的"导师负责制",即由实训基地的技师或工程师按照一定比例对实训的学生进行技术及实践操作上的管理。高校贯彻"全过程"的管理理念具有重要的意义:一是体现了学校对学生"扶上马送一程"的殷切期望,使学生尽快适应社会;二是在延伸"服务学生"的管理理念的基础上,达到了"学生发展"的管理目的。

(五) 树立民主化学生管理理念

现代高校学生是一个具有较高素养的特殊社会群体,他们对事物的认知有着别具一格的见解,反感管理者的命令式的管理。因此当前在学生管理中我们必须强化民主观念,彰显人文管理精神。学生管理中学生的主体地位不可动摇,要做到一切为了学生,爱护学生、理解学生、尊重学生,努力营造平等、民主的育人氛围。而且要让学生在管理活动中参与管理,参与决策,从而使管理者和被管理者为实现共同的目标而奋斗。

当今社会在不断地进步和发展,大学生的思想观念、道德行为、价值取向等发生了深刻的变化,要引导学生加强自我管理,提高他们未来的生存能力和发展能力。在当今社会,高校教师既要教书育人,还要管理、指导学生,使学生养成正确的学习生活习惯,树立正确的人生观、世界观、价值观。

二、构建多元化协同管理的学生管理体系

在正确的管理理念指引下,高校的学生服务体系结构是否合理、运转是否顺畅有效,直接关系到高校学生管理模式的实际执行效果。

(一) 完善学生管理体系

高校应充分发挥学生会、社团联合会和各书院的作用。这些组织与学生有着直接的接触,他们的一些活动都可直接影响大学生的心理。因此,高校要想完善和创新新时代的学生管理模式,就应该从学校的各个组织入手,努力创建更高质量的学生群体,让他们带领其他大学生不断完善思想教育工作。要充分发挥学生会和社团联合会的主观能动性,使他们对学生产生影响。另外,在丰富校园文化的同时,要加强思想教育培训,从而帮助学校更好地完善新时代的学生管理体系。

(二) 完善学生管理体制

基层院系学生工作管理的有效开展离不开院系领导班子的大力支持。院系学生工作管理体系建设首先要安排院系班子即专门领导全面负责学生

工作管理，同时院系党政领导也要亲自抓。建立党政领导共同负责学生工作管理的领导机制，可以全面整合院系各部门的力量，使得院系教务、行政等各部门分工协调，促进基层院系学生工作管理有序开展。在院系党政领导的共同负责下，使学生工作管理既不是单纯的思想教育工作，也不是单纯的行政管理工作，而应该既是思想教育工作，又是行政管理工作。为了确保党政共同负责落到实处，可以在院系党政联席会议上单列一项学生工作管理，用以保障学生工作管理顺利、高效开展。

需要说明的是，各项工作的开展需要学校学工处发挥指导功能。同时，学校有必要赋予院系学生工作管理部门一定的行政权力和主动权，否则，仅作为与院系同级别的职能部门，其各项工作极有可能得不到有效开展，导致院系学生工作管理部门的职能与目标存在距离，从而达不到预期的管理目标。

院系基层学生工作管理必须建立在配备完善、工作得力的学生工作管理机构的基础上。长期以来，院系的学生工作管理机构虽然采取了不同的设置形式，但是无论采取哪种设置形式都必须满足学生受教育的需要，满足一定的设立条件。比如，是否适合学生全面发展，是否能使学生工作管理人员顺利开展工作，是否能够使得院系学生工作管理部门达到预期的目的。

要加强院系一级的领导和管理。在机构上，成立院系学生工作管理办公室，与学校学生工作管理处相对应，院系党政负责人共同对本院系的学生工作管理负责，院系学生工作管理办公室的常务负责人是院系党委（党总支）副书记。成员包括院系学生工作管理办公室主任、团委书记、年级辅导员等，需注意的是，院系一级的本科生学生工作管理由党委（党总支）副书记负责，而一些高校的研究生学生工作管理由党委（党总支）书记负责，那么在管理中应当由院党委（党总支）书记对全院研究生、本科生的学生工作管理负责，在具体工作中一定要统筹兼顾、理顺研究生和本科生的管理机制。

目前,由于大学生数量不断增多,事务量也在增大。虽然近年来学生工作管理组织进一步扩大,学生工作管理人员数量进一步增多,但是院系学生工作管理人员既要应付日常的学生工作管理,也要随时处理突发事件,往往有些力不从心。为此,院系学生工作管理部门应当以管理职能化、规范化为目标进行部门设置细化管理职能,以更好地满足学生的需要。具体来说,院系层面要成立或者设立以下几个与学生利益相关的办公机构。

1. 成立院系资助工作办公室。在院系层面上成立院系资助工作办公室,专门负责管理院系学生的各种经济资助事务。具体职能:做好与学校的资助管理办公室的任务衔接,同时,根据本学院的专业特点与有意向资助的单位进行联络,负责资助信息的收集和发布。同时,要做好学校奖学金、助学金的发放工作,适时提供一些勤工助学岗位信息等。

2. 建立院系心理健康辅导室。当前由于经济社会快速发展,学生的心理健康问题越来越具有独特性和复杂性,当代大学生需要专门化的心理辅导。院系直接接触学生,需要成立针对各院系特点的专门的健康和发展咨询部门,配备既了解心理辅导知识也了解本院系特点的专门人员。院系层面上的心理辅导室,可以借助学校心理辅导中心的力量,为本院系的每个学生建立心理健康档案,使得院系心理辅导工作成为学校心理辅导的有效补充,同时,也能在第一时间为院系学生提供心理帮助。

3. 成立院系就业创业指导中心。在院系层面设立就业创业指导中心,其职责是利用相关学生工作管理人员的专业优势,指导院系学生制订职业生涯发展规划,为毕业生提供与专业相关的求职技能和就业信息,指导学生从事创业活动等事务。院系就业创业指导中心应加强与学校就业创业指导中心的合作,利用院系的专业优势,加强与相关企业的联系,为学生提供高质量的就业创业服务。院系就业创业指导中心要牢牢抓住就业创业服务和就业创业指导这两条主线开展工作,做到重点关注、重点服务、重点推荐，谋求整体突破，提高毕业生就业率。

(三) 实现管理模式的法治化

1. 加快高校学生管理法治化进程

这是实现学生管理模式法治化的前提和基础。推进管理法治化是纠正高校学生管理制度建设弊端、堵塞制度漏洞的有效手段。学校教育是对"人"的教育，对人的教育必须建立在尊重人的基础之上，而对人的尊重首先是对人的权利的尊重。长期以来，教育道德化是我们一贯坚持的教育理念。在教育过程中，权利的设置和运用常常只受道德标准的衡量与限制，而缺乏法律的规范。但在依法治国的环境下，学校与学生之间的关系已经不再是一种简单的管理者与被管理者之间的关系，而是一种对应的权利义务关系。因此，我们应当将教育关系作为一种法律关系来看待，应当将尊重受教育者的合法权益作为教育者的首要义务，在行使教育管理权时，首先考虑的不应当是如何"处置"受教育者，而应当是这样处置是否合法、是否会侵犯教育者的权利，真正将受教育者作为一个平等的法律主体来对待。这才是我们需要的符合时代发展要求、体现现代法治意识的教育理念。高校学生管理的法治化需要管理者提高法治意识。高校管理者具有良好的法律意识是严格依法办事的重要前提，它可以促使管理者在依法行使自己管理职权的过程中，尊重和保护学生的法定权利，避免对学生的侵权。高校应该通过进行法学理论方面的专门化培训，敦促管理者自学等方式，培养管理者的法律意识，尤其是民主思想、平等观念、公正精神、法制理念等，从而自觉用法律法规来规范自己的言行，在管理工作中公正对待学生，尊重学生权利。同时，外聘一些司法工作者组成学生法律援助组织和仲裁机构，并与司法部门建立联系，协同接受各类申诉，立案处理一些案件，形成法治化的育人环境。

2. 建立正当的管理程序

这是实现高校学生管理模式法治化的关键所在。在具体的管理行为中，实现法治化的重中之重在于程序。这就要求，在处分学生时要及时将处分意见送达本人，确保学生的知情权不受侵犯；建立听证制度，充分保证学生的知情权；建立申诉机制，使学生有一个为自己辩护的机会；建立司法救济机制，保障学生的合法权益。正当程序原则可以追溯到英国普通法传统中的"自然正义"原则。从保障学生权利和维护学生尊严的角度来看，正当程序有利于保障学生的权利，特别是涉及学生的基本权利时更是如此。没有正当程序，受教育者在学校中的"机会均等"就难以实现，其"请求权""选择权""知情权"就难以得到保障和维护。另外，如果仅仅从工具性价值来理解正当程序的话，那就贬低了正当程序的价值。程序不能只是达成实体正义的手段，程序具有自身独立的价值。

3. 建立科学的学生管理评价体系

这是实现高校学生管理法治化的重要保障。高校对学生的约束，主要依据是法律标准。特别是在学生处分问题上，道德品质评价不能作为处分学生的依据。在对学生进行处分时，要就事论事，事实清楚、程序正当、依据明确、定性准确。在此问题上，我们要改变既往惯常对问题学生进行处分的教育管理模式，发挥思想政治工作的优势，在处分前要注重对学生的不良思想倾向进行引导，在处分中要加强对学生的思想教育，调动学生主体的自我教育功能，引导学生强化社会责任感，处分后要做好后续的管理和服务，给予学生更多的人性化关怀。通过把思想教育"软件"与刚性管理"硬件"密切结合，营造良好的育人环境。另外，一直以来衡量高校学生管理好坏的重要标准是管理效率的高低，对公平、正义的维护则显得不够。确立科学的学生管理评价体系就是不仅要实现"管住人"，还要"管好人"，以德服人，以理服人，维护学生的正当合法权益。

4. 构建多元化的学生权益救济机制

学校对学生的严重处分，不是对学生宪法上受教育权的剥夺，而仅仅是对该学生在一个特定教育机构接受教育过程的终止，不涉及学生宪法权利的保障。因此，在构建不服处分的救济制度上，不需要考虑宪法上的救济即宪法诉讼或其他违宪审查方式的问题，但是要考虑高校对学生的管理，在很大程度上具有行政管理的味道，法律、法规、规章对高校行政处分权的行使规定了严格的条件。行政处分的法定性特征具有对行政处分实施普通法律上救济的条件。就高等学校行政处分纠纷案件而言，行政诉讼和包括教育行政复议、学生申诉制度、教育仲裁制度、调解制度等在内的非诉讼机制都是学生可以利用的权益救济方式。建立多元化的学生权益救济机制，既是以法治校的重要体现，又是避免学校陷入司法审查陷阱的必要手段。

三、拓展多样化的学生管理渠道

高校的在校学生能够快速接受新事物，为此，作为高校的学生管理工作者也必须适应管理客体的变化，在实际工作中创新使用多元化的学生管理工作方式方法。

（一）实施"多渠道"学生管理沟通方式

高校要在学生参与学校学生管理的方式方法上进行大胆尝试。根据目前的实际情况，高校可通过以下方式实现学生参与学校学生管理：

1. 建立学生代表列席学生管理工作月例会的制度。高校分管学生工作的副书记或学生管理部门组织召开学生管理月度例会时，可安排有关学生代表参加会议。在参会时，学生代表可以参与有关事项的讨论，提出自己的意见或看法；对于学生代表持有不同意见的会议议题，会议不可做出决定，可由学生代表会后征求学生意见后反馈给有关部门再议。

2. 每学期不定期召开学生管理工作沟通会。以座谈会的形式进行，参与会议的人员为学校管理部门的工作人员及学生代表；会议的主要内容为听取学生代表对学校学生管理工作的意见或建议，会议对意见或建议能当场解决或答复的，要当场处理，不能及时解决的要在限定期限内答复学生。

3.在其余时间段内，高校可通过设置学生意见收集箱、在校园网上开辟专区等方式，随时收集学生对学生管理工作的意见或建议，并答复学生。上述会议的参会学生代表可从如下方法中选其一进行确定。一是校方发布通知，明确学生代表的参会条件及参会名额，鼓励学生公开报名，依照报名顺序确定后邀请其参加会议。二是通过定向方式，指定学生参加会议。三是邀请经各系学生选举出来的学生代表参加会议。四是按照一定规则随机抽选，邀请被选中的学生参加会议。无论是哪种方式，都要保证确定参会学生代表的过程公开透明，并保证参会学生代表的"五湖四海"。

通过这样的方式，一方面可以拓展学生参与学校学生管理工作的通道，另一方面，经会议通过并确定实施的议题，由于其内容经过了学生代表广泛的民主讨论，在执行过程中，参会学生代表自然成为该决议的推动者、宣传者，从而使决议执行得更加顺利。

（二）以高尚的校园文化引领学生

环境是人们赖以生存和发展的自然条件和社会条件的总和。校园文化环境是指与校园文化的形成与发展密切相关的外部条件。校园文化环境包括校园的物质环境和校园的精神环境两部分。校园的物质环境是以布局成型的姿态出现的物质环境，主要是指校容，如建筑物的布局、室外的绿化等。校园的精神环境主要是学校的传统习俗、校风、人际关系、心理氛围、文化品位及活动构成的气氛等。人的发展及才能的养成是遗传、教育、环境共同作用的结果。人不仅受他们所处的环境的影响，也在不断地改变环境。这个环境又进一步地影响他人和自己。就学校而言，这种对人的发展以及才能的养成产生影响的环境，就是校园文化环境。校园文化环境对学校的教育工作及师生员工的生活有着不可低估的作用。开展多元化的学生集体活动能够培养学生崇高的理想和高尚的道德情操，能够使学生的兴趣爱好和特长得到良好的培养和充分的发挥。在一个健全的集体中，学生的不良习惯及意识也比较容易克服，因为集体的优良作风对学生思想品德的形成和发展能起到巨大的促进作用。要充分调动学生的积极性、创造性，设法激发学生的思维兴奋点，组织开展丰富多彩的集体活动，在集体活动中教育、培养每个成员的集体主义精神，通过各项活动，积极发挥和发展学生的才干及特长，使活动和教育融为一体。

四、建设科学的学生管理评价体系

为衡量高校学生管理的实际效果，需要建立一个科学合理的多元化管理评价体系，以便对高校学生管理情况进行客观公正的评价。

（一）构建多元化的学生管理评价主体

从学校外部来看，高校学生管理评价的主体主要包含政府即高等教育主管部门、用人单位等两个评估主体，被评估的对象均为高校。从学校内部来看，高校学生管理评价的主体则包括校领导、职能部门、系或学院等二级单位、辅导员、学生和实训基地等六个评价主体。

1. 外部评价主体

教育主管部门主要关注高校的综合实力并通过高校的评估工作对学校进行全面的评估、评价，重点对学生管理模式中的素质教育、学生管理的基本情况、就业率及社会声誉等四个指标进行评价。用人单位则主要关注高校毕业生的整体能力和职业素质或职业操守，重点关注学生的综合素质指标，并可对毕业生质量和学校的社会声誉进行评价。

2. 内部评价主体

作为高校的校领导，既可对所有的学生管理评价指标进行评价，又可对负责学生管理工作的中层干部及其工作业绩进行评价；实训基地应对学生在实训基地的表现情况进行评价，作为学生综合素质指标中的重要组成部分；职能部门及二级单位则可对学生的综合素质情况进行评价；二级单位与学校职能部门可以相互评价；学生可对二级单位及学校职能部门的工作情况进行评价。

（二）设置多元化的学生管理评价指标

鉴于高等教育部门对各高校的评估工作已经有了完善的流程、成熟的方法和健全的指标，因此在这里暂不对主管部门的评价指标进行探讨。而高校学生综合素质的评价指标可以满足用人单位的关注需要，因此下面仅对内部评价主体的评价指标设置进行探讨。

高校在设置评价指标时，要按照分层设置、全面公平的原则来确定指标设置的总体架构，同时又要兼顾阶段性操作原则，如学期考核和学年考核相结合，考虑考核指标可以实现量化考核与定性考核相结合的原则，同时兼顾各评价主体均可参与考核的原则。

由于各高校的具体情况不同，因此暂不对学生管理模式评价体系的整个评价指标设置进行详细阐述，而是将以学生为评价对象的学生综合素质的评价指标设置作为例子进行说明，以便阐述管理模式评价指标的设置思路和方法。结合高校学生在实训基地工作的时间较长、社会对高校学生的技能要求等要素，笔者认为高校的学生综合素质评价指标体系应分三级设立，才能全面反映学生的思想道德素质、身心素质和专业素质。即学生综合素质的一级指标为道德、心智、技能等，在每个一级指标下再设置二级指标和三级指标。

按照上述原则，对目前执行的学生综合素质评价体系进行研究后，提出如下优化、改进建议：一是在技能考评方面，降低学生在校成绩比重（考试课成绩由80%的比重降低为50%的比重、考察课成绩由20%的比重降低为10%的比重）、增加学生在实训基地的职业技能评价（将其占比确定为40%）；二是在心智考评方面，增加学生心理素质测评指标，以鼓励学生全面发展；三是对考核指标进行微调。

五、推行精致化管理新模式

精致化管理是当前管理科学领域的一个重要思想，针对学生管理的复杂性，提出精致化管理有助于提高学生管理的整体质量，同时也是改善和提升学生管理工作效果的一项重要手段，为创新学生管理工作提供了重要思路。

精致化管理起源于日本，是一种企业管理的理念。它主张最大限度地减少管理所占用的资源和降低管理成本。这一思想已经广泛应用于很多管理学的领域。它在常规管理的基础上，更加强调管理内容的细节化和精细化。在提升组织整体执行能力的过程中，精致化管理是一项十分重要的手段，其实质就是将任务具体化和精细化，它是一种对战略和目标分解细化和落实的过程。在精致化管理中，组织的战略规划被贯彻落实到了管理过程中的每一个细微的环节，并且让每个环节都发挥作用。

精致化意味着精益求精。高校学生工作精致化管理就是要运用精致化理论，将高校学生管理做细。具体来说，就是能够了解每一名学生的状态，激发每位学生的潜能，使每位学生都能够找到适合自己发展的道路。要做到这一点非常不容易，因为高校学生的特点之一就是具有多样性。要做到精致化管理，需要在大学生培养的所有环节中都做到细致入微，这需要全员的参与，包括学生管理工作人员和任课教师。精致化管理是一种高度，体现在大学生培养教育的每个细节当中。

精致化管理是学生管理模式的创新。它强调学生管理工作的可持续发展，对学生和教师都提出了更高的要求，需要师生的密切配合和共同努力，从细节着眼，最终实现整体的共赢，是适应新时代要求的管理模式。高校学生精致化管理充分体现了当代高等教育改革的重要发展趋势。与以往的管理模式不同，精致化管理强调学生个性的发展，承认学生的差异性并致力于满足每一位学生的要求。

相比于传统死板的管理模式，精致化管理能够极大地调动学生的积极性和内驱力，使学生具备较强的创新能力和社会适应能力。高校学生精致化管理的最大特点在于它充分借鉴了科学管理模式，不是单方面地趋向于某一种管理方式，是注重个体差异的，强调以人为本。现在的大学生多为"00后"，与以往的大学生相比，由于他们可以接触到的信息量更大，他们的思想也更加多元化即便是同龄的学生，即便生活与成长的环境相似，其世界观、人生观和价值观也可能迥然不同，这就给学生管理工作带来了很大的困难。以往一刀切的传统模式，如果用在现在的大学生身上，势必会遏制一部分学生个性的发展。运用精致化管理的理念，可以引导大学生追求正确的价值观，促进学生自我发展、自我服务和自我完善。

精致化学生工作管理模式需要着力坚持"以人为本"的学生管理理念，是"以人为本"理念在高校学生管理中的生动体现，它要求做到"一切为了学生、为了一切学生、为了学生的一切"，把学生放在最重要的位置上。学校的根本任务是培养对祖国、对社会有用的人才，就是培养综合素质过硬的学生，因此不管是学校的什么工作，都要以学生的培养工作为中心。要贯彻落实精致化管理，需要科学制定精致化学生管理制度，保证在整个执行的过程中做到有章可循，有章可依要做到制度精致、准确，针对学生管理工作中可能出现的情况做好预判，力求保证管理过程井然有序，依靠制度来管理和约束学生。

精致化管理具有特殊性，在落实精致化管理时，要加强人员队伍建设，这包括学生管理人员队伍建设和学生干部队伍建设。要充分发挥辅导员和学生干部的作用，切实了解每一位学生的情况，包括其家庭条件、行为习惯、学习能力、经济状况、个人素质、个人特长、情感状况、心理状态等，并且针对学生的具体情况进行分析，找出适合学生个体发展的合理途径，并且对他们今后的发展开展必要的跟踪调查。这个工作量非常巨大，因此需要培养有力的学生干部队伍来辅助辅导员和学生管理工作人员来做工作。

第七章 高校学生的系统化管理与创新研究

随着社会主义市场经济体制的逐步完善，我国高等教育事业快速发展，高等教育体制改革逐步深入，学生的思想观念日益复杂，因此，应对高校学生进行系统化管理，并加以创新。本章重点探讨高校学生社区化管理与实践、高校学生社会实践化的管理与创新及高校学生管理工作的信息化建设。

第一节 高校学生社区化管理与实践研究

一、高校学生社区管理

随着我国高校改革的进一步深入，以寝室为单位的学生社区的地位日益突出。学生社区（本书简称为学区）是社区概念在学校管理中的反映，学生社区是大学生在校学习、生活、休息的基本活动场所。社会学研究表明，第一社区是一种地域上的存在，第二社区是"它的实质是人的聚居与互动"。就第一层意思而言，社区的特点是居民的共同居住；第二层意思则表明社区具有文化功能。就一所高校而言，学生社区指这所高校的所有寝室和周边环境（学生公寓）以及这种环境所能达到的最大的育人功能。

(一)高校学生社区管理的内涵

这一概念一共包含两个内容，一是指区域环境，二是指文化功能。区域环境即是指：一方面，学区是校园的区域组成之一，是校园内的地理分区，是学生的居住区；另一方面，学区也是学校的一个重要管理区，就社会组成结构来讲它是组成学校管理的结构之一，学校与学区存在某种程度上的隶属关系。

在完全学分制实施的背景下，学生群体间专业、班级甚至年级的界限日益模糊，作为学生的居住区其地位随之上升，以满足学生以居民身份与学校以及相关社会机构进行实质性对话的要求。文化功能更多地表现为社区人文环境与居民生活的相生相融，成为社区居民接受文化教育的主要阵地。学生社区在文化功能上还要承担更多的责任，要确保"文化为了教育，教育为了学生"，它具有更加鲜明的目标和内容指向。

高校学生社区的主要功能，就是要使学区成为高校德育工作一个有效的有机环节。它承担的主要任务是为未来社会培养合格的社会公民，从社区角度出发，即要培养适应社区生活，与社区和谐相处的居民。一个社会的现代化归根结底是人的现代化，是人的意识和人的才能的现代化。社区作为社会构成的单元部分，它的现代化更离不开其居民，即社区成员意识的现代化。因此培养具有社会意识的现代人必然成为现代教育的任务之一。学生社区作为社区的特殊形态，同样要求其居民（学生为主体）以社区理念处理社区事务。从这一角度讲，学生社区承担向居住其间的不同年龄、不同性别、不同生源、不同专业的学生灌输现代社区意识，将其培养成为积极参与社区事务、能适应并完善未来居住环境的合格居民的任务。因此，学生社区更像一个准社区，就如同学校向各行业输送人才一样，它负责向未来的社区输送高层次的居民。

由此可见，区别于城市一般社区和农村社区，学生社区是附属于学校的，由定期流动的学生和相关管理人员组成的，在具备相应的物质功能的同时，还应形成相应的育人功能的一类特殊形态的社区。它不单有显而易见的区域含义，同时也是一个过程，即一个通过整个学生社区成员（主要指学生）的积极参与和依靠学生社区的创新精神来完成其育人功能的过程。同社区一样，学生社区一词也有一种温暖的劝说性意味，它是一种情感力量，让学生具有对物质环境的归属感。在同一学区里，不同学生的关系建立在相互依存和互惠的基础之上，这种互惠和相互依存是自愿的、理性的，是通过自主参与实现的。学生参与是学区存在的反映，只有通过学生参与才能使学生的多样性以及他们归属学区的不同方式具体表现出来。

（二）高校学生社区管理产生的背景

1.我国高等教育现代化和国际化发展趋势需要一种符合高校学生教育管理的新模式。为了克服高校持续扩招带来的后勤设施不足，我国高校借助国外发达国家高校后勤社会化的管理体制，或引进社会资金，或集资联建，或贷款与集资相结合，大力兴建学生公寓，并推行了后勤社会化管理，较稳定快速地解决了学生的住宿、餐饮、娱乐等一系列学习、生活、文化活动设施建设存在的经费短缺问题。但后勤社会化却带来了高校管理的"二元化"问题，即对学生的学习实行的是与西方高校不同的传统教学行政管理，而对大学生的生活却推行了类似西方大学的社会化管理，教学行政管理与社会化管理事实上存在于"两个体系"中。高校学生工作面临的挑战是：怎样将"行政管理"与"社会化管理"两个体系合二为一，从而达到对学生人格的教育的统一。

2.我国高等教育改革和发展不断深化需要改革传统管理模式。面对高等教育的改革和发展的现实情况，尤其是高校学分制改革的逐步深化，传统的班级概念趋于淡化，以班级作为思想政治教育基本组织形式和主要工作渠道的情况正在改变，社区越来越成为大学生学习、生活的重要场所。同时，随着高校后勤服务社会化步伐加快，学生社区的环境氛围、社区的文化设施和社区管理服务的质量如何，以及社区管理模式怎样，这些对传统的高校学生工作提出了新的问题。因此，高校社区化管理被提上了议事日程。

3.适应学生群体特征，加强和深化高校思想政治工作，需要一种更切合实际、具有实效的教育管理新模式。高校学生思想政治工作者，必须根据变化了的情况，及时调整工作思路，做出应对之策。面对高等教育的日趋现代化和国际化，特别是教育教学改革的不断深化，高校改革向纵深发展的新形势，高校学生社区管理如何坚持社会主义办学方向，很多高校在开展党建与思想政治工作以及日常教育管理工作方面，与时俱进，不断创新，探索出了一条符合形势发展要求和高校实际的学生教育管理新路径，即高校学生社区化管理。高校学生社区化管理是加强和深化新时期高校学生思想政治工作的需要。

二、高校学生社区化管理的实践研究

（一）高校学生社区化管理的现状
1. 社区化管理国内目前的三种类型

大学生社区目前在我国已普遍存在。就现在的全国各地大学生社区的现状来看，目前主要存在三类管理模式的大学生社区。

（1）跨省（市）的大学城社区。

这类学生社区的特点是规模大，学校多。从大学所在的省（市）来划分，既包括大学城所在地的大学，也包括外省（市）的大学；从大学的性质来划分，既包括理工大学，也包括综合性大学和专门大学；从学校层次来划分，既包括研究型的本科大学，也包括专科学校和职业技术学院。

（2）同省（市）的大学城社区。

这类大学城社区的特点是规模较大，高校多的有数十所，少的也有几所到十几所，大学属于本省（市）的大学。如重庆市的虎溪大学城，其入住的学校就有重庆大学、重庆医科大学、重庆师范大学、四川美术学院、重庆科技学院等多所高校；上海市的松江大学城，入住的有复旦大学影视学院、东华大学、上海外国语大学、上海工程技术大学、上海对外贸易大学、华东政法学院、立信会计学院等多所高校；广州市的广州大学城有中山大学、华南理工大学、华南师范大学、广东工业大学、广州美术学院、星海音乐学院、广州大学、广州外国语学院、广州中医药大学、广东药科大学等多所高校；南京市的仙林大学城有南京师范大学、南京中医药大学、南京财经大学、南京邮电大学、南京森林公安高等专科学校等多所学校；武汉市的黄家湖大学城也是一个规划占地约40平方公里，规模达到可容纳20万学生的大学城。

（3）由一所具有一定规模的大学构建的学生公寓式社区。这类学生社区的特点是，在原学生宿舍区的基础上，进行管理模式上的改革，即对原有计划经济条件下的学生宿舍式管理模式，实行后勤社会化改革，实现社区式管理；随着学校规模的扩大，对新建的学生宿舍实行社区化的管理。这类由单个学校构成的公寓式学生社区目前全国也不少。以重庆为例，重庆交通大学、重庆邮电大学、重庆工商大学等，其学生公寓式社区即是这类社区。

2. 社区化管理的实践

（1）单一院校学生社区管理模式。

这类学生社区管理学生来源单一，规模相对较小，管理容易到位。因此通过社区党总支、支部、学生党员接待室、社区团组织、社区学生会、心理咨询室等的构建，就形成了从学校党委行政到社区学生寝室的完整管理体系，使各类社区管理中容易发生的问题能得到及时有效地解决。这类管理模式总的来说比较成功。

重庆交通大学曾做出"构建人才培养新体系，全面实施学生社区化管理"的决定，按照"学生公寓不仅是学生生活、学习的重要场地，更是课堂之外对学生进行思想政治工作和素质教育的阵地"的指导思想，构建学生社区，成立党总支和管委会，全面负责所辖学生宿舍区的党建与思想政治教育、学生日常管理以及后勤服务等各项工作的统一管理和统一协调。重庆交通学院在全国高校中率先迈出了学生社区化管理的步伐。

目前，重庆交通大学根据学生宿舍区分布情况成立了四个学生社区，建立了属于正处级单位的四个学生社区党总支，配备专职辅导员，同时建立管委会，下设办公室、楼党支部、后勤党支部、分团委、学生会、学生党员接待室以及物业管理分中心、保安部、饮食服务中心等机构。社区党总支（管委会）主要负责人由学校委任，学生楼党支部书记由政治辅导员担任，开发商派驻社区的物业管理公司、饮食服务中心、保安部等负责人由学校聘任为管委会副主任。学生社区党总支（管委会）在学校党委领导和学生工作部的具体指导下，全面负责所辖学生社区的党建与思想政治工作、日常教育管理、成才指导、生活服务等各项工作；社区物业管理分公司、保安部、饮食服务中心等机构按照相应的职责权限在学生社区党总支（管委会）的统一领导和统一管理下开展工作。

在学生社区化管理模式运行过程中，重庆交通大学坚持做到"七进社区"，即：学生党团组织进社区、政工干部进社区、学生社团进社区、学生党员接待室进社区、网上思想政治教育工作进社区、心理咨询进社区、学生自我管理组织进社区，在大学生社区管理上全面跟进，以新的教育思路初步成功地探索出学生社区管理新模式。

（2）跨省（市）大学城与同省（市）大学城。

集中多所高校的跨省（市）大学城社区的学生管理的特点是，城区规模大，学生人数多，基础设施可以得到有效利用，在生活管理上可以取得相应的效益。但与之相对应的是，正是由于学生人数多、涉及的学校多，因此，在管理上也容易出现某些漏洞，这种管理的漏洞主要不是寝室管理的不规范，或者教学设施使用上的混乱，事实上，一个大学城在学生寝室的管理上是完全可以统一规范的，在教学设施的使用上也可以更好地充分利用。这里的管理漏洞，往往更多的是指各个地区、各个学校对学生管理要求的不一致、不统一。因而就可能出现这样的情况，有的学校管理得较严格，有的学校管得相对较松，这一严一松中，就可能出现管理信息上的不完整，问题就可能从薄弱部分反映出来。用管理学的术语来表述，就是"木桶效应"，即木桶里的水会从箍桶板中最短的一块木板中漏出来。跨省（市）大学城管理上需要解决的问题是如何在发挥规模效益的同时，避免由不同省（市）、不同高校在学生管理制度上的非一致性而产生的薄弱环节，从而使教育部颁布的《普通高等学校学生管理规定》得到实实在在的执行。

与跨省（市）大学城一样，单一省（市）大学城充分利用基础设施、扩大管理效益的优势也是明显的，但同样存在各高校间学生管理不一致的问题。这种不一致，不仅源于各高校之间的专业特色，也源于各高校的定位：有的是研究型大学，有的是教学型大学，有的是综合型大学，有的是多科性大学，有的是专门的学院（如医科、工科、农业、教育等），有的是职业技术学院等。同时，还存在着不同高校对学生管理的认识不一致的情况。有的非常重视，可能在管理上就做得比较细，有的认识可能不到位，可能管理就会有疏漏。这种管理的不一致，将可能导致大学生社区管理出现偏差，使得因为信息反馈的不及时、管理的不到位而酿成工作失误。

3. 社区化管理取得的实践成效

实施学生社区化管理不但可以较好地应对高校后勤社会化改革和教育教学改革给高校学生教育管理带来的新机遇、新挑战、新任务和新问题，而且使学生党建与思想政治工作的着力点更明确、体系更完善、育人机制更健全，对学生的教育管理成效也更明显。其主要作用表现在以下几个方面：

（1）能够增进各学校、各级组织与学生之间的交流和情感联系。近几年不断出现的学生与学校间的法律纠纷一度成为整个社会关心的热点问题，相关专家指出，发生这些问题的一个很重要的原因是学生与学校之间缺乏必要的、平等的交流与沟通，因此引发出学生、家长、社会与学校之间的诸多矛盾。而社区化管理改变了师生以前对社区化管理改革的消极认识及评价，通过政工人员和学生社区中的党团组织机构与心理咨询机构的工作，缩短了学生与组织间的空间距离和心理距离，进一步体现出思想政治教育应具备亲和力和感染力的特点，师生之间、学生与组织之间、学生与学校间的关系也更加自然和谐。

（2）服务机构和成才育人环境将更加优化。在以社区党总支为核心的管理体系中，综合利用好各种服务机构，加强统一指导，能为学生的成才提供一个更加完整、科学、有序的体系和空间，使社区的管理和服务更加快捷、完备。社区化管理可以科学整合各种资源，增强教育管理合力，在社区管理体制下诞生各种健全、富有活力的社团组织，为社区创造丰富多彩的科技文化氛围，为学生素质的拓展提供更加立体的空间，对学生个体知识结构的完善、个性的培养和素质的拓展发挥了积极作用。从管理和经营角度提出社区的统一管理思想和教育理念，为学生的成才和教育机构的育人提供了更加优化的内外环境，能够有效保证高校连续扩招后教育管理质量和学生素质的稳步提高。

（3）更加有利于贯彻"以人为本"的管理理念，更加优化育人效果。在以人文素质、健康成才教育等为主要内容的氛围中，学生真正成为学校服务的对象和主体，自始至终坚持把学生的成才放在第一位。如果要在整个教育过程中真正地贯穿这一主旨，就必须为学生的成长与发展提供良好的物质条件，在此基础上创造良好的"求知、求真"的学术氛围，营造出一种以人文素质、健康成才教育等为主要内容的道德文化育人氛围，给予学生一种积极的引导，使学生在良性的德育氛围的感染熏陶下主动去锻炼、提高自己，最终培养学生良好的生存适应能力。

（二）高校学生社区化管理的理性思考

1. 社区化管理面临着机遇和挑战

全面实施学生社区化管理已经迈出了高校学生思想政治工作具有代表意义的一步，在国内各高校先后进行的各种形式的理论研讨和实践探索，解决了部分理论和操作问题。但是全国高校地域分布广泛，办学特色不一、教育环境和教育条件参差不齐等因素决定了任何一种管理模式都要经历一定的过程。社区化管理在实践探索过程中仍存在许多具体挑战，主要表现在以下几个方面：

（1）内部机构关系和运作方式尚欠科学和完善；构建并处理好教育、教学、招生就业三大平台之间的关系；需要进一步处理好教学管理与教育管理、社会化服务管理及教育教学管理之间的关系；科学分析和分配学生教育管理平台内部机构间的权重等。

（2）对实施学生社区化管理的后继问题重视程度和研究不够，前瞻性理论探索较少。例如，随着改革的进一步深化，政治、经济、社会、文化、教育等诸多方面将会出现许多新的变化，学生社区的管理要怎样适应这些变化等问题缺乏研究。

（3）急需提升学生社区的价值，即使学生社区在学校机构设置、运行体制、社会效益、育人过程中体现出更大的效度和影响力。

（4）在跨省（市）大学城和同省（市）多所大学集聚的大学城，存在着学生社区管理不统一的问题。由此可能导致一些不稳定因素从管理的薄弱环节滋生，有可能成为影响全局稳定的因素。

2.社区化管理的对策

高校学生社区化管理无论是作为高校适应社会发展的需要还是内部区域管理策略，或对学生进行方向性教育的过程之一，都有着十分重要的现实意义，在现有的基础之上展开这方面的建设应注意以下几点：

（1）借鉴国内外高校学生教育管理模式，不断加强实践探索和理论创新。

传统的学生工作观念一直轻视寝室的育人功能，将寝室当作完全物化性存在，因而在实际工作中只重视学生生活环境的维护与保持，没有自觉地发挥寝室作为学校育人工作环境之一的应有作用。同时，由于工作视角单纯停留于单个寝室，而未能将以寝室为单位组成的学区纳入视野，也很少注意学区育人功能的发挥。

在高校，学生的专业教育一般由各个教学系（院）来完成，学生的思想政治工作则由学校和学院具体的学生工作机构来完成，学生的物质生活需求由后勤部门来满足，而对学生进行未来生活训练，培养其成为遵守社区规范，具备相应社区意识的文明公民的教育任务却没有一个成型的组织来承担。这无疑是大学教育的一个疏漏，从这个角度讲，建立大学生社区，完善学生社区管理，是完善高校育人职能，优化高校育人环境的必要举措，是当前高校学生工作迫切需要解决的问题之一。只有自觉地将学生社区建设纳入学生管理工作中去，并给予其应有的地位，学生社区培养社区现代公民的育人功能才有成为现实的可能。

因此，加强理论建设和创新一定要贯彻开放办教育的理念，不断增强学习意识与开放观念，不断加强理论建设。高校学生社区化管理需要改革者的开放观念和博大胸怀，通过不断比较发现差距，促使在社区化管理的过程中自觉主动地探索理论，积极准备改革所需的条件；应提倡各高校之间的交流与合作，互促互进，在实践中不断积累宝贵经验；应夯实理论基础，加强理论建设创新，为高校学生社区化管理向纵深发展而共同努力。

（2）完善运行体系、解决机制问题是社区化管理的关键所在。

机制是不可或缺的软件，建设好学生社区需完善三大机制，即学生社区运行机制、学生社区志愿者参与机制和学生社区的内部激励机制。学生社区的运行机制是学生社区得以正常运转的前提。运用学生社区公共设施和相关权力，以满足服务需求为目标，不断提高服务质量，保持服务的功能成本，长期维持服务的再生产，这种周期性的进程状态即是学生社区的运行机制。这一机制本身说明学生社区组织的非营利性，或者说非营利性是学生社区行为的特征之一，是学生社区自我服务、自我调节功能的体现。不断地实现这一机制良性运转的关键是服务质量，服务质量同样也是确立学生社区形象的基础，是学生社区存在必要性的证明。

学生社区的志愿者参与机制是培育学生社区人文生态环境的深层次社会文化问题。在学生社区中建立一支具备一定数量和质量的志愿者队伍不仅是一种管理现象，更是一种文化现象。事实上志愿者本身即是社区意识的内在有机组成部分，是社区成员积极参与社区事务的显性表现。在学生社区，志愿者的行为是建立一个以人为本、文明互助、共同参与的和谐学生社区的重要途径。

学生社区的内部激励机制是学生社区积聚人心、发挥作用的保证，学生社区的非营利性能否像企业一样具有关注效率的动力，主要有两个问题：其一，非营利性组织的动力主要在于获得居民的满意和社会的认可，这是一种深层次的心理需求。市场经济导致人们会为利而动，在这种情况下，为他人和社区努力工作的人尤其会得到他人和社会的尊重。其二，个人运用社区职能通过解决社区矛盾进而解决个人问题的有效途径。一个发育良好的学生社区环境通过事务公开化、透明化，将工作者的各种努力、困难、成绩和失误显现出来，靠来自外部的反应去推动自己努力改进工作，从他人眼中看到自己的状态从而调整自己的行为，进而完善自我，即学区的内部激励机制。

（3）教育管理结构和管、教关系的调整和平衡。

学生社区建设是一项系统工程，必然需要对原有学生社区管理结构进行调整，科学处理教育和管理的关系。首先必须结合高校实际对原有学生工作进行结构性调整，并建立健全相应的规章制度，要从根本上解决这些问题，还需要处理好管理载体、教育平台、育人方式等全方位的问题，头绪纷繁芜杂，加之无成型的经验可借鉴，面临的问题和难度都还较大。但以结构调整作为切入点，是一个比较可行的思路。具体要处理好以下几个关系：

一是各级学生社区与社区总管理委员会之间的纵向关系。各学生社区管理委员会在人事安排上是一致的，都是根据三大职能安排负责人。学生社区总管理委员会由专职政工人员组成，负责相关政策制定、处理学生社区与校内外各社会机构关系、领导学生社区等工作。各分委的工作重点落实在学院一级，它依托学生专业而保持相互之间的独立性，同时与总管理委员会保持一致性。各支委是学区管理的基层组织，它直接与楼层和寝室发生联系，同时也可在力所能及的范围内与相关单位交涉学区事务，因此也应具备相对的独立自主能力。

二是校学工部门、团委与学生社区总管理委员会的关系。学生社区总管理委员会是校学工部的职能部门之一，是学生社区管理中最具有实权的管理层次，尤其在实现学生社区维权的功能方面，其作用更加明显。学生社区主要通过总管理委员会实现与相关部门的平等对话，解决实际问题。团委介入学区管理，主要体现在对学区成员的思想教育与严格管理方面。各学院学生工作办公室的主要负责人一般也是学院的团总支书记，因此共青团这条线的介入有利于加速形成一支由各院（系）团总支专职干部、各学生辅导员组成的宿舍思想教育、纪律管理、寝室内务管理队伍，有利于各项活动的协调，保证宿舍后勤管理的顺利开展。同时，团委是学生思想政治工作与校园文化工作的主角之一，团组织又直接指导各级学生会组织，有利于将寝室文化活动纳入整个校园文化建设中去综合考虑，从而引导寝室文化向高层次发展。

三是校学工部门与社区的关系。对于单一高校组成的学生社区而言，这层关系可以体现某种专业特色。以专业安排学生寝室的高校，可使整片宿舍区基本上也成为一片专业区，很多基层工作需要在这一层面来组织和解决。高校学生工作部可以通过本校学生会来协调与支委的关系，这其实也是将基层学生工作重心由班级向寝室转移的一种方式，从而使学区成为校园内各项学生活动展开的活跃区域之一。对于多所高校组成的大学城而言，这种关系还必须增加一层，即各学校学工部门与大学城管委会之间的协调关系，各类管理工作与活动除了考虑本校的相关特色外，还应与大学城管委会协调，通过管委会与大学城内其他高校协调，使其活动或管理产生更大的规模效应。

四是根据学生社区职能，设立相应的管理机构。从人事角度处理，在大学城管理总委、分委、支委上各自安排人员以执行这三大职能。学生社区管理支委设学生社区区长一名，副区长一名，志愿者队长一名，也可根据实际情况适当增加管理人员数量，从而形成以学生社区区长、志愿者队长、楼长、宿舍长为主的学生社区管理基层机构。校院级学生社区管理机构可在原有学生寝室管理机构的基础上合理增加或加强学生社区的相应职能（例如学生权利维护等）。这种管理方式并未对原有的学生管理结构做大幅度的调整，从而使其更具有现实可行性。学校、学院、楼层（或公寓）三级管理有助于发挥不同优势，校学工部、院学工办和院学生会的介入使学区工作顺利地纳入学生管理工作轨道，从而保证原有学生工作的连续性，方便学校相关部门对学区工作进行帮扶指导。当然这种管理布局也不是适合所有院校。对此，还有一种更加彻底的解决办法，即将学生会组织直接设立在各个学区之上，由校学区管理委员会和校团委直接指导各个学生社区的工作。

五是制度和机构设置要同步。为了学生社区工作的顺利开展，制定相关制度是必要的。但从目前学生工作的状态来看，能否保障学生社区管理委员会具有相应的学区管理权利，能否保障学生作为学区居民与学校、后勤等部门具有平等对话的权利以及能否保障学生通过民主渠道参与学区乃至学校相关事务是影响学区生命力的决定性因素。

六是细化管理规章，解决管理的薄弱环节。这对于多所学校组成的大学城管理尤为重要。一定要通过管理规章的细化与统一，解决不同学校在管理上的疏漏。现阶段，各地的学生社区建设面临许多新问题：如学生社区规划问题、党的组织问题、学生社团活动如何与学区管理结合问题、学区矛盾与纠纷是否应用法律手段解决问题等，这些问题都会现实地摆在大家面前。但无疑实行学区管理是符合高校教育规律的，它体现了思想政治教育与规律工作相结合，融于学生具体生活实践的德育原则，提高了学生工作的规律层次，有利于学生自立、自主、自强意识的培养，有利于为社会培养具有现代人文意识、现代生活观念的社会主义新型公民。

（4）准确把握高校学生社区化管理的发展方向。

随着高校社会化改革的不断深入，高校学生社区化管理应该向哪些方面发展是目前需要讨论的重点问题。学生社区应该成为培养德、智、体全面发展的人才及"管理育人、服务育人"的重要阵地，应该是影响大学生成长、成才的重要环境和学校精神文明建设的窗口。因此，高校学生社区化管理应该成为高校改革的重点，有些传统的管理模式已不能适应高校的发展，学生社区化管理势在必行。从高校社区化管理的发展方向看，不断完善学生社区的教育管理机制，积极探索学生社区管理的新思路、新办法，建立与传统的班级管理模式差距较大的新型大学生社区管理模式是今后发展的方向。

①智能化管理方向。

管理智能化就是借助信息技术手段，建设学生生活网络和社区管理服务网络，用计算机等现代科学技术进行科学的管理和服务，体现高效管理，实施高效服务：将几栋学生宿舍形成的社区实行联网管理，学生进出公寓进行红外刷卡管理，减少管理人员，杜绝外来人员的进入；对社区内部的床位、电费、水费管理等都实行智能化管理系统；在此基础上增设学生社区 BBS、公寓管理员信箱和住宿信息、电话号码、火车时刻、住宿费、超额水电费、卫生考评等网络查询功能，将现实世界、书本世界和虚拟世界有机结合，通过网络服务平台为学生提供更加方便快捷的生活网络服务。

学生社区的智能化管理就是建立智能社区进行各方面的管理，促使管理模式的合理化、管理方法的科学化。智能化社区的建立，对学生公寓的安全管理，尤其将学生进出、消防报警、用电负载识别等上升到了一个全新的层面。广泛运用计算机平台的自动化技术和智能化技术开展这些工作，可以大大提高管理效率、准确性、可靠性和安全性，还可以解决许多单靠人力不能解决的问题。通过实时微机管理，可以随时了解入住学生的基本情况和日常动态，形成服务方与学生之间的双向联系，形成社区管理信息的流通，推进管理科学化、智能化的进程。

②人性化管理趋势。

人性化管理源自企业管理范畴，指以情服人来提高管理效率。通俗地讲，人性化管理风格的实质就在于充分尊重被管理者的自由和创造才能，从而使得被管理者愿意怀着满意或者是满足的心态以最佳的精神状态全身心地投入到工作当中去，进而直接提高管理效率。人性的管理是情、理、法并重的管理，而不是放任的管理。这种管理精神对高校的学生社区化管理同样适用。

人性化管理的核心是以人为本，充分相信学生的自我管理能力，应尊重学生的权益，鼓励学生的自主和创新，不能把学生当作没有思想甚至没有自主能力的群体。高校学生社区化管理要实现人性化，管理者首先要看到每个学生身上的闪光点和个性，以亲和的态度去了解他们，关心他们，教育他们，进而管理他们。比如可以推进高校政工干部进入学生社区，学校选派优秀的学生工作干部进驻社区，与学生同吃、同住、同生活，社区老师经常深入寝室，了解学生的生活状况和思想动态，帮助学生解决实际困难，把解决学生的思想问题与解决实际问题密切结合起来。政工干部进社区，对转变政工干部的观念和学生的认识，加强学生与辅导员之间的沟通，拉近与学生的距离具有实效，能够真正做到使思想政治教育工作贴近学生学习、贴近学生生活、贴近学生心理，确保思想政治工作的有效开展。

人性化管理对教育管理者提出了更高的要求。要求管理者放下以上令下的特权，抛弃先入为主的视角，重新审视师生关系，科学处理制度与人的作用间的关系。人性化管理要拒绝以制度和惩罚措施压迫他人的方式，而是以管理者自身的人格魅力去教育人，构建一种深层次的管理者与被管理者间的和谐关系。具体来说，学生工作部门和具体执行者首先严格要求自己，做到制度制定的合理性、科学性和可操作性，制度执行的一致性和公平性，以及针对特定情况的灵活性。在接触到具体管理对象的时候要以人性的关怀和理解为管理动力，寻求二者间的良性互动，从而达到思想政治工作需要的效果。

第二节 高校学生社会实践化的管理与创新

一、高校学生社会实践化的管理

（一）社会实践化的重要意义

1. 社会实践含义

高等学校的人才培养途径是多种多样的，其中正确引导学生参加社会实践就是其中重要的一种。在早期的大学里，人才的培养主要是通过在课堂上系统地传授理论知识来达到的。随着社会生产力的不断提高和发展，对教育和人才培养也提出了新的目标，那种仅仅靠传授理论知识的方式已渐渐显得不适应。因为现代化的生产过程不仅要求人才掌握大量的理论知识，而且还应该具有较强的动手和创造能力，具有科学的社会观和责任感，具有较高的道德素质和心理素质，这些方面仅仅靠课堂教学是难以完成的。所以，现代工业产生后，社会实践就作为一种重要的教育方式被引进大学的教育过程，其重要作用日益引起人们尤其是教育工作者的重视。

大学生社会实践是一种以实践的方式实现高等教育目标的教育形式，是高等学校学生有目的、有计划地深入现实社会，参与具体的生产劳动和社会生活，以了解社会、增长知识技能、养成正确的社会意识和人生观的活动过程。大学生社会实践是高等学校教育活动的重要环节，它与课堂教育相辅相成，共同完成高校的人才培养任务，实现学生的全面发展。

2. 社会实践的重要意义

（1）大学生树立科学世界观的需要。

世界观是人们对世界的一般看法和根本观点。任何正常的人在其生活的过程中都会形成自己的世界观，但由于个人生活环境、所受的教育和影响不同，人的世界观也有很大差异。总的来说，世界观有正确和错误之分，要将正确的世界观理论化、系统化，变成科学的世界观。保证大学生形成正确的世界观并使之科学主要需有两个方面的努力：一是大学生要经常与社会接触，不断突破事物的表面现象，深入事物的本质，从而不断校正原来从现象上获得的肤浅的或错误的认识，使自己的认识符合事物的本质及规律；二是要对大学生进行系统的思维训练，通过学习前人正确的世界观理论，了解人们在世界观上容易走上歧途的种种可能，让大学生对自己的世界观进行经常的反思，并不断地充实新的科学的内容。因而社会实践对大学生建立科学的世界观很有必要。

①参加社会实践活动是大学生确立唯物主义历史观的需要。大学生正处于青年时期，可塑性很强，是世界观、社会历史观形成的关键阶段。大学生系统的专业知识学习和思维训练，对于形成唯物主义历史观固然是大有帮助的。但就目前情况看，在校大学生年龄普遍较小，接触社会的机会不多，社会经验不足，大部分同学对社会的看法简单化、片面化、理想化，这对大学生形成正确的历史观十分不利。克服这一不利的根本途径就是让大学生走出校门，深入社会生活，在社会实践中了解社会，从实践中发现真理，使他们的历史观与现实生活相符合。

当然，社会实践中接触的都是具体的社会事物，不可能通过一两次实践就改变了对社会历史的看法。不过，处在形成过程中的大学生的历史观是容易发生变化的，一旦接触了较多的社会事物，加之正确的引导，就会使他们的历史观发生转变。众所周知，只从政治理论课上学习历史唯物论只能学到"知识"，而要使知识转化为信念，使所学的理论真正转化为学生的历史观，必须通过社会实践。

②参加社会实践活动是建立科学的价值观的需要。通过开展大学生社会实践活动，能够发现社会实践活动对大学生形成科学人生观至少有如下几个作用：首先，它可以帮助大学生摒除理想中不符合实际的因素，使他们正确对待个人与社会的关系，培养踏踏实实的工作作风；其次，它可以帮助大学生树立坚强的意志，培养无私奉献的精神；最后，它可以帮助大学生接近群众，深入群众，为走与群众相结合的道路打下良好的基础。

③参加社会实践活动是培养社会主义信仰的需要。大学生在不久的将来，就会踏上工作岗位，成为祖国的栋梁之材，肩负起全面建设小康社会和实现中华民族伟大复兴的历史使命。因此培养大学生的社会主义信仰是大学生思想政治教育的首要任务。而对社会主义的感情仅靠读书是得不到的，必须通过社会主义给我国带来的巨大变化、给广大人民带来的实惠中亲身感受和体验。

（2）提高大学生能力的需要。

当代大学生积极踊跃地参加社会实践活动，有利于弥补大学生的不足。当代大学生绝大多数是在学校的围墙中长大的，大都走的是从小学到中学再跨入大学的升学之路，从而造成他们的社会阅历浅、社会经验少、实践经验匮乏等弱点。只有在实践活动中，才能使书本知识与实践操作合二为一。事实证明，通过开展社会调查、科技咨询、信息服务、义务劳动等社会实践活动，不仅可以使学生的智力资源得到直接的、有效的开发，达到分数与能力的统一，而且，书本知识与实践的结合，还可以使个性不同的学生通过实践活动各获所求，各取所需，弥补大学生自身的弱点和不足。

（3）知识分子与工农群众相结合的需要。

回顾历史，凡是有所作为，有所创造的青年和知识分子无不投入到轰轰烈烈的社会实践中。许许多多的政治家、经济学家、教育家、军事家、文学家等都是在社会实践活动中茁壮成长起来的。他们在实践中身体力行，为人们提供了光辉的典范。所以，只有广泛、深入地参加社会实践活动，与广大工农群众相结合，才是大学生健康成长之路。

（4）全面建设小康社会、实现社会主义现代化建设的需要。

当代的大学生，将成为 21 世纪我国社会主义现代化建设的骨干力量，大学生参加社会实践，有利于他们在社会主义物质文明、精神文明、政治文明建设中大显身手，在专业知识社会实践、国情民情社会实践和树文明新风的社会实践中促进经济、政治、文化的平衡发展，从而为全面建设小康社会起到积极的推动作用。

（5）大学生社会化的需要。

社会化是指个人与社会生活不断调适，使个人由"自然人"发展为"社会人"的过程。大学生正处于社会化的最后阶段，显然，在许多方面已趋向成熟，但为了适应社会生活，仍需进一步学习，而首先就是要从社会实践学起。

①社会实践可以增强大学生的社会责任感。很多高校组织学生到基层开展社会实践活动，使同学们提高了对改革的复杂性、艰巨性的认识，增强了他们的社会责任感。在社会实践中，越来越多的大学生认识到，社会需要的是热情的、直接参加这项伟大建设工程的人。通过社会实践，许多大学生克服了原来自视清高的习气，自觉并充满激情地投入到学习、生活和工作中。

②社会实践可以推进大学生实现社会角色转变。社会实践活动能够帮助大学生找到自己和社会要求之间的差距，看到自身知识和素质上的缺陷，

启发学生对自己进行重新认识和正确评估，促使学生重新确立自我价值实现的基点，在纷繁复杂的社会中找到个人和社会的最佳结合点。

③社会实践可以促使大学生与长辈们沟通代际关系。在社会实践中，大学生以普通劳动者的身份，直接参加社会财富的创造活动，培养了他们尊重劳动成果、尊重父辈们的思想感情。在与父辈的沟通中，大学生被父辈们几十年如一日，努力改善家乡面貌的精神所感动。同时，在这样的过程中，父辈们也看到青年大学生的长处。总之，在社会实践中，两代人之间可以相互沟通和相互理解，彼此消除对对方的偏见，进而有效地促进两代人之间的有机结合。

（二）社会实践化的发展趋势

1. 社会实践活动社会化

大学生社会实践活动作为教育活动的主要形式之一，具有三个基本的构成要素，即实践活动组织者、实践活动本体和实践活动主体。而这三个构成要素的社会化，则分别有其不同的含义。实践组织者的社会化，是指动员全社会的力量来关心、组织大学生的社会实践活动，这是实践活动社会化的基本条件；实践本体的社会化，是指具体实践活动过程的内容与形式，必须以社会需要和社会所提供的条件为基础，这是实践活动社会化的重要途径；实践主体的社会化，是指通过实践活动，把社会的价值体系内化为实践参加者（大学生）的价值体系，使之成为高度合格的社会成员，这是实践活动社会化的根本目的。由此可见，实践活动的社会化，就是指动员全社会的力量，组织以社会需要和社会所提供的条件为基础的实践活动，达到把大学生培养成为高度合格的社会成员的目的。

（1）实践活动组织者的社会化。

从近年大学生社会实践的实际情况来看，社会实践活动凡是得到社会各界支持的，一般都取得了较好的成绩。但从发展的角度来看，当前社会实践活动社会化的程度还远远适应不了进一步发展社会实践活动的要求。

社会实践活动的深入开展必然会出现人数多、空间广、时间长、效率高、内容实的特征，而这些特征的出现，必然依赖于社会各方更多的支持，具体有以下三点：

①实践活动必须得到党和政府的支持。党和政府对人才的培养具有不可推卸的责任，且在人才培养方面占据重要地位。大学生的社会实践活动作为国家培养高层次人才的重要环节，必定会受到党和政府的关心和支持。

②实践活动必须得到高校自身的支持。高校作为教育培养大学生的责任承担者，具有最直接组织学生社会实践活动的优势，而组织学生进行社会实践活动，又是高校完成人才培养任务的重要手段。因此，高校在组织大学生进行社会实践的过程中，应起到主导作用。

③实践活动必须取得社会团体和企事业单位的支持。通过社会团体来支持社会实践活动，才能调动更多的人来支持实践活动；企事业单位作为高校学生未来的工作场所，具有作为社会实践活动基地的现实意义，而实践活动在企事业单位开展，又必须有企事业单位提供的种种便利条件。

（2）实践活动本体的社会化。

实践活动本体是大学生有目的地与外界不断发展的现状发生联系，并相互作用的具体实践过程。这一过程是大学生不断强化自身本质力量，促进自身全方位社会化的重要途径。实践活动本体的社会化，正是指这一过程的内容和形式，必须以社会的需要和社会所提供的条件为基础。实践活动本体的社会化，应建立围绕教学的实践与其他方面的实践有机结合的理想目标模式。围绕教学的实践主要包括教学实验和教学实习等。这是一种配合课堂教学而进行的实践活动，它直接与学生所学知识以及自身具备的能力发生联系，是初级阶段运用最多、群众性最强的实践活动，也是学生进行其他方面高层次实践的能力准备环节。不应当过分追求其他方面的实践而忽视教学实验和教学实习。

其他方面的实践包括社会考察、社会服务、勤工助学等。这是间接地与学生所学知识和自身具备的能力发生联系,也是学生围绕教学进行实践的成果检验。这些方面实践的主要形式有社会调研、参观访问、旅游观光、技术培训、咨询服务、社会宣传、科技开发、挂职锻炼等。由于这些方面的实践和社会联系得更紧密,一般较受学生的欢迎,但必须注意使之在时间、资金、人力上同围绕教学的实践互不干扰,在学校统一布置的基础上使两者达到和谐的统一。

(3)实践活动主体的社会化。

实践活动主体的社会化,实际上要完成的是大学生社会化的加速,是要将大学生培养成为高素质的社会成员,是要通过社会实践使大学生更快地在社会中汲取社会能量和获得社会信息,并通过各方面的自我调适,增强自身的能力和素质,完成自身全方位的社会化。而促进实践主体的社会化,必须注意以下几个方面,具体如下:

①实践主体自身系统应具有开放性。开放性系统要求大学生不能在自我封闭的状态下自我满足,而是必须同自身周围的实践环境进行物质、能量和信息的交换,并依靠这种交换保证自身由不稳定向相对稳定过渡。而这种开放性不仅要求大学生确定高度责任感,而且要求大学生必须具备敏锐的接收、分析、处理和运用外界事物的能力,从而使自己在实践中不断得到发展和提高。

②实践主体应不断进行自身角色的调适。大学生的实践角色与其社会期望角色之间,总有一定的角色差距。而大学生在实践过程中,由于自身是一个开放系统,就能够认识到这种差距并调整自己的学习和实践,从而使自己的角色得以实现,使自己大学阶段社会实践中的社会化任务得以完成。

③实践主体应促成自身个性的形成。个性化是社会化的一个高层次组成部分,社会化中如果没有个性化的存在,就会变成统一化和模式化,就只能造就墨守成规的书斋先生,就会使人失去改造社会的生机和活力,失

去创造性和开拓性。因此，大学生在社会实践中，应勇于思考、敢于发现、认真锻炼，促进自身个性的形成。

2. 社会实践制度规范化

实践制度规范化的目的是为了使社会实践活动做到有章可循、有据可依，保证社会实践活动持续有效地开展。它的标志是具有权威、系统全面、切实可行并具有自我发展机制的实践制度体系的建立。

（1）实践制度的规范化是社会实践活动发展的必然趋势。

人的思想认识不能代替规章制度，没有完善的、系统的规章制度，不注意实践制度的规范化，只凭各级实践组织者的临时决策组织实践活动，决策正确则可促进实践成果的取得；决策失误就会阻碍实践的深入。因此，要保证社会实践持续稳定的发展，必须改变人治局面，完善实践制度。

当前加强实践制度的规范化工作，不仅非常迫切，而且非常必要。首先，加强实践制度的规范化工作，有利于促使全社会的力量来共同关心、组织大学生社会实践活动，形成全社会组织大学生社会实践活动的强大"合力"。其次，加强实践制度的规范化工作，有利于实践组织的科学化。由于现实的实践基础已经存在，加强实践制度的规范化工作已成为可能。当前，各级党政群团组织、各个高校已开始了社会实践工作，不少企业也为实践活动的开展提供了资金、基地和其他各种方便，且近年来已制定了一些关于社会实践活动的规章制度，这些有利因素为强化实践制度的规范化奠定了较为坚实的基础。

（2）实践制度的规范化要求各级实践组织者必须制定出正确的实践制度。

实践制度的规范化，绝不是各种实践制度的单独罗列，也不是各种实践制度的简单相加，而是要在各级实践组织者协同的基础上建立科学的实践制度体系。这个体系首先要求各级实践组织者正确地制定制度，同时要求制定的各种实践制度相互衔接，对于衔接不紧密的地方应及时加以调整。

需协同的各级实践组织有以下几方面：

①党和政府对实践制度的正确制定。在实践制度的制定方面，党和政府必须起到宏观统一管理制度制定的作用。要首先着眼于建立统一机构，实行统一规划、统一决策、统一目标、统一评价，促成社会实践活动的统一性、系统性、整体性、持续性，充分发挥社会各界的力量，保证社会实践发展的正确方向。同时党和政府作为核心的组织者，要协调各个单位部门之间的关系，激发各个单位部门的责任感和积极性。

②高校对实践制度的正确制定。在高校，大部分社会实践活动是由思想政治工作部门（如学生处、团委、学生会）来组织实施的。由于学校、社会的各种因素的影响，其主要利用假期进行，由于缺乏制度和支援保障，严重制约了大学生社会实践活动的深化。要改变这种状况，就必须加强高校大学生社会实践中的制度化建设。首先，高校应将社会实践活动纳入学校教育、管理工作的体系中去，由相关职能部门组织落实；其次，将学生社会实践活动的表现以及成绩作为全面考核大学生素质的重要内容；最后，要建立相应的制度，提高教师组织、参与社会实践的积极性。

③社会团体和企事业单位对实践制度的正确制定。在众多支持社会实践活动的社会团体（如工会、共青团、青联、学联）中，共青团起着众所周知的主导作用。在制定制度的过程中，团组织要通过量的指标确立各级团组织的组织实践任务，并通过对岗位职责的定期考核和将考核结果作为团的工作评价内容，来激发各级团组织和团干部组织实践活动的责任感和积极性。各企事业单位和农村基层组织，是大学生校外实践的主要基地承担者。因此，在制定实践制度时，首先要注意大学生的生活问题，如吃饭、住宿、医疗的安排；其次注意安排好学生的临时实践指导人或联系人，为大学生熟悉实践环境，完成实践任务创造条件；最后还要用客观的评价尺度对学生参加实践的表现做出科学评价，以备高校了解学生的实践效果。

④各级实践组织者对实践制度的共同协调。大学生社会实践活动作为

系统工程，要求各级实践组织者制定的实践制度必须协调一致，对于不能衔接的地方，应予以调整。各级实践组织者必须首先认真学习实践组织核心即党和政府所制定的实践制度，在了解统一规划、统一决策、统一目标的基础上，制定自己的实践制度，同时加强各方的沟通和联系。

（3）实践制度规范化的标志是实践制度体系的建立。

在各级实践组织者对实践制度正确制定和共同协调的基础上，实践制度必然逐渐趋于规范化，而实践制度达到规范化的标志，是富有权威、系统全面、切实可行并具有自我发展机制的实践制度体系的确立。如果能够建立起具有这样特征的实践制度体系，就标志着实践制度已达到了规范化的程度。

3.社会实践组织科学化

作为系统工程的大学生社会实践活动，要获得最理想的效果，不仅取决于实践活动的社会化程度和实践制度的规范化程度，还取决于实践组织过程中的科学化程度。大学生社会实践活动作为高等教育的重要组成部分，社会将会对它提出越来越高的要求。而实践组织的科学化正是要通过不断地研究社会实践的基本规律，并严格遵循规律组织实践活动，来动态地满足社会的要求。因此，实践组织的科学化，就成为社会实践活动发展的必然趋势，它将贯穿于社会实践活动的全过程。

（1）实践目标设定和方案优选的科学化。

实践目标设定和方案优选实际上是实践活动的设计过程，它将确立的是整个实践活动的蓝图和指南，因而也是整个实践系统工程释放最大量、最优化工程的基础环节。要使实践目标设定和方案优选科学化，就必须做到以下几点，具体如下：

①实践目标设定基本科学。所谓实践目标设定基本科学，应包括三方面的内容：第一，要求实践目标的切实性，即实践目标的设定绝不是组织者一时意志冲动的结果，而是在对社会、学校、个人三方面要求深入调查

的基础上做出的,通过努力可以达到的;第二,要求实践目标的层次性,这个目标又包括两个层次:一是总体目标,即培养社会主义事业的接班人,二是具体目标,它既是总体目标的具体化,又是总体目标的分解,规定具体实践活动所要完成的任务;第三,要求实践目标的发展性。由于教育活动周期较长的特有规律,实践目标的设定不仅要以现实为基础,还要以未来对人才需求的趋向为依据。

②实践方案优选基本科学。实践方案优选的好坏,不仅关系着活动目标能否完成,而且决定着整个实践能否成功。一般来说,实践方案优选主要包括:首先,需要遵循方案设计的广泛性原则,即要从多方面、多角度设定方案。其次,实践方案优选还要遵循方案选择的民主性原则,即优选方案应征求实践组织者、实践参加者的意见。最后,实践方案优选需要遵循方案确定的最优化原则,即优选方案必须考虑到活动时期社会的需求、参与实践者的客观条件与主观性限制等。

(2)实践方案实施的科学化。实践方案实施的科学化,就是要尽量减少方案实施的阻力,以更好地完成已设定的实践目标。因此,要求实践组织者在实践活动本体运行前,必须注重实践客观条件的准备和实践主体的调适,如资金落实能否到位,实践基础的准备情况,实践指导老师的确定等;在实践活动本体运行中,必须注意对反馈信息的收集、整理、分析,并在此基础上对实践方案、实践活动本体、实践活动主体进行调控。

(3)实践成果总结的科学化。要达到社会实践培养社会化大学生的目的,就必须认真做好总结、消化、吸收工作,从而进一步深化社会实践的成果。具体实施如下:

①加强社会实践活动各环节、各方面的考核。一要考核大学生在实践中的表现,包括参加社会实践的时间长短、态度好坏、所在单位的评价;二要考核大学生实践的收获,着重看学生认识国情、了解社会、认识自己的思想觉悟的提高和知识、智力、技能的提高;三要考核调查报告、心得

体会的写作质量。同时,上级组织者还要考核下级组织者各方面的组织情况。

②扩大成果,将单个的社会实践成果转化为大学生共同的精神财富。要举办社会实践心得交流会,让学生谈体会,交流实践感受;要举办实践成果展览,让更多人受到启迪教育;要举办跨校成果评比交流,让实践成果在不同高校间流通。

③升华思想,把感性认识上升到理性认识。要重点抓大学生对坚持社会主义道路、树立为人民服务人生观、走与工农相结合道路重要性的认识;要重点抓大学生对艰苦奋斗重要性、改革开放重要性、解放思想重要性的认识。

④在实践中体会和总结组织理论,并运用理论进一步指导社会实践。各级实践组织者,要通过实践组织理论的研讨、交流,进一步深化社会实践管理经验,使社会实践在广度、高度、深度上进一步发展,更好地为培养社会化大学生服务。

(三)社会实践化的实施

1. 社会实践的形式

(1)参观型社会实践活动。这种社会实践活动通常是组织学生到风景名胜、工厂参观考察、座谈了解,虽然对学生能起到一定的教育作用,但这种方式与旅游参观有些类似,除了增进学生之间的友谊,加深学生对祖国大好河山的了解以外,能真正达到教育目的的可能较少。于是学校就把这种社会实践活动作为对优秀学生或学生干部的奖励,组织少量学生参加,但花费较多,取得的效益却不多。

(2)活动型社会实践活动。这种社会实践以文化、科技、卫生三下乡为主,通常做法是学校与某地联合,在某地以学校为主,组织几台文艺演出,动员群众前来观看,或组织大型的科技咨询、文化宣传、医疗服务活动。这种方式场面宏大,气氛热烈,影响也较大,但投入多,组织复杂,参与的学生也不是很多。目前这种社会实践活动已成为学生社会实践活动的主要形式，但还需要改进。

（3）生产型社会实践活动。这种社会实践以高年级学生、研究生、博士生参加为主，他们参加生产活动的某一环节，成为其中的一员。一方面，既利用自己已有的知识促进生产的发展，另一方面，又在实践中学到了书本上没有的知识，相得益彰。这种社会实践活动花费不多，但效果实在，达到了帮忙不添乱的目的，有较强的生命力。

（4）课题型社会实践活动。以学校老师牵头，各相关年级学生参加，组成课题小组，通过广泛深入的调查宣传活动，对课题进行攻关。这种社会实践活动学生参加的积极性比较高，而且能得到一定的社会资金支持，也能长期开展下去。

（5）挂职型社会实践活动。这种社会实践活动主要是以组织的形式到机关、社区、乡村担任各种职务的助理，做一些社会工作。这种社会实践活动受到机关、社区、乡村的欢迎，但目前参加的人数较少。

（6）学生自发型社会实践活动。学生在假期，通过参加社会招聘活动、上门自荐活动等形式，参加到各种社会生产活动中去，除体验社会生活的酸甜苦辣外，还能利用自己所长，在为社会服务的同时取得一定的报酬，补贴学习或生活所需。这种社会实践活动除参加的学生较多外，学校支出也不是很大，应该进行鼓励。

（7）互动型社会实践活动。这类实践活动的参与者既有大学生，又有城乡基层的市民、农民。在活动中，他们互为参照对象，通过相互学习、相互帮助，不仅双方共同获得进步，同时也促进了社会主义物质文明、精神文明、政治文明建设。

2. 社会实践的活动内容

（1）社会调查活动。深入城镇、乡村，开展社会调查、考察；深入城乡各地、部队、科研院所、企事业单位开展社会考察和社会调查活动，从而引导学生了解社会、了解国情，同时对社会和企业的发展献计献策。社会调查和考察的直接目的是了解社会的实际情况，认识社会现象的本质及其发展的客观规律，是一种搜集和处理社会信息的方法，在现代社会具有越来越重要的作用。当前，大学生社会调查逐渐向专题化、重效益、重应用方向转化。

（2）科技服务活动。科技服务活动面向经济建设主战场，面向城镇社区、县乡的中小型企业、乡镇企业，结合所学专业，发挥技术特长，在教师的指导下开展科技攻关、工程设计、科技成果推广、科技咨询和技术服务等活动，使科学技术为现实生产服务。

（3）文化服务活动。深入城镇社区和贫困乡村，开展文化培训、科普讲座、法律宣传和咨询活动，服务社区和乡村的两个文明建设。

（4）公益劳动和文明共建活动。包括校内公益劳动，校外社区服务活动，与企事业单位、部队、科研院所、乡村、居民委员会等单位开展其他形式的文明共建活动。

（5）互动活动。大学生党员与城市社区党员、农村基层党员、企事业单位党员在建立党的先进性教育长效机制中的互动活动。

（6）信息服务活动。信息服务是指通过一定的途径把人才、工农业、科学技术及社会生活等方面的信息资源的开发利用情况提供给被服务单位，并把被服务单位的信息传递出去，以期取得一定的人才效益、社会效益和经济效益。大学生通过在校学习所掌握的专业知识，可以通过开展信息服务把信息资源的开发过程及成果传播到各个领域，进一步加以利用，在信息资源的开发利用之间架起一座桥梁。

（7）勤工助学活动。勤工助学对学生个人和国家都有重要的意义，对个人而言，它有助于学生个人的成长和成才；对国家而言，它有助于国家高科技人才的培养，有助于国家教育制度的改革和教育的不断发展。例如，在假期，通过做兼职教师、推销员、打字员、秘书、酒店服务员等工作，一方面，可以在一定程度上解决贫困生的经济问题；另一方面，也是高校开展社会实践活动、培养学生自立自强精神的有机组成部分。

（8）教学实习活动。教学实习是教学计划内的社会实践，是在教学计划规定的时间内进行的，要求每个学生必须参加并取得学分，是实现专业培养目标、保证人才规格质量的必修课。教学实习，包括认识实习、生产实习、毕业实习等，是理、工、农、医等专业大学生社会实践的主要形式，是把生产劳动引入教学，对大学生进行思想政治教育、职业道德教育、专业教学和职业训练的基本环节。

二、高校学生社会实践化的创新

（一）社会实践理念的更新

新时代不仅对大学生有了新的要求，同时赋予了大学生社会实践新的任务，要适应时代，就必须实现大学生社会实践理念上的更新。

1.将大学生社会实践与建设社会主义新农村的需要结合起来。社会主义新农村的建设包括新农村的经济、政治、文化等诸多方面的内容。如何建设社会主义新农村，显然仅靠国家投入资金是不够的，广大农村还必须投入更多的智力资源、文化资源。而大学生是掌握着一定基础知识和专业知识的青年知识分子，他们的参与无疑会有效地促进社会主义新农村的建设。大学生加入社会主义新农村的建设中，又会为他们的专业知识提供用武之地，使他们的实际能力得到提高。将大学生的社会实践与建设社会主义新农村的需要结合起来，意味着对大学生的社会实践在观念上要有一个更新或变革，即：要从过去单方面地将大学生作为社会实践的受动者——通过社会实践提高工作能力，培养良好的思想品德，转变为大学生既是社会实践的受动者，又是社会实践的"受动者"——大学生作为科技知识和精神文明的载体在实践中去建设社会主义新农村。

2.将大学生社会实践与城市社区精神文明与政治文明建设的需要结合起来。当把大学生既看作社会实践的受动者又视为社会实践的"受动者"时,就应充分利用大学生这一科技知识和精神文明的载体,将其运用到变革社会的活动中去,将大学生的社会实践与城市社区的精神文明和政治文明建设的需要结合起来,持久、稳定而有效地开展社会实践教育活动,使大学生在促进城市社区精神文明与政治文明的社会实践中,自身也得到提高和锻炼。在这类社会实践活动中,大学生可以将高校思想政治理论课中所学习到的内容应用于实践活动中,既能将知识活用,又能深化理论认识,同时还可以通过自身努力,促使社会变革,成为推动社会文明进步的重要力量。

(二)社会实践载体的创新

1.建立大学生党员城乡基层接待室。如重庆交通大学,就在农村和城市社区建立大学生党员接待室,将城乡基层大学生党员接待室既作为保持大学生党员先进性长效机制的一种载体,又将其作为大学生党员和入党积极分子参与社会实践的载体。这种城乡基层大学生党员接待室既可成为大学生党员和入党积极分子了解社会的窗口,又可成为向工人、农民、市民宣传党的知识、党的政策以及国际国内政治、经济、社会形势的重要阵地,大学生还可在这个载体中与广大群众打成一片,为构建和谐社会贡献自身的力量。

2.建立大学生社会实践临时党支部。它也是重庆交通大学在大学生社会实践探索创新中建构的一个新生事物。通过建立大学生社会实践临时党支部,能增强党对社会实践的领导,并将党的意志、政策、主张贯穿于整个社会实践的全过程,从而使整个大学生社会实践产生更大的文化效果和影响。

第三节 高校学生管理工作的信息化建设研究

当今社会，在科技潮流、时代背景的推动下，国家越来越重视高等教育，高等学校的入学率也在逐年提升。学生数量的提升也带来了很多的问题，其中最重要的问题就是学生数量多，随之学生的管理工作也变得很困难。管理工作者应该利用网络信息传达速度快、效率高、准确性高等特点展开学生的管理工作，建立适合高校学生的管理体系。大学生的日常生活和学习都离不开网络，学生会利用网络做各种自己想做的事情。现在普遍的社会现象是大学生们都非常依赖网络，依赖信息化时代，网络也具有很多优点，这就为高校学生管理者的管理工作信息化建设提供了很大的便利和支持，使得高校学生管理工作的信息化建设更加容易展开。

1.信息化建设对高校学生管理工作影响深刻，意义重大。做好高校学生的管理工作对学生的各个方面的发展都很重要，因此，国家高度重视高校人才的培养。而对于各个高校来说，管理学生的工作无疑是最重要的。当今社会，是信息化发展迅速的一个阶段，各行各业都重视信息化建设，高校也应该顺应时代发展潮流，做好高校学生管理工作的信息化建设。

高校做好学生管理工作信息化建设在一定程度上促进了社会信息化的发展。如今科技的发展使各种信息变得复杂，信息的真假也难辨别。因此需要高校学生管理工作者从安全、便捷、快速等方面做好信息化建设工作，那样受益的就不仅仅是管理工作者，还有高校学生们。管理者能够更加方便、快速、有效地去展开管理工作，学生们同时也能够及时获得信息，能够及时地做出各种安排。管理工作的信息化建设也是学生人身安全的一种保障，虽然说大学生已经是成人，不需要太多的管理，但是大学生们涉世不深，难免会出现一些人身安全、财产安全等安全问题，这就需要经验丰富的学生管理者提供帮助，而信息化系统的成功建设就起到了这种作用，能够让管理者及时知道学生所遇到的问题、及时解决问题。同时假如学生遇到什么危险，也能够及时求助学生管理工作者，保障学生的安全。由以上可见，信息化建设对高校学生管理工作极其重要，信息化管理也能发挥自身优势，因此，只要能够将这种管理方式灵活运用，高校管理工作的未来会更加美好、更加容易。

2. 寻找合适的方式方法展开信息化建设。做任何事情，都需要注重方式方法。只有用对方法，才可以高效地完成所要做的工作。高校学生管理工作也是同样的道理。现在，高校学生的电脑、手机普及率非常高，几乎每人手持一部手机，每人都会有一些社交软件，这为学生管理工作提供了很大的便利，管理者可以合理地利用这些软件展开信息化管理，这就需要高校教师跟随社会发展的步伐，学会并且高效地利用这些软件。

高校的教务系统是学生学习和生活必不可少的信息化系统，而且学校的教务足够安全，学生们也会更加相信教务系统所发布的信息，管理者可以灵活使用教务系统，利用教务系统发布一些通知等，既方便又安全，学生也不用去担心信息的真假，这就使学生的管理工作变得规范化，安全化。例如，中国矿业大学的学生管理者就将学生活动、学业通知等发布在学校教务系统上，学生和管理者都有各自的账号，学生有什么疑问可以直接在教务系统上发布私信联系管理者，同样，管理者也可以发私信给学生，及时地和学生联系，及时地了解情况。由此可见，方法真的很重要，各个高校的学生管理者应该努力去寻找适合自己学校学生的信息化管理方式，因生制宜才是最正确的方式。

3. 及时发现并解决信息化建设中所遇到的问题。现在管理者的管理工作通常是通过微信、腾讯 QQ 等社交软件展开的，学生们现在都普遍会用这些软件，但是这种聊天群的交流方式也会出现各种问题。所以，这就需要高校管理者在平时开展学生的管理工作时要做到细心、仔细。学生管理者应该通过观察学生的行为、语言等及时发现问题,及时解决问题,只有这样,才可以及时地解决一些隐私性问题,才能避免在如今信息化发展过快的潮流中忽略一些问题,才能避免管理工作因出现失误而造成不必要的麻烦。

综上所述,高校学生管理工作的信息化建设非常重要,管理者要足够重视,紧跟信息时代发展潮流,积极地学习信息化知识,以学生为中心,以建设信息化管理方式为手段,认真地思考学生管理工作的方式方法及途径,同时积极寻找最适合本校实际、学生乐于接受的最高效的方法,那么高校学生管理工作的信息化建设就会很容易开展。

参考文献

[1] 杨刚，王新，刘丹．高校教育教学与学生管理[M]．长春：吉林出版集团股份有限公司,2022.

[2] 聂娟．高校学生管理的艺术[M]．长春：吉林出版集团股份有限公司,2022.

[3] 刘长海．教育性学生管理研究[M]．武汉：华中科技大学出版社,2022.

[4] 程细平．高校学生管理工作与管理模式创新[M]．北京：北京工业大学出版社,2022.

[5] 史建芳，张琳君．互联网+时代高校学生管理模式的变革与创新[M]．北京：中国华侨出版社,2022.

[6] 陈露，罗晓忆．新时代大学生管理能力培养与提升研究[M]．北京：中国原子能出版社,2022.

[7] 姚丹，孙洪波．高校教育信息化管理与学生管理工作[M]．北京：中国纺织出版社,2021.

[8] 王炳堃．高校大学生管理教育与校园文化建设[M]．长春：吉林出版集团股份有限公司,2021.

[9] 刘燧．新时代地方高校学生管理与辅导员工作创新研究[M]．长春：吉林大学出版社,2021.

[10] 赵威. 基于应用型人才培养的高校学生管理创新模式研究[M]. 长春：吉林出版集团股份有限公司, 2021.

[11] 刘青春. 信息时代高校学生管理模式的转变及创新[M]. 沈阳：辽宁大学出版社, 2021.

[12] 杨潇. 高校学生管理工作与法治化研究[M]. 北京：北京工业大学出版社, 2021.

[13] 刘一艳. 大学生管理创新理念研究[M]. 长春：吉林出版集团股份有限公司, 2021.

[14] 苗慧. 新媒体视角下高校学生管理与实践探索[M]. 长春：吉林教育出版社, 2021.

[15] 程飞, 彭薇. 大数据背景下大学生管理工作与常见法律问题研究[M]. 哈尔滨：东北林业大学出版社, 2021.

[16] 王延强. 抗战时期高校学生管理研究[M]. 南昌：江西人民出版社, 2020.

[17] 于金龙. 新时代高校学生就业管理创新机制研究[J]. 商情, 2023(35)：65-68.

[18] 张强. 高校学生管理信息系统的创新与优化研究[J]. 办公自动化, 2023(19)：17-19, 26.

[19] 刘学奇. 高校学生事务管理信息化创新研究[J]. 丝路视野, 2023(17)：79-81.

[20] 杨春梅. 高校辅导员学生管理工作创新策略研究[J]. 大学, 2023(16)：167-170.

[21] 匡益明. 互联网背景下高校学生管理模式创新研究[J]. 食品研究与开发, 2023(15)：240.

[22] 胡会敏, 严贝贝. 基于"三全育人"视域下高校学生社团管理创新研究[J]. 湖北开放职业学院学报, 2023(14)：19-21.

[23] 何子婷,窦浩容.新媒体视域下高校学生管理工作创新研究[J].山西青年,2023(13):187–189.

[24] 代磊.人力资源视角下高校学生管理工作创新研究[J].销售与管理,2023(10):61–63.

[25] 尹嘉嘉.自治视域下高校学生管理创新研究[J].科教导刊,2023(9):143–145.

[26] 韩军.信息化背景下高校学生管理创新路径研究[J].信息技术时代,2023(8):164–166.

[27] 邵雪姣,于英明."互联网+"时代背景下高校学生管理工作的创新研究[J].华东科技,2023(7):95–97.

[28] 贺娜娜.高校学生管理中的创新思想政治教育模式探索研究[J].中文科技期刊数据库(全文版)教育科学,2023(6):152–155.

[29] 郑晓晗.我国治理能力现代化视域下高校学生管理创新研究[J].吉林广播电视大学学报,2023(4):127–129.

[30] 丁小燕,周紫轩,黄芸凯.数字化赋能高校学生管理工作创新发展研究[J].百科论坛电子杂志,2023(4):82–84.

[31] 丁颢.高校学生档案管理服务的创新研究[J].中文科技期刊数据库(全文版)社会科学,2023(4):36–39.